マーケティング競争の
デュアリティ

—— 漸進性と革新性 ——

二瓶喜博 著

五絃舎

はしがき

　本書の特徴と構成については序章を読んでいただくとして，ここでは本書成立の経緯を簡単に述べておきたい。

　本書は，同じ主旨のテーマでまとめたものとしては3度目になる。

　企業行動を，シンプルに，二つの競争モードによって説明し切ろうというのがそのねらいである。特に前著との関連で，その辺の説明をしておこう。

　前著『製品戦略と製造戦略のダイナミックス』（五絃舎）においては，コスト・リーダーシップと差別化というポーターの基本戦略のうちの2つに焦点を当て，それを軸に全体を組み立てた。量的な成長を狙った成長方向と，質的な発展を狙った成長方向とに二分して，企業のやっていることを整理しようとしたものである。

　質的な成長については，事業の定義や「商品」概念（製品をどのように考えるか）が重要になってくるので，そこでの考えかたとして，商品概念そのもの，事業の定義，使用コンテキスト，トランスベクションという考え方，についてふれた。しかし，「商品」開発を巡る動きは多様になってきており，単体としての商品をとりあげても，iPhoneのように，単体としてだけで考えることは難しくなっている。プラットフォーム概念やシステム商品，ソリューション・ビジネスといった捉え方もそうである。

　あれもこれも盛り込もうとした結果，結果的にデュアリティのシンプルさが失われ，意図が見えにくくなってしまった。

　本書は，デュアリティにもう少しこだわり，その後まとめた論文からの内容を加え，当初の意図をよりはっきりと提示しようとしたつもりである。新たに加えた内容は，イノベーションについての章と，デュアリティのマクロ的なイメージを示すために断続的進化の仮説を利用した章，そして，そうしたデュア

リティの世界を企業はどう見ているのかを示した「戦略の窓」概念を巡る章である。

ここまでを基本的なフレームとして，コスト・リーダーシップによって今を強く生きる戦略，量的な力の戦略，これらを通じての成長にかかわるトピックと，力と力の競争圧力—その多くは値下げ競争，こうした消耗をすり抜けて，競争の土俵そのものを変えてしまう差別化にかかわるトピック，これらを旧著によりながら取り上げた。

以上の結果，今回は，事業の定義によって決まってくる広義の「商品」概念を考える章は割愛することにした。このテーマについては改めて取り組みたいと思っているが，さしあたりは前著を参照していただければありがたい。

カバーデザインについて一言述べておきたい。

これまで，自分の本のカバーは，全て私のデザインでお願いしてきた。本の基本アイデアを示すような図を本の中から取り出して，デザイナーの方にアレンジしていただいた。

今回は，高校同期で，惜しまれつつ夭逝した菊池伶司君の1967年の作品(「無題」) を使わせていただいた。彼の作品につり合うものになったかははなはだ心許ない。許してください。

今回も五絃舎の長谷さんには，無理を言って出版をお願いした。PDFでやりとりしたり，共有フォルダを使ったり，郵便を使ったり，とにかく忙しい思いをされたのではないだろうか，ありがとうございました。

2012年6月3日

二瓶 喜博

目　次

はしがき

序章：企業の成長方向 ── 1
　1. アンゾフの成長ベクトル ── 1
　2. 本書について ── 5
　3. 分析対象としての自律的事業単位概念とマーケティング ── 8

第1章：企業間競争のマクロ的イメージ―進化の断続平衡説 ── 13
　1. 断続平衡説 ── 13
　2. 断続の契機 ── 17
　3. 企業サイドの学習プロセスとしての「カイゼン」と漸進的進化 ── 20
　4. 滑り台とはしご ── 25
　5. 断続をもたらす歯止め効果―あるいは漸進的進化を妨げる要因 ── 29
　6. こうして断続がもたらされる―なぜ進化は断続的なのか ── 40

第2章：革新と企業者概念 ── 43
　1. シュムペーターの企業者概念と革新概念 ── 43
　2. カーズナーの企業者概念とシュムペーターの企業者概念 ― X不効率 ── 48
　3. 人間の営みとしての経済 ― 経済学は何を排除したか ── 50
　4. シュムペーターの「成長」概念と「発展」概念 ── 54
　5. 革新「概念」とシュムペーターの意図 ── 59
　6. シュムペーターにおける動学と静学の分裂
　　　―主体的選択としての事業定義の問題へ ── 60

第3章：「戦略の窓」―企業は世界をどう見るか ── 65
　1. 『生物からみた世界』── 66

2. アフォーダンスとは ─────────────── 70
3. アフォーダブルなチャンスとしての事業機会
　　　─あるいは，アフォーダブルな敵対関係と「戦略の窓」─ 72
4. マーケティング行動空間と環境 ─────────── 77
5. 因果的対象把握の目的手段的変換─事業定義の本質 ── 79
6. 市場の因果的把握─産業組織論の考え方 ─────── 81
7. 独占的競争と製品差別化 ──────────────── 85
8. 参入障壁と移動障壁 ──────────────── 89

第4章：製品ライフサイクルと市場集計レベル ───── 95
　　　─企業はどこで競争するのか
1. 製品ライフサイクルの一般形 ─────────── 95
2. 製品ライフサイクルの問題点 ─ 市場と企業との相互規定性 ─ 98
3. 需要側の問題　─高学習製品と低学習製品 ─────── 99
4. 製品ライフサイクルで見えること ──────── 101
5. 製品ライフサイクルの集計レベル
　　　─ 競争市場をどこに見るか ──────── 104
6. 競争の場はどう決まってくるか
　　　─ 事業定義の重なり合いとしての市場 ──── 108
7. 複合的製品ライフサイクル・モデル ─────── 112
8. 事業を考える3次元フレーム ─────────── 115
9. 顧客機能の作り込み ─ ハウス・オブ・クオリティ ── 118

第5章：プロダクティブ・ユニット・サイクルと
　　　　　　　　　　　　ドミナント・デザイン ─── 123
1. 企業と市場の相互学習と
　　　　　ドミナント・デザイン成立の意味 ──── 123

2. ドミナント・デザインで使われる
　　　　　　　主要技術が何に落ち着くのか───────124
　3. プロダクティブ・ユニット・サイクル
　　　── 製品ライフサイクルとプロセス・ライフサイクルの統合───126
　4. プロダクティブ・ユニットとモジュール概念──────127
　5. プロダクティブ・ユニット・サイクルとその一般形───129
　6. プロダクティブ・ユニット・サイクルの
　　　　　　　転換点とその戦略的重要性───────────133
　7. 企業と市場との相互学習過程─────────────135
　8. 相互学習過程を規定する要因としての
　　　　　　　高学習製品と低学習製品─────────────137
　9. プロダクティブ・ユニット・サイクルの戦略的含意───140
　10. プロダクティブ・ユニットはどのレベルで考えるか──141
　11. 経験効果とプロダクティブ・ユニット─────────142

第6章：ドミナント・デザインの確立と
　　　　　　　コスト・リーダシップ戦略──────────149
　1. プロダクティブ・ユニット概念と経験曲線効果─────149
　2. 経験効果とその戦略上の含意────────────150
　3. 「経験」概念の検討─────────────────155
　4. 経験曲線の適用限界と「右の壁」
　　　　　　　──生産性のジレンマ──────────────162
　5. 「右の壁」と歯止め効果──────────────165

第7章：モジュラー化の意味とアーキテクチャ概念─────167
　1. モジュール概念とモジュラー化──────────167
　2. モジュラー化の意味────────────────172

3. モジュラー化がもたらすもの ———————— 180

第8章：機能の目的的編成としての
アーキテクチャと事業の定義 ———— 197
1. モジュラー化とアーキテクチャを規定する事業の定義 —— 197
2. 問題点の整理 ———————————————— 198
3. アーキテクチャ概念 ———————————— 201
4. モジュラー・アーキテクチャとプラットフォーム概念 —— 212
5. 各概念の相互関係 ————————————— 218
6. 機能の目的的編成としてのアーキテクチャ ———— 220

参考文献 ———————————————————— 225
索　　引 ———————————————————— 233

序章：企業の成長方向

1. アンゾフの成長ベクトル

　1965年の『企業戦略論 Corporate Strategy』で，アンゾフ（H. Igor Ansoff）は，企業の成長の方向を成長ベクトルとして，4象限の図で示した。図は，市場と製品の軸をそれぞれ「既存」と「新規」に分け，企業にとっての4つの戦略的方向性を示したものである。

　成長ベクトルは，戦略のポートフォリオ（portfolio）として組み合わせたりすることが想定されている（Ansoff 1988, p.83）が，ここでは，企業の成長戦

図序-1　企業の成長ベクトル（I. アンゾフ）― 連続的展開

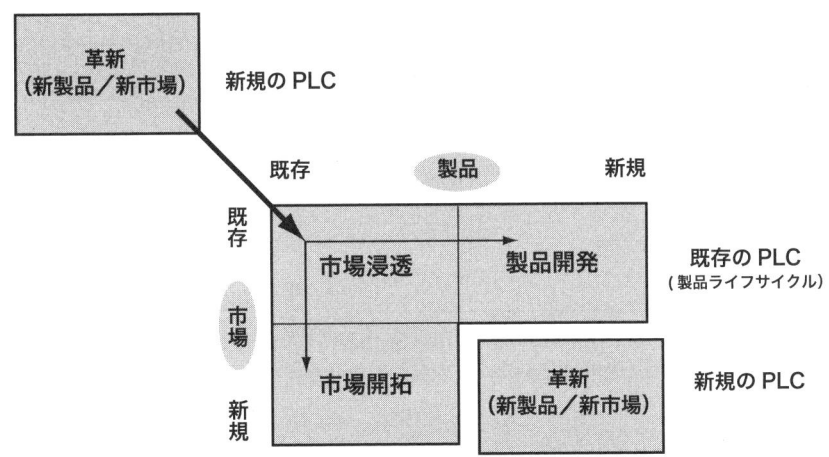

量的な成長と質的な成長

略の類型化として考えてみよう。[1]

　製品は，必ず対象とする市場を持ち，新製品は，対象市場（標的市場）を想定して開発・導入される。そして，競争の中で製品 - 市場も変化していく。

　成長ベクトルは，企業が成長する方向にはどのような事業展開があり得るのかを類型化したものである。そしてその類型化は，量的な成長方向と質的な成長方向とに大別することができる。

　製品と市場をそれぞれ既存のものと新しいものとに分け，それぞれの組み合わせによる戦略に対して，次のような名前がつけられた。すなわち，

○既存製品を既存市場に対して展開していくものを「市場浸透」

○既存製品を新市場に対して展開していくものを「市場開拓」

○新製品を既存市場に対して展開していくものを「製品開発」

○新製品を新市場に対して展開していくものを「多角化[2]」

　既存製品をベースとする成長ベクトルは，量的な成長である。市場浸透は，文字通り既存製品を既存の市場に対してさらに売り込んでいくことで量的に拡大し成長を遂げようとするものであり，既存製品を新市場に対して売り込んでいく方向性は，空間的には海外への輸出などこれまでとは全く別の地域に売っていくという方向性から，たとえば，若者市場で受け入れられヒットしたものを，年配者の市場に対して売っていくといったマーケット・セグメンテーションの問題として，新たな標的市場への展開としても理解することができる。セグメンテーション基準を心理的なものやライフスタイルによる，いわゆる創造的なセグメンテーション[3]を行えば，その成長の方向性は多様なものになり得る。

1　1988 年の改訂版『The new Corporate Strategy』では，3 次元のフレームに改良されているが，ここでは同じ意味で，3 次元のものは用いない。また，「市場」は「ミッション」となっているが，「市場」の方が直接的で分かりやすいので，「製品 - 市場」という組み合わせで用いる。

2　　アンゾフは「多角化」と呼んだが，ここでは，本書の主旨に合わせて「革新（新製品 – 新市場）」と呼ぶことにする。

3　　Abell が『デュアル・ストラテジー』のなかで示した考え方で，後出。

新製品開発を軸とした成長ベクトルは、「多角化」を含め、基本的に差別化をベースとした質的な成長の方向性を持っている。既存の市場に対して新たな製品を開発するということは、既存の市場に対する既存の製品（競合他社のものに対する）の差別化を行っているのである。

　革新（新製品－新市場）は新たな市場の成立からスタートする。既存の事業からは差別化された新規の事業として展開される製品は、市場に受け入れられヒットするとともにやがて競合他社の参入による競争に直面する。製品ライフサイクルでいえば、導入から成長の局面への移行である。

　競争の過程で、改良製品の投入による差別化やセグメンテーションが行われていく。製品ライフサイクルにおける成長から成熟段階への移行であり、「サイクル－リサイクル」のパターン[4]として把握されている段階である。

　やがて企業は、そうしたライフサイクルに沿った競争から脱出しようと試み、新たな製品－市場を対象とする事業が生まれる。それまでのライフサイクルから逸脱するような、まったく新規の製品ライフサイクルのスタートである。

　既存の製品をベースに既存の市場に対して行われる成長ベクトルは、やはり量的な成長方向を目指すものであり競争としては、価格競争を潜在的・顕在的に想定するコスト中心の競争である。

　このように、製品－市場においてユニークな事業も、参入企業の増加に伴う競争の激化に直面し、その競争に打ち勝つようコスト中心の量的な成長を目指していくようになる。しかし、やがてそうした力づくの競争から逃れ、新製品によって新たな市場を開拓しようという競争行動が生じる。こうして、既存製品による量的競争から質的競争（差別化）への動きが生じる。いわゆる脱コモディティ化である。

　「製品開発」と「革新（新製品－新市場）」との違いはそこにある。製品開発という成長ベクトルの中から既存の製品ライフサイクルによって把握できるような競争状況から脱却し、独自の競争場を生むような製品は「革新」と呼ばれ

4　「サイクル－リサイクル」パターンは、ホタテ貝の殻の形状になぞらえて「スキャロップ型」とも呼ばれている。後出。

る。そして，新たな製品ライフサイクルがスタートする。図序-1において，新製品-新市場のセルを，マトリックスから離して描いているのはそうした関係を示そうとしたものである。もちろん，製品の漸進的な開発から逸脱した形で生まれるだけでなく，開発の初めから，独自で既存の製品との関わりを持たないようなユニークな製品の生まれ方もあるであろう。「新製品-新市場」という組み合わせは，「多角化」よりもやはり「革新」[5]と呼ぶにふさわしい。

こうして生まれた新製品も，遅かれ早かれ上記のような量的競争の方向を進みやがて新たな革新的製品が生まれる。そして，このサイクルが繰り返されていく。それを図示すると次のようになるであろう。

図序-2　成長ベクトルの連続的展開

このように，「多角化」はむしろ，革新的成長のベクトルを示すもので，厳密に言えば，「成長」概念で捉えられる性格のものではない[6]。それまでの成長軌道から逸脱する事業行動として概念するべきものである。ここから新たな成長が（したがって製品ライフサイクルが）スタートする，そこへのジャンプである。

このように，（本書では）アンゾフの成長ベクトルを，事業の成長ベクトルと捉え，「市場浸透」「市場開拓」「製品開発」を同じ製品ライフサイクルのフレームの中で把握しうるものとして位置づける。そして，「新製品-新市場」という新たな質的に異なる展開を，既存の成長ベクトルから逸脱する事業展開ととらえ，そこから新たな事業が成長していく「革新」と捉えることにする。

5　革新概念については，後出。
6　シュムペーターの「成長」概念と「発展」概念，「革新」概念については，後出。

2. 本書について

本書は，次のようなデュアリティのイメージのもとに組み立てられている。事業活動は，二つの相容れない局面の入れ替わりによって成り立っていると捉え，そうした二項対立的な事業活動の局面転換を軸に，事業活動の一見多様な様相を呈する現実を読み解く鍵を得たいと考えている。

図序-3　デュアリティのイメージ

差別的優位性	将来	発展	革新	虫の目	目的-手段	選択	脱均衡	現在の否定	動態	長期	経験
コスト優位性	現在	成長	漸進	鳥の目	原因-結果	理解	均衡	現在の肯定	静態	短期	規模

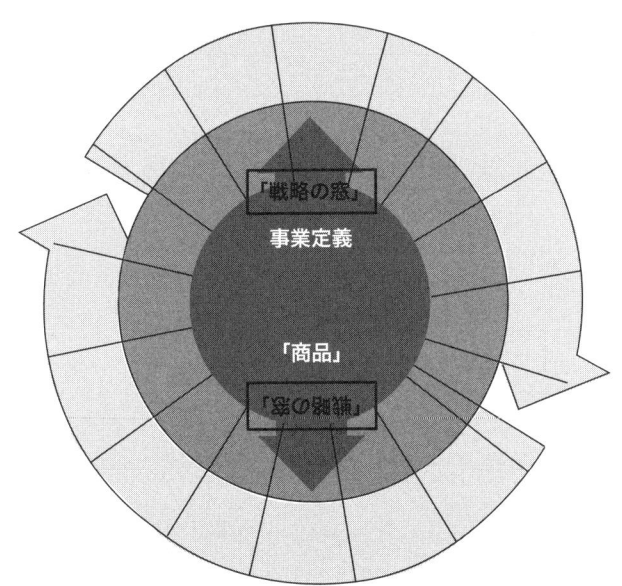

本書の課題は，企業の事業活動（マーケティング活動）が持つ二面性，すなわち，現在の競争に勝とうとしてさまざまな手を打っていくという側面と，将来の競争に向かってそうした現状から抜け出ていくという側面を明らかにし，事業活動のダイナミックな有り様を明らかにすることである。
　このような，「現在の競争状況」と「将来に向かっての競争的選択」にかかわる二面性について整理をすると，次のようになるであろうか。
　前者を漸進的成長の世界とすれば，後者は革新的発展の世界であり，後者は前者を否定する契機となる。
　前者は経済学によって遡及的に（振り返ってみれば的に）把握される世界であり，後者は，事業の定義によって，経済学的に把握された世界を否定し新たな展開をスタートさせる世界である。
　前者が，均衡に向かう世界であるとすれば，後者は均衡を崩し新たな均衡に向かう世界をスタートさせる。
　前者が因果関係によって把握され理解される世界であるとすれば，後者は，目的 - 手段関係によって把握される，企業が主体的に選び取っていく世界である。前者が，経済学で言う静態的な短期にかかわる世界であるとすれば，後者は動態的な長期にかかわる世界である。
　前者が高みから客観的に把握される状況認識であるとすれば，後者は，主体から把握され，行為のために認識される世界である。比喩的に言えば，前者は対象（状況）を鳥瞰的に見 (bird's eye view)，後者は，いわば虫の目から (insect's eye) 見る。

　このように本書は，以上のような二面性を軸に各章をまとめている。現実の世界は多様である。デュアリティの間の振れは，大きかったり小さかったりするであろう。また，その中間形態にあるような状況もあるかもしれない。しかし，こうした二つの局面の入れ替わりとして事業活動が展開するという「事業活動の理念型的理解」に照らして現実を見ることで，現象を的確に捉えることができるだろう。

本書が示そうとしたもう一つのイメージは，「戦略の窓」(エイベル，1978)という概念である。企業の事業戦略は，環境と主体との関わりの中で，その都度選ばれていく。企業は，自らが歩んできたバックグラウンドの延長で機を捉え打って出ていく。環境によって規定されると同時に，自らが歩んできた経路にも拘束されながら（経路依存），機会を捉え広げていこうとする。

　エイベルは，こうした環境と企業主体とのフィットは一瞬であるという。つかみ取るチャンスは，企業のそれまでの蓄積のなかから見えてくるチャンスであり，それは他企業による「見え」とは異なる。他の企業には見えないチャンスを見るかもしれない。逆に，見えなかったチャンスを他社がつかみ取っていくのを指をくわえて見ているということになるかもしれない。また，見えていながらみすみすチャンスが過ぎ去っていくのを見ることになるかもしれない。

　企業のビジネスチャンスというものは，そうした主体と環境との相互関係の中で初めて見えてくるものであるということ，その見え方は企業ごとに異なるということ，その見えは一瞬であるということ。それは，企業主体も環境も動いているからである。

　エイベルは，企業と環境との関係はいわば「動いている場所から動いている標的を撃つ」のに似て，絶えず変化してやまない環境に対して，企業が持つ資源との関係で一瞬開く窓のようなものが事業チャンスである，と言った。

　事業チャンスとは，企業にとって手を伸ばせる環境であり，企業の資源や知識（学習）によって現実的に見えてくる環境のことであり，それは個々の企業によって異なるという意味においては経路依存的（path dependent）である。

　「戦略の窓」から見える外の世界とそれを見る企業主体と外界との関係は，企業が現実的に競争できる事業分野や，相手，それに向かって実現できる戦略を規定する。

　考え方はシンプルである。デュアリティと，主体は環境を見えるようにしか見ない，という二点が軸である。

　デュアリティのもとに検討される内容を，実際の業界に当てはめることで，本書における考え方の妥当性を，読者自ら検証していただきたいと考えている。

本書の準備をしている間にも，電子機器分野で大きな出来事がいくつか立て続けにあった。国からの支援を受けたエルピーダメモリの経営破綻（2012年2月27日に会社更生法適用を申請）。台湾の，フォックスコン（富士康）を傘下に持つ世界最大のEMSメーカーであるホンハイ（鴻海精密工業）が，シャープの筆頭株主になった（2012年3月27日発表）。

本書は，なぜそうしたことになったのかを考える上での，基本的な思考フレームを提供できると信じている。

3. 分析対象としての自律的事業単位概念 とマーケティング

一つの製品とそれが対象とする市場，つまり，「製品‐市場」が考察の対象となる単位である。どのような製品も対象とする市場を持っておりそこに一つのビジネスが成立する。言い換えれば，そうした「製品‐市場」によって規定される企業の具体的な活動内容がその企業の事業（ビジネス）の中味を形づくる。

このような事業単位は，個人企業から巨大企業の事業部といったように，小さいものから大きいものまである。しかし，その活動の本質は同じであり，したがって，同じ原則が適用できると考える。その意味では，個別の製品‐市場を対象とするプログラムレベルのマーケティングも，システム製品やいわゆるプラットフォーム製品を扱う事業レベルの事業戦略も，その本質とするところは同じである。

したがって，「製品‐市場」からなる事業単位は，企業の事業活動を考える上での概念的な基本単位となる。これを，自律的事業単位（ABU:Autonomous Business Unit）と呼ぶことにする。

「自律」的であるとは，製品‐市場に関わる活動単位が一つの独立の企業として見なしうるような機能編成をそなえた自律的な組織単位であるということを意味する。一つの独立の企業活動と同等であるということは，大小さまざまな事業活動から構成される大企業の中にある事業単位であっても，もとの組織

から切り離しても独立の企業として成立しうるということを意味している。自律的とはそういうことである。

　プロダクトマネジャーやブランドマネジャー，企業内ベンチャー，プロジェクトチームといったプログラム単位の事業組織単位や，事業部，戦略事業単位(SBU)，マトリックス組織，さらには分社化といった組織編成は，こうした自律的事業単位として企業内に存在するはずである。また，そのような自律的な組織単位として扱うことで，これらの組織単位は，分権化の利点を発揮する。

　自律的であるかどうかのメルクマールは，繰り返しになってしまうが，それを切り離しても一つの独立した企業として存続しうる機能編成を備えているかどうかである。分権化の論理のもとで編成されるすべての組織を，この概念によって把握し分析することができる。

　そして，「製品 - 市場」を単位とする事業活動の具体的な内容を構成するのが，マーケティングである。プログラム・レベルも，「市場戦略論」とか「戦略市場計画」といった形で論議されるより上位の事業部レベルや全社レベルの戦略論も，ベースとなるのはマーケティングである。

　自律的事業単位を組織論の観点から見てみると，次のような組織認識が参考になる。[7]

　小から大にいたる組織単位から構成されるより大きな組織を一種の入れ子構造として理解すると，それら小から大にいたる組織化現象を，オートポイエーシス（自己産出）のプロセスとして理解することができる。つまり，小さい単位であろうと大きな単位であろうと，組織現象は同じであると考えるのである。

　「個人が（オートポイエーシス的に）新たな知識（新たな弁別）を産出する方法は，グループが（オートポイエーシス的に）新たな知識を産出する方法に相似しており，グループが行なっている方法はSBUが（オートポイエーシス的に）新たな知識を産出している方法と相似している。さらにはSBUが行なっている方法は，組織が（オートポイエーシス的に）知識を産出している方法と相似している」

7　ゲオルグ・フォン・クロー＆ヨハン・ルース（高橋量一・松本久良訳）(2010)『オーガニゼーショナル・エピステモロジー』文眞堂

といったように，企業組織のあらゆるレベルにおいて，個人やグループ，組織は，自律的で，オープンであると同時にクローズドであり，オートポイエーシス的であると考えるのである。

企業組織は，{決定する→考える→実施する}というミニマムなユニティを持つ組織単位から構成されており，このプロセスが，一種のフラクタルとして組織内の各部分においても内部プロセスとして存在する。そして，これらが入れ子構造のように，各種の組織，組織をまたがる組織（たとえばSBU），さらには企業組織全体に拡がっていく。組織の本質は，最小の自律単位であるフラクタルにあるのである。

「製品‐市場」を単位とする事業活動の内容を形づくるマーケティングは，フラクタルとして企業活動全体に拡がっている。こうして，プログラム・レベルのマーケティングの考え方は，企業全体の事業戦略にまで浸透している。事業の定義を出発点とする「戦略市場計画」[8]といった考え方は，まさに，マー

図序-4　自律的事業単位の階層

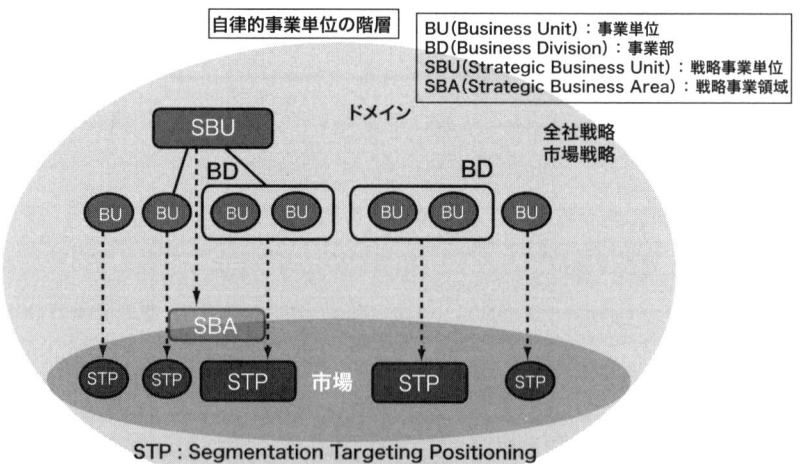

8　デレク・F・エイベル＆ジョン・S.ハモンド（片岡一郎他訳）(1982)『戦略市場計画』ダイヤモンド社

ケティング的発想の事業戦略レベルへの展開なのである。

　以上述べたことを図示すると図序–4 のようになる。

　対市場で考える最小の自律的単位は，BU（Business Unit）で，ブランド・マネジャー制やプロダクト・マネジャー制などの，いわゆる 4P マーケティングによって活動する事業単位である。

　次の階層の自律的事業単位は，事業部（Business Division）である。関連性の高い複数の BU をまとめる形で成立する自律的単位で，プロフィット・センターとして位置づけられているように，独立性の高い事業単位である。したがって，より独立性を高めれば，分社化ということになるが，実は，分社化はどのレベルでも可能である。プロダクトレベルであれブランドレベルであれ，対象とする市場を持ち，自律的に 4P マーケティングをやっていれば，スピンアウトは可能である。全社レベルも含めて「自律的事業単位」と呼ぶのはそういう理由による。

　対市場という戦略姿勢をより鮮明に出した組織編成が SBU（Strategic Business Unit）である。事業部制が製品の属性上の関連性をもとにまとめられるのに対して，市場の新規ニーズに対応するために，複数事業単位や複数事業部にまたがった形で編成される戦略的な役割を持った事業単位である。戦略市場計画や市場戦略論といったマーケティングの発想のもとに戦略が考えられるようになるとともに生まれた組織編成原理である。

　最上位には全社戦略があり，ドメインをどこに定めるかといった，下位の事業単位の自律的活動を方向づけるような選択にかかわる。

　このように，事業を成立させる最小の製品 - 市場関係を対象とする自律的事業単位をフラクタルとして，マーケティングはオートポイエーシス的に全社に浸透していく。本書のタイトルに「マーケティング競争の」という表現をとる所以である。

第1章：企業間競争のマクロ的イメージ
──進化の断続平衡説

> 連続する地層に眠る化石は，進化というものがゆっくりとした連続的なものではなく，長期にわたるほとんど進化しない平衡的（均衡的）な期間と，新しい種が爆発的に生まれる出来事によって区切られることを示唆している。
>
> グールドとエルドリッジ (1972)

経営学やマーケティングにおいては，生物学や生態学とのアナロジーで議論が展開されることが多い。ドメイン論や製品ライフサイクル論などはその代表的な例である。

1. 断続平衡説

ここでは，本書の基本的な考え方とフレームを理解してもらうために，競争のマクロイメージを，進化論における「断続平衡説」によって説明しておくことにする。

進化というものが徐々に起こっていくものではなく，「カンブリア紀の大爆発」のように，あるとき爆発的に多様な種が生まれ，やがてそれが淘汰されていく，というのが，この説の基本的な考え方である。

区切平衡説とも訳されている進化の断続平衡説 (Punctuated equilibrium) は，1972年に，グールド (Stephen Jay Gould) とエルドリッジ (Niles Eldridge) によって，従来のダーウィン進化観に対して提起された進化に関する仮説である。こ

うして出現した多様な新しい生物は，やがて淘汰を経て落ち着くと，その後ほとんど変化しない平衡的な期間をふたたび迎える。

　ダーウィン的な漸進的進化に対してグールド／エルドリッジの断続平衡説を対峙させることで，市場における企業の革新と競争のマクロ的イメージを持つことができる。とりわけ，事業行動のデュアリティ（二面的な性格）についてのイメージを持つことができる。

　企業競争においても，一つの製品種の継続的な改良をめぐる競争から，あるときそれまでとは大きく異なる種が生まれ，既存の製品のシェアを奪い去り市場における主導権をとっていく。βからVHSへのビデオ方式の移行，テープからディスクやハードディスクへの移行，アナログビデオからデジタルビデオへ，ウォークマンからiPodへ，ブラウン管テレビから液晶テレビへ，ケイタイからスマートフォンへ。多くはライフサイクルの入れ替わりをもたらし，主導的な企業も入れ替わっていった。成長ベクトルにおける新製品－新市場という，断続を伴う「革新」的成長方向を導いていったのである。製品ライフサイクルで言うならば，既存の製品ライフサイクルとは異なる（断続する）新たな製品ライフサイクルのスタートである。

　このような，漸進的進化と断続的進化という企業間競争のデュアリティに対するマクロ的なイメージを持つことは，一見多様に見える企業の競争行動のダイナミックスを区分し理解する上で有効である。

　企業間競争行動の漸進的進化のプロセスと革新的な変化は，それぞれ異なった性格を持った局面から構成されており，それぞれの局面には異なった論理が働く。したがって，求められる対応も異なってくる。革新的な変化は質的変化をもたらすものであり漸進的な変化は量的変化を基本とする。

　漸進的な進化のプロセスにはコストの論理が，革新的な変化のプロセスには差別化の論理が働く。（本書では，こうした二つの局面をつねに念頭に置きながら，議論を展開していく。）断続平衡説は，さまざまな社会科学においても，事象の説明原理として用いられてきた。個人やグループ，組織においても，この平衡的で慣性的な状態から革命的な状態への入れ替わりが生じることが認

められている。いずれの場合も，比較的長い安定期間（均衡）と「質的な変態（metamorphic）に相当するような変化（革命）」をとげる短い期間とから構成されており，安定的な期間は革命的変化によって区切られる（punctuate）。(Gersick 1991,pp.10-36)

漸進性の状況と漸進性に区切りをつける革新性というこれら二つのモードの劇的な入れ替わりがなぜ生じるのか，組織は，構成員によって変わるべきであると認識されながらもなぜ変われないのか，そして，やがて革命的な変化によって一挙に変わることを強いられるということがなぜ起こるのか。これらは，変わることを押しとどめるような構造が，事象の底部に一種の慣性として作用することで，変化が押しとどめられるからだと説明される。

こうした漸進性と革新のダイナミックスは，組織だけでなく，個人の成長のプロセスにも見られるし，企業間の競争や業界の盛衰にも適用できる。たとえば，クリステンセンの破壊的イノベーションの考え方やそこから導き出される「イノベーションのジレンマ」（クリステンセン2001）という議論にも符合する。

連続的な変化の状態から一挙に別の状態へと革命的に変化するということがなぜ起こるのかというダイナミックスについては，事態の根底にある高度に堅固な秩序ないし深構造（deep structure）によって説明される。均衡的な期間には，累積的で漸進的な進化しか許容しないような（秩序を求める）内在的な構造が働いて，それが，そうした漸進性を断ち切るような断続的で革命的な変化を押しとどめる「慣性」として働く。このような内的構造（「深構造」）は，均衡の期間中持続して変化を押さえるのであるが，革命的な断続の時期には，「解体され再配置されて全面的な変形を強いられる。」（Gersick 1991, p.12）「深構造」とは，「システムの構成単位がそれに向かって組織化されていく基礎的配列構成の基本的で相互依存的な「諸々の選択」と，この（基礎的）配列構成と環境との間で行われるシステムの資源交換とを維持する活動のネットワークである」（Gersick 1991, p.15）と定義される。このことを業界における事業間競争に当てはめてみると，つぎのようになるだろう。

ある業界を構成する各企業の事業単位が，どのような方向で事業活動を組織

化していくか,どのような製品デザインをとっていくか,どのような原材料や部品の調達方法をとっていくか,どのようなコスト削減努力を行うか,などなど,互いに競争を仕掛けたりそれに対応したりしていく過程で徐々に相互の手の内の学習が進み,業界の競争ルールが形成されていく。そうして,明示的にも暗示的にも業界の競争構造ができあがっていく。S-C-Pパラダイム[1]が有効な状況である。それがここでの深構造であり,業界における企業と市場との相互学習[2]過程によって「ドミナント・デザイン」が定まっていくのと同じ働きを持つ。したがって,「ドミナント・デザイン」[3]もまた,強力な深構造の一部を構成する。いわば,業界における暗黙の(そして時に明示的な)ゲームのルールであり,革新によって区切られるまで漸進性を強要するような構造,産業組織論のS-C-Pパラダイムにおける行動を規定する構造要因,それらが深構造

---

1 S(構造)がC(行動)を規定しその結果,業界のP(成果)が生まれるという因果関係を想定する産業組織論の考え方。ポーターが依拠する基本フレームでもある。

2 さまざまな事業デザイン(ビジネス・モデル)の編成や組み替えが群発し,やがて新たな深構造としてのドミナント・デザインへと向かって選択が方向付けられていく。市場サイドの学習は,さまざまなデザインの中からの消費者による選択と再選択を通じて行われていくわけであるが,そうした市場による選択のプロセスは,製品の淘汰のプロセスでもある。したがって,企業と市場との相互学習プロセスとは,企業によるさまざまな変異を形成する模索と適応のプロセスであり,市場による選択と淘汰のプロセスである。こうした相互の選択を通じてドミナント・デザインが定まっていく漸進的進化のプロセスを,比喩的に表現したのが「企業と市場との相互学習プロセス」という表現である。

　新製品が魅力的なものであると市場が受けとめ,買うという「投票行動」を通じてシグナルを企業側に送り返せば,「新製品-新市場」は無事離陸する。やがて参入してくる競合他社によって模倣と改良が繰り返され,市場と企業,企業と企業との間での活発な相互学習が継続されていく。このプロセスは,ドミナント・デザインが成立するまで続いていく。

3 さしあたり次のように理解しておいて欲しい。すなわち,市場競争の過程で,売れ行き情報などを通じて競争企業間が相互に差別化や改良を重ね,やがて一定のデザイン・コンセプトに落ち着いていく。こうして成立するドミナントなデザイン・コンセプトが,今度はその後の製品開発の方向を規定していく。「ドミナント・デザイン」については別途論じる。

を構成する中味である。

　こうした均衡的な期間においては,「システムは, それぞれの深構造の選択を維持し貫徹する。システムは, 内的・外的混乱に対して, 深構造を保持するような調整を行い, 深構造へ向かうように組み込まれている道筋に沿って, 漸進的に動く。」(Gersick 1991, p.15) 通常, 慣性 (inertia) と呼ばれるものが, 深構造を保持しようとする動きを体現する。また, このように競争が一定の方向性の中に収まっている間を, 経済学では「短期」[4]という時間軸で捉える。予見を所与として見なしうる状況である。したがって, 短期においては, ミクロ経済学の応用分野である産業組織論をベースとするS–C–Pパラダイムが, 現在の競争状況の分析手法として有効性を発揮する。

　しかし, 断続をもたらす革新の動きは, 企業主体によるまったく新しい事業 (新製品 – 新市場) の選択によってもたらされるものであり未来に属するものである。したがって,「短期」とは埒外の「長期」の世界のものである。ここからは, ポーターではなく, いわゆるリソース・ベースト・ビューの戦略論が有効性を発揮する世界である。[5]

　後述するように, シュムペーターの「革新」概念は, まさにこのようなものとして理解されなければならない。

2. 断続の契機

　漸進的進化からの断続はどのようにして生まれるのであろうか。ここでは, いくつかの議論を通じて, 漸進的進化からのジャンプの可能性を探り, 最後に, そのような飛躍を妨げる「歯止め」の存在について議論する。

---

[4] 「短期」「長期」概念についてはイノベーションの章で触れる。
[5] BCGの4象限のPPMフレームが現状の競争状況を示すのに対して, GEの9象限のマトリックスは, 将来の戦略上の選択肢を探るためのフレームであった。

a. 次の進化を生む「余剰」ないし「冗長性」

「進化は偶然のいたずら」であるとグールドは言った。そして，その「いたずら」を働くのは一種の「余剰」であると言っている。

進化は，多分にランダム性や気まぐれさ，予測不可能性，によって進んでいく。決して直線的なものではなく，振り返ってみれば無駄とも見えるような冗長性をともなったものである。カンブリア紀の化石には，今日では考えられないような，奇妙キテレツな生物が多数存在している。

「たとえば，鳥の翼は最初から飛ぶ事を目的として発達したものではなく，自分を暖めるためにできた小さな翼に羽毛ができだんだん発達して飛べるようになったといったように，一種の冗長性を抱えながら，それが次の発展のステップを作っていく。こうした冗長性ないし余剰部分が，進化にとっては不可欠なのである。(グールド 1990)

ドミナント・デザインが成立するまでの企業と市場との相互学習過程においても，多様性や流動性，冗長性が存在するし，それが必要でもある。たとえば布団乾燥機は，風船のような通気性のある袋状のものを敷き布団と掛け布団の間に挟み，それに温風を吹き込むことで布団を乾燥させるという方式が確立している。これは，三菱電機によって開発された[6]もので，それがドミナント・デザインとして定着していったのであるが，その前には，東芝[7]が，太陽にあてて布団を干すように，ドレッサーのような入れ物に竿を渡してそれに布団を掛けるという方式の布団乾燥機を商品化している。非常にかさ張り布団の上げ下ろしに手間もかかるこの方式は，当然のことながらドミナント・デザインにはならなかった。しかし，特定のニーズを満たすために多様な方式が開発され，そうした冗長性の中から消費者の取捨選択が行われ，やがて画期的なデザインが生まれ，それが多くの人に選択されることで他のものが淘汰され，ドミナント・デザインとして落ち着いていく，というプロセスを理解する上で，興味深い事例である。

6　内橋克人『匠の時代 2』岩波現代文庫
7　東芝社史から

第1章：企業間競争のマクロ的イメージ——進化の断続平衡説　19

　つぎの，ハードディスクの小型化大容量化にともなう事例も，余剰と革新について考える上で興味深い。

　携帯プレーヤーの記憶媒体がハードディスクになることで記憶する楽曲数は飛躍的に増大し，自分の持っている音楽CDのコレクションすべてを取り込んで持ち歩くことができるようになった。それによって，いろいろなアルバムを楽しむためにいちいちCDを入れ替えるという手間はなくなった。また，携帯プレーヤーそのものを直接再生機につなげたり無線でとばしたりして音楽を楽しむといったことが可能になった。そうなると，CDチェンジャーのようなものは不要になったし，シャッフル機能によって，いろいろなアルバムのいろいろな曲をランダムに再生して楽しめるようにもなった（パーティーシャッフル機能）。そうなると，BGMのためにあらかじめいろいろな楽曲を組み合わせてテープなどに録音しておくといった作業も不要になった。

　ハードディスクの記憶容量がさらに増えることで，画像を取り込んだり，動画を取り込んだり，といったようなことも可能になった。また，ハードディスクのように回転装置を用いないフラッシュメモリの使用は，動きの激しい環境でも楽しめる携帯プレーヤーを創り出したし，iPodはNikeとのコラボレーションでトレーニング用の道具にも使えるプレーヤーになった。フラッシュメモリ自体の大容量化が実現すれば，PCでもハードディスクと置き換わるだろう。回転装置を使わない方式は，熱を発生させることも少ないし，データへのアクセスも高速化する。

　新しい大容量の記憶媒体が開発されることで，携帯電話との融合などさらに別の発展方向を生み出した。多機能化した携帯電話（スマートフォン）は，PCが可能にしてきた機能の多くをカバーするようになり，実際，2011年末，スマートフォンの出荷台数はPCを上回った。

　iPodを一種のプラットフォーム[8]として拡大していったさまざまな事業展開が，多様な余剰を生み出しながら，iPhoneなどの画期的な製品を生み出し，

8　プラットフォーム・ビジネスについては別途取り上げる。

さらに新たな携帯端末を生み出していった経緯を見れば，こうした余剰ないし冗長性が生み出す進化のあり方を饒舌に説明してくれるであろう。

記憶媒体でいえば，SD (Secure Digital) カードとその PC 用のメモリーへの活用は，SD メモリーの記憶容量が増大してきたことによって現在進行形である (2012 年現在)。今のところ SD メモリーの容量はまだ小さいが，それを並列することで大きくすることも出来るし，単体でも，今後のフラッシュメモリの技術発展の中で，どうなるかは分からない。SD メモリーは，多様な規格を伴いながら引き続き進化しているが，2TB（テラバイト）までのものが登場しているからである (2012 年現在)。まさに，クリステンセンの言う「破壊的技術」の例にもなり得るだろう。

以上のような余剰や冗長性から生まれる断続的進化は，漸進的な進化からの意図せざる結果[9]であるとも表現できるだろう。

3. 企業サイドの学習プロセスとしての「カイゼン」と漸進的進化

「カイゼン」は顧客志向を中心にした市場対応である。「カイゼン戦略の根底にあるのは，ビジネスが存続し利益を上げるためには，顧客を満足させ，顧客のニーズに奉仕すべく努力しなくてはならないという認識である。それには品質，コスト，デリバリーなどの各分野における改善が必要不可欠である。」（今井 1991, 36 頁）

日本の「カイゼン」という考え方のベースにはこのような顧客志向があるということは，製品やサービスの単なる部分的で漸進的な改良を意味しているわけではなく，市場ニーズへの不断の適応が盛り込まれている。顧客満足という発想が事業活動の起点に明確に据えられれば，顧客満足のためには製品そのものの改良はもちろんのこと，より安すく提供すること，アフターサービスを迅

---

9 「歴史は人間の行為の結果ではあっても，人間の計画の結果ではない」（アダム・ファーガソン）(エルスター 1997, 108 頁）

速かつ的確に展開すること，といった顧客満足実現に関わるあらゆる活動が関わってくるからである。

さらにこの発想は，個別のカイゼンではなく企業全体の活動を通じてのカイゼンへと，さらにはまた，生産から販売，消費へと至る価値実現のための連鎖（価値連鎖）全体を通じてのニーズ対応へと繋がっていく。

「カイゼン」は，生産面における日本的なやり方のほとんどを包摂する概念であるが，そのことは，次のような諸活動を包括する考え方であることから理解できよう。

このように，製品開発や製造に関かわるあらゆる活動のすべてに「カイゼン」に向けての努力が組み込まれているのであるが，これらの活動は，「カイゼン」が，企業内のあらゆる階層の人々を巻き込んで，顧客志向の視点から継続的な改善努力をしていく企業の戦略であることを示唆している。

また，品質を「カイゼンできるもののすべて」と捉えると，製品やサービスだけでなく，「作業の進め方や機械操作の仕方，組織や手続きの処理の仕方など，人間活動のあらゆる局面を包含してくる。だから，品質ではなく「カイゼ

図1-1　カイゼンの傘

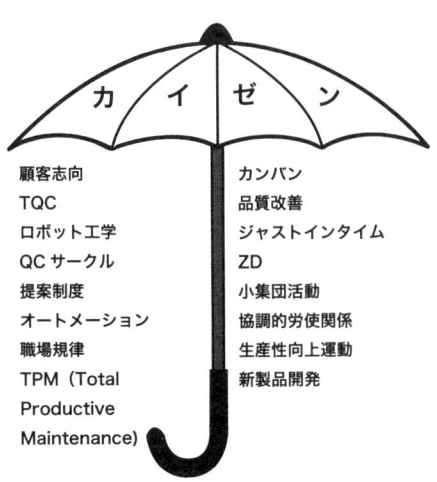

ン」なのである。(今井 1991, 55 頁)

　このような発想から品質管理は，SQC（統計的品質管理：Statistical Quality Control）から，QC サークルなどの「職場で自主的に品質管理活動を行う小集団」(今井, 1991, 57 頁) 活動へと展開し，さらには，TQC (Total Quality Control) あるいは CWQC (Company Wide Quality Control) といった全社的なカイゼン活動へと展開していった。そして，原材料や完成品の検査だけでは品質改善には役に立たず，製品の品質は生産段階で作り込まなければならないという認識が一般化していった。こうして，「工程で品質を作り込め」という金言が使われるようになった。[10]（今井 1991, 58 頁）かくして，QC も TQC や CWQC も，経営者や作業者のすべてが参加する全社的なカイゼン活動になっていったのである。

　その過程で，品質についての考え方も「品質の善し悪しは顧客満足をもたらす程度によって決まる」というように変わっていった。(今井 1991, 53 頁) 顧客志向のもとに，存在するであろう X 非効率を想像力によって克服し，限りなく立ちはだかる「壁」に向かって漸進的な進化を積み重ねていくという，精神論的なものを含んだ志向性として，「カイゼン」概念が定着していった。

① 品質とは何かについての合意はない。
②「カイゼン」は問題解決のプロセスでもある。
③ 品質とは改善できるもののすべてである。

　こうした「カイゼン」と品質についての考え方に，漸進的進化をドライブする「カイゼン」精神とも言うべき志向性を見て取ることができる。「漸進的イノベーション」をドライブする志向性である。

　以上から，＜品質とは，消費者の問題解決を通じて顧客満足を実現する度合いによって決まる＞と，さしあたりまとめておくことができるだろう。③のような考え方は，このように品質を考えることによって初めて理解することができるだろう。顧客満足を目指して取り組まれた全社的努力のベクトルが「カイ

10　この考え方を推し進めれば，VC（価値連鎖）全体で最終品質を作り込めと言うことになる。

ゼン」なのである。改善（improvement）ではなく，関わるすべての人間に浸透させた「考え（精神）」が「カイゼン」なのである。ちょうど，勤勉によって神の救いがその都度証されていくカルバンの予定説[11]のように，あるいはハーヴェイ・ライベンシュタインのX非効率[12]のように，追求することでその存在が証明されていく「信念」であるといって良いだろう。

「工程で品質を作り込め」という「カイゼン」に関する金言は，市場との相互学習の社内体制化であるとも言える。単なるinput（原材料）とoutput（完成品）のチェックではなく，全プロセスにおける品質の管理である「カイゼン」という発想は，顧客満足をもたらすために価値連鎖全体を通じて商品を作れということであり，顧客のニーズを社内的に組み込んでいくという点で全社的（CW; Company Wide）な品質管理への取り組みである。

このように「カイゼン」は包括概念である。確かに，そこに含まれる上述のようなサブカテゴリーはそれぞれの目的を持っている。たとえばジャスト・イン・タイム（JIT）は，直接的には生産工程の最適化を通じてコストダウンを図ることが主要な目的であり経験曲線効果に繋がる性格のものである。しかし，そのコストダウンの前に，よりよい品質の製品が大事であり，さらにその品質が顧客満足をもたらすものであると考える志向性が存在するとすれば，顧客志向の製品開発とそれに対応した生産プロセスが重要になってくる。こうして，カイゼンのカサの下に，製品の改良に関わる活動と工程の改良に関わるものとが同時に含まれることになるわけである。

しかし，その努力の多くを工程に置くカイゼンによってもたらされる進化の方向性は，絶えざる修正やモデル・チェンジによって顧客ニーズに適応を図っていく適者生存の競争プロセスである。したがって，原則的に漸進的なもので

---

11 マックス・ウェーバー（大塚久雄訳）『プロテスタンティズムの倫理と資本主義の精神』岩波文庫
12 理論上達成可能な効率に対する現実の効率の低さを言う。（X非効率とは，組織内に投入された資源が有効に活用されていない状況であり，そうした資源の未活用の原因が当該組織の行動様式の中で認識されないまま存在し続けることを意味する。）つまり，まだまだ改善の余地はあるというわけである。

図1-2 イノベーションのパターン

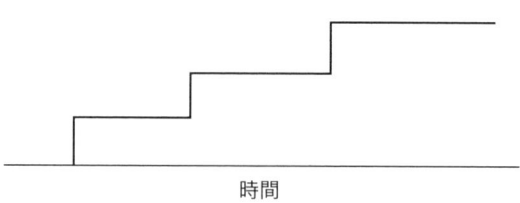

図1-3 イノベーションとカイゼン

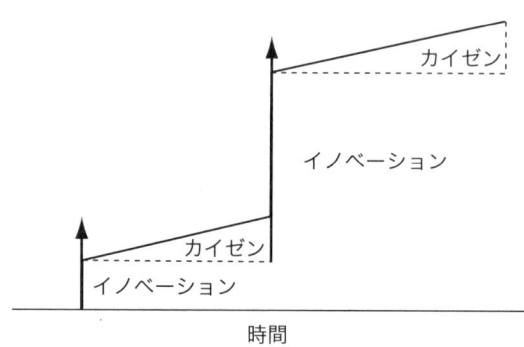

ある。[13] 一挙にジャンプする跳躍的な変化とは区別されなければならない。

　しかし，今井もまたイノベーションによる進化は，階段状であり一種のジャンプであると考えている。しかしながら，ステップからステップへの進化プロセスに「カイゼン」が組み込まれていなければ，スムーズな階段状の発展は望めないだろう。こうして，「カイゼン」を組み込むことによって，漸進的な進化の先に次のイノベーションに向けてのジャンプも生まれるのであり，「カイゼン」が次のイノベーションを用意すると考えるのである。「イノベーションが達成される場合には必ず，それを維持し向上するための一

13　組織のどの階層がどの程度「カイゼン」に関わるかについては，現場の労働者や監督者だけでなく，中間管理職やトップが大きく関わるのが日本の「カイゼン」の特徴である。そして，その大半がプロセスに関わるものである。(今井 1991，49頁，76頁)

連の改善努力が伴わなくてはならない。」日ごろの努力なくして飛躍はないという考え方である。

以上のような「カイゼン」とイノベーションの関係は，進化論における断続平衡説（Punctuated Equilibrium）的説明を採るならば，次のようになるであろう。すなわち，進化は漸進的ではなく階段状のものであり，急激な種の変化によってそれまでの漸進的変化が区切られる（punctuate）が，そうした急激な変化を用意するのはそれまでの漸進的な進化の長い踊り場であり，区切られた後にもまた漸進的な進化の長い踊り場が形作られる。そして，踊り場という平衡状態の中味は，環境（市場）への適応と（市場による）淘汰という漸進的な性格のものなのであって，新たに始まる「カイゼン」という漸進的な進化が次の飛躍（イノベーション）を用意するのである。

4. 滑り台とはしご

徐々に傾斜がきつくなるような滑降斜面を必死に登っていくと，あるプレーヤーは幸運にもはしごの下にたどり着き，より高いところへと素早く登っていくことができる。しかし，幸運に恵まれなかったプレーヤーは，次第にきつくなる傾斜に歩みを止めるか斜面を滑り落ちてしまう。これは，漸進的な進化と飛躍的なイノベーションとの対比を比喩的に示したものと言える。（アターバック 1991, 227 頁）

真空管からトランジスタへの変化は「はしご」である。集積回路上のトランジスタ数は 18 ヶ月ごとに倍になるというムーアの法則[14]と呼ばれる半導体の急速な集積度の向上は，漸進的なきつい坂道を登るたとえにふさわしい。

スーパーコンピュータへと上り詰めていく大型コンピュータの斜面と，一般的なマイクロプロセッサの技術を使ったパーソナルコンピュータを何百何千と相互接続することで，最も早い単独マシンの 100 倍も速い処理能力を持

14 　図は Wikipedia から（2012/02/06 閲覧）。

図1-4　主要なCPUにおけるトランジスタ数の推移（各々初出荷時点での数）

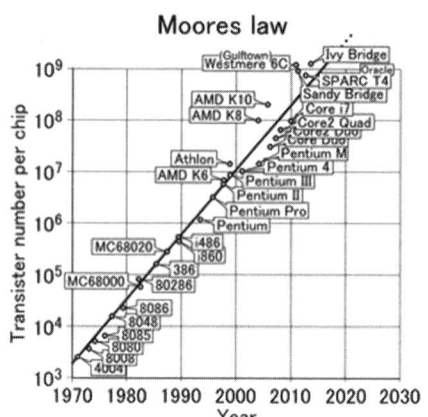

つ「大規模並列スーパーコンピュータ」を作ってしまうというイノベーションと対比してみよう。並列処理によるコンピュータは，「はしご」として，メインフレーム業界のあり方そのものを変えてしまうことになる技術的不連続性（punctuation: 断続）を生み出している。（アターバック，228頁）

ちなみに，2011年（平成23年）11月，国家的プロジェクトとして日本が開発したスーパーコンピュータ「京」は，世界最高の演算速度を記録した。その構築費は，「2009年度（平成21年度）時点で約1120億円（1020億円の国費と100億円の民間資金持出額）」「運用費は年額80億円（電力代22〜29億円，計算機等保守費23〜32億円，運営費12.6億円，その他保守費14〜17億円）を見込んでいる。」[15]

この例は，立ちはだかる性能の壁に向かって突き進む漸進的な進化のために必要とされる膨大なコストと自己の発展方向を呪縛する拘束性（後出の歯止め効果），そうした方向性からは断続する別の破壊的イノベーションというものがどのように参入してくるのかということを象徴的に示している。

既存の技術と新しい技術の併存と入れ替わりについては，次に示すクリステンセンによるハードディスク・ドライブのヘッドの入れ替わりを示した図が分

15　Wikipedia（2012/02/06閲覧）。

第1章：企業間競争のマクロ的イメージ——進化の断続平衡説　27

図 1-5　記録密度向上の軌跡の持続における磁気ヘッドの新技術の影響

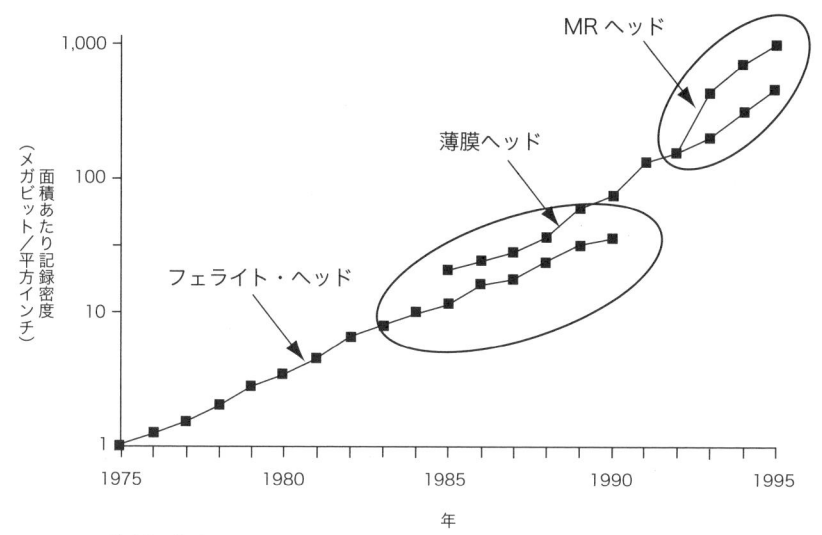

(縦軸：面積あたり記録密度（メガビット／平方インチ）、横軸：年)

ラベル：MR ヘッド、薄膜ヘッド、フェライト・ヘッド

資料：『ディスク／トレンド・レポート』各号のデータ

かりやすい。この図は，ヘッド技術の世代交代と記録密度の伸びを示したものであるが，断続的「ジャンプ」に譬えることができるように，あるいは「はしご」に譬えることができるように，既存技術の漸進的成長とそれが新技術によってとって替わられる断続平衡のパターンをよく示している。図の中に楕円で示した部分は，入れ替わりが起こる移行期であり，既存技術が消失するまで平行して進化する既存技術の姿を示している。下側に描かれている既存技術のグラフは，新技術登場後も，「立ちはだかる技術の壁」にむかって漸進的な進化（カイゼン）の努力が続けられていることを示している。

ハードディスク・ドライブの主要コンポーネントであるヘッドは，1970年代から80年代にかけ，フェライト・ヘッドを使っていた。それがやがて，性能の物理的限界へと近づいていった。

1971年から薄膜ヘッドの研究開発がIBMで始まり，1990年代には「安定的なモジュラー段階」に入った。これもやがて性能の物理的限界へ近づいていく。そして1990年代中頃，IBMでMRヘッド（Magneto Resistive Head）の

研究開発が始まった。(クリステンセン 2001, 282-286 頁)

　ハードディスク・ドライブは，ディスクを回転させ，そのディスクの上に磁気ヘッドによってデータを書き込んだり読み取ったりするのであるが，この基本的なアーキテクチャに対して，記憶容量の拡大や読み取り書き込みのヘッドの改良などが行われ，フェライト・ヘッドから薄膜ヘッドそして MR（磁気抵抗）ヘッドへと進化していったのである。この過程で，53% というきわめて急な勾配の経験曲線が生み出されていった。しかし，すでに見たように，SD メモリーのように，ディスクドライブとは全く異なった技術の記憶媒体が，やがてこうしたハードディスク・ドライブ全体の進化プロセスを断ち切り，取って代わっていくかもしれない。SD メモリーの開発をめぐって生まれている多様性（多様な規格）から，やがて画期的な技術が生まれ，ドミナント・デザインを生み出していくかもしれない。

　アターバックは，イノベーションを，連続期と非連続期とでとらえている（アッターバック 1998, 191 頁）が，新市場を生まない限りそのイノベーションは連続性の枠内にある漸進的なものである。非連続とはジャンプがあることを意味しているし，新市場の誕生を意味している。「新製品 - 新市場」の展開こそが，ジャンプを伴うイノベーションである。

　「カイゼン」に象徴されるように，工程を中心とした革新は，多くの場合漸進的に進んでいく。しかし，時に，部品のモジュール化や新素材の利用，工程の画期的なカイゼンによって飛躍的にコストの削減が実現することがある[16]。

16　自動車の組立工程においては，全体塗装を終えた車体からいったんドアが外され，本体の艤装工程が続く間ドアだけが別ルートを通って運ばれ，最終的に外された車体本体のところに戻ってくる，という方法が一般的にとられている。ドアをいったん外すのは，艤装工程にとってドアが作業の邪魔になるからである。こうした方法をとることによって作業効率が著しくアップした。筆者がこのカイゼンを知ったのは，1980 年代だったと思うが，日産の追浜工場を見学したときであった。その時に受けた説明では，一工員のカイゼン提案によるものとのことであった。その後，2005 年にトヨタの工場を見学した際，全く同じ工程が採用されていた。この工程がいつからどのような経緯で導入されたかについて質問したところ，どの自動車メーカーでも一般的に使われている方法で，そのオリジンは分からないという回答であった。

これは，持続的な改善努力が重ねられていたからこそ現れる「はしご」であると言えるだろう。

5. 断続をもたらす歯止め効果
——あるいは漸進的進化を妨げる要因

「はしご」はどのように現れるのであろうか。誰が見つけるのであろうか。

進化の断続平衡説は，進化が漸進的なものではなく，一種の飛躍を伴った断続的なものであることを示している。「カイゼン」は，そうした飛躍は，継続的な努力を通じての漸進的進化の延長にありうると考えている。しかし断続平衡説は，漸進性を断ち切る変化は外部からやってくると考える。クリステンセンに倣って言うならば，小さな破壊的技術の芽がいつしか拡がって，環境そのものを大きく変えてしまうと考えるのである。

本節では，イノベーションは漸進的に生まれることは少なく，多くは外部からやってくるという点を指摘したいくつかの研究[17]についての検討を行う。共通する点は，漸進性はむしろイノベーションに対しては，それを妨げる歯止め（ラチェット：ratchets）として働くという考え方である。

漸進的に成功を重ねていけば行くほど，企業はその方向へロックオン（lock on）され，新たな方向性が見えていてもそれを選択せず，それまでの道を引き続き歩み続ける。それまでの成功が，イノベーションを妨げる歯止めとして働くようになるのである。したがって，画期的なイノベーションは，内部から生まれるというよりも，外部からやってくることになる。

さまざまな歯止め効果は，変化を押しとどめる深構造としてはたらく。

---

17 別途詳論するシュムペーターは，こうした指摘を行った代表である。

a. 特定性へ向かうほど工程は固定的になりラチェットとして働く

流動性[18]の段階では工程革新が少なく，労働も機械も汎用的なもので対応する。しかし，特定性へと向かうにつれて，より専門性の高い労働/機械になっていく。そして，より単純な労働を行う単能工と機械との組み合わせによってコスト削減が図られていく。

さらに，労働の分割と単純化は，機械への人間労働の置き換えを促進する（中岡 1971）。このような相互依存的な機械・人間のシステムができあがっていくことで，ますますラチェット効果が強固に働くことになる。（アターバック 1998, 109頁）

もっとも，どのような細かい技術変更であっても，それは組織の何らかの変更なしには起こりえないわけであるから，「決定は旧製品の生産ラインを脅かすだけでなく，旧スキルや地位にも影響を与える」と言えよう。（アターバック 1998, 233頁）

b. 相互依存性というラチェット

特定性への道は組織内の相互依存性を増し，この面からもイノベーションへの対応をとりにくくさせるというラチェット効果を持つ。

アターバック（Utterback）は「機械的（Mechanic）」組織と呼んでいるが，これはまさに官僚制組織の比喩そのものである。そして，この安定的で効率的な相互依存関係による「機械」を壊すようなイノベーションやアイデアは，受け入れられにくくなり，既存技術の存続を引き延ばすようなアイデアが受け入れられることになる。（アターバック 1998, 112頁）

---

18 「特定性」「流動性」「ドミナント・デザイン」という概念については別途詳しく触れる。ライフサイクルの初期に於いては，製品のデザインコンセプトがなかなか定まらず，製品についての改良が中心となる流動的な状態（流動性）が続き，やがてデザインコンセプトが定まってくると（ドミナント・デザイン），工程革新へと改良の力点が移行していく。

c. 官僚制というラチェット

b. で述べたことと重なるが，特定性に向けて組織は，よりフォーマルなものへと変わっていく。タスクフォース的な流動性段階の開発組織はより階層的な管理体制の中に吸収されていく。こうして，イノベーションから漸進的な改善に中心が移行する。企業は，決まったことをやっていくのにもっとも合理的な組織を求めていく。こうして，近代組織が理想とする官僚制的機制を備えていくようになる。それが，組織内各要素の相互依存性を高め，変化に対して迅速に対応しにくいラチェット効果を生んでいくのである。

官僚制が無機的であるのに対し，流動性に対応するのに適した組織を，アターバックは「有機的 (Organic)」と呼んでいる（アッターバック 1998, 110 頁）。再び生物学的比喩が登場するわけであるが，こうした流動性に対処する有機的で自律的な組織は，「自律的事業単位」として編成されることになる。

d. 「生産性のジレンマ」

アバナシー（W. Abernathy）は，「製品革新はコスト効率性の敵であり，その逆もまた真である。」(Abernathy & Wayne 1974, p.118)（生産性のジレンマ）と言った。経験曲線効果によってコスト・リーダシッフを享受すればするほど工程改善への努力が加えられ，一層の固定費の増大を生みだす。そして，そうした成功の傾向を断ち切るような製品革新に対するインセンティブを弱める。成功しているがゆえにその成功の道を離れることに対するさまざまな抵抗が働く。成功は，変わることへの「ラチェット効果」を生むのである。

e. 成功経験というラチェット

一つの事業での成功経験が，次の事業の内容ややり方を規定し，結果として発想の多様性を奪ってしまうことがある。たとえば，ゲーム業界におけるファミリーコンピュータに対するプレーステーション 2，プレーステーション 3 に対する Wii などを挙げることができる。前者は，マガジン内にゲームソフトを入れた ROM という方式で販売することで支配力を高めたが，CD に焼くこ

とでソフトを販売するという方式に破れた。

後者は，PS2の成功によってその延長上にゲームソフトおよびゲーム機械を構想したが，それまでのゲームの楽しみ方とは発想を異にしたWiiやNintendoDSによって，苦戦を強いられることになった。さらに今日（2012年現在）では，スマートフォンやケイタイを使ったゲームに，上記いずれのゲーム専用機も苦戦を強いられている。

f. 経路依存というラチェット

成功経験からの呪縛に重なるが，新旧技術の入れ替わりにおいて，新規参入者は，既存技術への根が浅いが故に，この不連続な変化に向けてのモーメントが強い。ところが，既存企業は逆に，自ら築き上げてきた技術を守らんがために，つまり経路依存的（path-dependent）であるが故に，旧技術の改良へと向かうなど新技術への対応に遅れをとる。[19]

このような事態に対して，両面対応を取れというのが「リーダー戦略」であり，双面対応（bidextrous）の組織戦略である（オライリー3世2004）。組織的には，ここでも新技術をベースとした事業単位を自律的事業単位として，スピンアウトさせるなどの対応が考えられる。

g. 市場の内部化が生むラチェット

特定化は（川上川下への）垂直的関係を生み，相互依存や相互拘束を増大させる。コース／ウィリアムソン（Coase/Williamson）的視点から捉えれば，どこまでを市場に委ね，どこまでを企業化（つまり内部化）するかということであるが，垂直関係の緊密化は，外部の内部化を進めるということである。そして，このような垂直的企業間関係の成立は，業界構造としては大きな参入障壁になるが，他方，垂直的関係を築き上げた企業にとっては，ラチェットという爆弾をも作り出す。つまり，Porter流の価値を創造する連鎖（VC）を

---

19 ソニーのすぐれたブラウン管技術であるTrinitronの成功と，液晶への移行の立ち遅れなど。

生み出すとともに，それが硬直的な価値創造システムとなることで逆に新たな市場対応に対するボトルネックになるのである。

たとえば，コクヨは文具の流通において，卸・小売りの系列化を進め，それが大きな競争優位を築いたが，プラスが，通信販売によるアスクルを展開したことによって，逆にそれまでの強みである系列網が，アスクルに対抗した通信販売を展開する上でボトルネックになった。家電業界における系列店網も，大型家電量販店などの台頭によって，かつての家電メーカーにとって強みではなく，重荷に転換していったのと同じ理由である。

h. もう一つのラチェット：「イノベーターのジレンマ」

「優良企業が成功するのは，顧客の声に鋭敏に耳を傾け，顧客の次世代の要望に応えるよう積極的に技術，製品，生産設備に投資するためだ。しかし，逆説的だが，その後優良企業が失敗するのも同じ理由からだ。」（クリステンセン 2001，27-28頁）これがクリステンセンの「イノベーターのジレンマ」である。

「ある製品技術の分野およびその市場で主導的立場にあるイノベーター（革新的企業）は，ほかならぬ持続的イノベーションを強く志向し，それゆえに破壊的技術のイノベーションには対応できない。」という「イノベーターのジレンマもまた，成功しているが故のラチェットであると言える。

クリステンセンは，技術を2大別してそれぞれに2つのイノベーションを対応させた。一つは持続的技術（sustaining technology）で，既存製品のパフォーマンスを高める技術である。そして，この漸進的進化の性格を持つ技術の軌道上で起こる技術変化を，「持続的イノベーション」と呼んだ。もう一つは，破壊的技術（disruptive technology）で，既存製品のパフォーマンスを（少なくとも短期的には）引き下げる技術であり，このような持続的技術の軌道から外れて生まれる技術変化を「破壊的イノベーション」と呼んだ（榊原 2005，49頁）。

そして，こうした技術的不連続をもたらし既存の成功企業の脅威となる「破壊的イノベーション」は，（外部の）新興企業から生まれるとしている。

アターバックは，同様のことを次のように説明している。彼は，新技術を「技

術的不連続」と呼び（アターバック 1998, 232頁），こうした新技術による技術的脅威は，多くの場合，業界の外部から生まれる。新技術は，最初は荒削りで高価であるが，一部の市場に受け入れられていく。この間，新規参入者にとっては既存技術への根が少ないがゆえに，この不連続な変化に向かって突き進んでいくモーメントを強く持つ。これに対して既存企業は，自らの歩みの中で築きあげてきた技術を守ろうとして（経路依存性），新技術への対応の後れをとる。クリステンセンとアターバックとは，ほぼ同じラチェット効果の可能性を述べているのである。

サン・マイクロシステムズ社は，CISC（複合命令セットコンピュータ）からより単純なアーキテクチャで演算速度も速い RISC（縮小命令セットコンピュータ）にエネルギーを集中して旧世代のワークステーションから全面的に切り替えた。これに対して DEC は，VAX という旧技術の人気商品を持っていたがために，VAX ワークステーションへのサーポートを行いながら新世代技術であった RISC への対応を行うという二重の戦略をとらざるを得なかった。このために，資源を分散させ，外部からの脅威を克服することができなかった。（アターバック 1998, 237-239頁）

成功企業は成功しているが故に失敗するというこの逆説は，製造企業だけでなく，シアーズのような流通企業においても同じように起こりうる（クリステンセン 2001, 2頁）として，クリステンセンはいくつもの業界を取り上げ，「製品」のアーキテクチャについてだけでなく，普遍的に妥当する逆説であることを証明している。

このような視点から，破壊的イノベーションという概念を流通サービス産業について適用した場合，コンビニエンスストア・システムをその好例として挙げることができる（榊原，2006）。流通を含む価値連鎖のシステム全体を対象として考える場合には，「ビジネス・アーキテクチャ」という概念によって複数企業からなる価値創造システムを想定する必要があるだろう。それによって，流通だけでなく，金融業や海運業，企業間取引などにおける事業展開を，「事業（ビジネス）のアーキテクチャ」として普遍的に考えることができる。

i. プラットフォームというラチェット

なぜ既存大企業が破壊的イノベーションを主導できないのか，榊原は3つの理由を上げている。
1) 破壊的製品の方がシンプルで低価格，利益率も低いのが通常だから
2) 破壊的技術が最初に適用されるのは，新しい市場や小規模な市場が多いため，既存大企業の関心対象になりにくい。
3) 既存大企業にとって最も収益性の高い顧客は，そもそも破壊的技術を利用した製品を求めないことが多い。

3) については，業界構造的な深刻さをもたらす。すなわち，既存取引先企業のラチェットに拘束されるという点である。当該企業の製品があるプラットフォームの構成部分となっている場合には，プラットフォーム自体がシフトしないかぎり単独でイノベーションを進めることはむずかしい。つまり，この場合には，プラットフォームというラチェットが働くのである。

多くの場合プラットフォームを主導するのは大手企業であるが，プラットフォーム・ビジネスにはいわゆる産業生態系が形成され，その企業自体だけでなく，そのプラットフォーム構成企業全体を巻き込んで，破壊的イノベーションから立ち後れるということが起こるのである。

持続的技術と破壊的技術とは，一種の技術交代ではあるのだが，持続的技術のイノベーションは，市場で求められるハイエンドの性能に向かって進んでいくため，一種の右の壁[20]（進化の壁）にぶつかり，やがて破壊的技術に取って代わられることで「どこかで消失」してしまう。こうして，いつしか破壊的技術が主流になっていく。ここでは，ライフサイクルのシフトが起こるのであり，短期的に業界を考え，外挿的に次の判断を行うという方法が無効になる「長期」の世界である。[21]

---

20 壁は必ずしも「右」でなくともいい。しかし，経験曲線効果から着想した比喩であるため，単位コストを一定率で下げていく生産量が倍，倍になる時間が果てしなく右に伸びていくグラフの視覚的印象から，こうした行き詰まるような漸進的進化の動きを，「右の壁」に向かっての，一種のチキンレースとして象徴的に表現したいと考える。アターバックの「すべり台とハシゴ」の比喩で言えば，「すべり台」に相当する。
21 「短期」「長期」概念については「イノベーション」についての章参照のこと。

両タイプの技術の進歩は一方が他方に一挙に取って代わるという現象ではなく，互いに独立であり，したがって，グラフ表現では，先のハードディスクの場合のように平行線で描かれる部分を生む。

持続的技術は，経験曲線効果が働く世界でもある。経験曲線効果は，生産量が2倍になるごとに一定の割合で単位あたりコストが低下するという現象で，コストリーダシップ戦略の定石としての意義を持ってきた。

経験効果の，したがってコストリーダシップの追求が，やがてラチェットとなり生産性のジレンマ（productivity dilemma）を生み出すことは，アバナシーの指摘するところであるが，これは，持続的イノベーションの中心としての工程革新の追求が，企業の事業展開におけるフレキシビリティを奪っていくことを示したものである。

工程革新の過程で各工程が連続化されたり統合されることで簡素化され，部品点数が減っていく。(アターバック 1998, 171, 174頁) モジュール化もこうした連続化，統合化と同じ発想の下にある。

こうした統合化は「特定性」への傾向を強め，ひたすら「急勾配の坂」を登り続けるよう，組織をロックインする（歯止め効果）。さらに，特定性への移行の過程では製品革新と工程革新との関連が緻密化してゆき（アターバック 1998, 122頁)，ユーザー（消費者）のニーズもより明確に理解されるようになり，原材料や装置がより特定的なものに移行してゆく。

こうした持続的イノベーションは，徐々に限界的な改善を微細なものにしていき，改善そのものの余地を少なくしていく。このことは，経験曲線を，限りなくx軸に漸近させていくことを意味している。そして，同じ割合でコスト削減を実現するためには累積生産量を二倍にしなければならないわけであるから，それを達成するために，ますます長い時間がかかることを意味している。多くの場合，経験曲線のスロープそのものをシフトさせるようなイノベーションによって経験曲線は描き直されることになる。従って経験曲線には，現実的な「右の壁」が存在すると言わねばならない。

J. 産業クラスターというラチェット

アバナシーとタウンゼント（Abernathy & Townsend）は，メイヤーズとマーキス（Meyers & Marquis）が示した２つの産業における複数企業にまたがるデータを用いて，下位プロダクティブ・ユニットを生産する企業間の関連を明らかにした。

メイヤーズとマーキスが用いた産業データは鉄道とコンピュータについてのもので，両産業クラスターの中における革新がどのような性格のものであるかを整理しまとめたものである。ここから彼ら（メイヤーズとマーキス）は，二つの産業における371の革新について，「ほとんどの革新は，技術面や生産面の考慮によってではなく，市場によって刺激を受け，その多くは，工程よりも新製品に対して適用されたものである。(Abernathy & Townsend 1975, p.382)」とした。刺激を受けた源泉としては，156（42%）と市場からのものが最も多く，アプリケーション上の影響も189（51%）と製品面が最も多くなっているとしたが，アバナシーとタウンゼントはこの分析に見直しを行って，データの内的な構造から，産業クラスターにおけるプロダクティブ・ユニットの相互関連性と歯止め効果を明らかにした。

見直しの根拠となったのは次のような点である。

産業内の企業群は，強い垂直的関係の中にあって産業クラスターを構成していた。したがって，下位企業の製品カイゼンは上位企業の工程カイゼンに対応しており，直接的には生産性に対する意味合いを持ったものになっていた。

このことは，鉄道だけでなくコンピュータ産業の方にも言えた。カイゼンのいずれもが工程からの刺激の方が多いということが言えた。その結果，カイゼンのうちの約60%が，工程変更と結びついていることが明らかにされた。

このように，垂直的な関連を考慮に入れるならば，

①垂直的連鎖においては，下位企業におけるほとんどの革新は製品革新であるが，同時にこれは，より上位の企業にとっての工程革新である。したがって，

②革新のアプリケーション上の影響ということで見れば，下位企業によって始められる革新がもっぱら製品へのアプリケーションであるのに対し，より上

位の企業での革新は，工程改良のためのアプリケーションであることが多くなる。

③下位企業の革新ほど市場要因によって刺激を受け，製品へのアプリケーションに対して用いられるが，ただしここでの市場とは，より上位の企業の工程にとってのニーズに「役立つ機会」ということである。したがって，こうした相互関連の中で捉えられる製品革新は，上位企業での工程変更として考えられなければならない。(Abernathy & Townsend 1975, pp.383-384)

このように，「最終の産業との関連で見るならば」，ほとんどの技術革新が工程革新であったということができ，また革新の主要な刺激（動機）が，工程の生産性から来るものであったと考えなければならない。そしてこのデータで見る限り，新技術からの革新（への刺激）は，83のうち61で，371のうちの17%にすぎなかった。多くの「革新」は，既存技術によって達成されたと考えることができるのである。(Abernathy & Townsend 1975, pp.385-386)

以上の議論は鉄道とコンピュータという2つの産業を構成する企業群の検討から引き出されたものであるが，同様の産業クラスターを構成する他産業についても妥当することと考えられる。とりわけ自動車産業は，関連する業界や企業の数の多さにおいて，一国の経済を左右するほどの規模の産業クラスターを構成している。

最終製品が複雑であればあるほど，同様の垂直的関係を見ることができる。したがって，どのような産業であっても，ここで検討したような産業クラスターで生まれる歯止め効果と無縁ではない。構成する各企業は，全体として工程合理化の方向へと，したがって，「（右の）壁」へと不可抗力的に押しやられていく。

すでに述べたように，「壁」という言葉は一種の比喩であって，これ以上は進めないという物理的な限界を示唆している。もちろん技術は，より小さくより高い性能へと向かって進化していく。しかし，同じ技術を使っている限り，いつか物理的な限界を迎える。コンピュータの記憶装置にみるように，テープからディスクへディスクから回転の伴わないメモリー媒体へ，といったように，

同一技術の限界を次の技術が乗り越えていく。ここでの壁の比喩は，同一技術の技術的進化の限界を意味している。そして，時に「右の」壁という表現をとるのは，たとえば経験曲線効果のスロープが，同じ製品の累積生産量という時間の経過とともに右下がりの傾斜を伴って描かれるように，そしてその経験曲線効果が約束する単位当たりコストの低下を実現するためには，累積生産量とそれが描く経験曲線の右裾とが，右へ右へと長く長く伸びていかざるをえず，やがて限界に達しざるを得ないという現実を示そうとしたものである。

　まとめよう。

　工程の合理化は，工程や部品相互の関係を次第次第に緊密に結び合わせ，相互に依存しあった産業クラスターを築いていく。このこと自体が，全体としてそうした方向を逆転させるような動きを押しとどめる「歯止め」として働く。工程の合理化は，その合理化の方向を逆行させるような革新や動きに対して「歯止め効果（ratchet effect）」を持つことになるのである。これが，アバナシーが示した「生産性のジレンマ」の中味であった。

　①プロダクティブ・ユニット全体が，工程の歯止め効果によって次第に「特定性」の状態へと移行していく。そうした抗しがたい力がプロダクティブ・ユニットの発展の方向に働く。

　②このことは，そのようにして形成されていく工程全体を反故にするような革新は，内部からはなかなか起こりにくいことを意味している。そして，合理化とそれによるコスト削減への志向の抗しがたい力が働く限り，コスト削減のための革新が中心的な影響力をプロダクティブ・ユニットに対して持つことになる。

　③このようなプロダクティブ・ユニット全体の動きは，製品革新と工程革新とを，そうした動きに沿うように条件付ける。したがって，可能な限り製品革新が大きな工程変更に繋がらないような形で進められるであろう。モジュール化やFMSによるマス・カスタマイゼーションは，製品の多様化を工程の大きな変更を伴わずに吸収する方法を示唆している。

　④より下位のプロダクティブ・ユニットについての革新は，プロダクテ

ィブ・ユニット全体の特定性に向かっての流れから逸脱せずに「脱成熟（de-mature）」を可能にする。また，異なったサイクルの過程にある下位プロダクティブ・ユニットを，ポートフォリオとして管理することで計画的革新（planned innovation）を行い，それによって成熟化への道筋を引き延ばすことも可能である。しかし，全体としては右の壁に向っての動きである。

以上述べた世界は，短期の静態学的な枠組みが働く世界であり，この世界が持つ予測可能性や安定性に対する誘惑が，「歯止め効果」の本質である。

6. こうして断続がもたらされる——なぜ進化は断続的なのか

クリステンセンのイノベーターのジレンマは，漸進的な進化のプロセスに対抗して起こる新たなイノベーションに対して，既存の成功企業が，成功しているが故にそれまでの傾向線を継続させようとする組織の内的動きに縛られて，新たなイノベーションに対応できないという状況を指したものである。これまで指摘したラチェットのいずれも，それまでの漸進的な進化とその成功が，革新への動きを押しとどめるという状況を指しており，一方向へとひたすら締まっていく歯車の回転が逆方向に戻らないようにするラチェット効果（歯止め効果）を持っていることを示している。

アターバックは，ある産業に新しい技術が登場する際に引き起こされるイノベーションの波が，繰り返し同じパターン，すなわち AU（Abernathy/Utterback）モデルとおなじパターンを描くとして，これを「イノベーション・ダイナミックス・モデル」と呼んだ。AU モデルは，筆者が「プロダクティブ・ユニット・サイクル」と呼んだものである。

プロダクティブ・ユニットの「流動性」から「特定性」への移行プロセスにおける製品革新と工程革新の変化のパターンと，特定性への過程の中で新たな革新が，主に中心的な企業ではない外部の企業から起こって再び新たなサイクルがスタートするという「繰り返し」である。ここでの議論をふまえてさらに言い換えるならば，特定性の右の壁へとひたすら向かっていくモーメント

と，それを覆しジャンプさせるような新しい技術のスタートの繰り返しである。アターバックが示す「革新的イノベーションの出現パターン」（アターバック1991，191-194-5頁）には，クリステンセンによるハードディスク・ドライブのグラフとほぼ同じパターンのグラフが示されている。すなわち，新製品は導入当初，性能面で既存製品に劣ることが多いが，やがて性能面で追いつき追い越していく。既存技術を担っている企業は，そうした変化に対抗して性能の向上を図る。それによって優位な期間を少し伸ばすことができるが，やがて新製品に抜き去られてしまう。

アターバックは，（氷産業やタイプライター，白熱球，など）タイプの異なる業界でも，イノベーションというものが業界のリーダー企業からよりも外部企業によって生み出されることの方が多いことを示している。

「生産性のジレンマ」「経験効果と歯止め効果」「イノベーターのジレンマ」「カイゼンとイノベーション」「短期と長期」「静学と動学」これらはいずれも，時間の連続的な流れと断続，連続的な成長と断続的な飛躍，慣性と変革，というものが，相互に相容れない性格のものであると同時に，前者が後者を生み出すお膳立てをするとともに後者が前者の連続的成長を断ち切るという現象を示している。

言い換えれば，外挿法的に予測できる将来と，そうした将来を反故にするような断続を伴ったイノベーションがいつしか生まれ，安定的な成長を断ち切るという現象が普遍的に見られるということを示している。そうした漸進的な「成長」と革新的な「発展」[22]とは相容れないものであり，前者の成長局面に乗っている企業は後者の成長局面への乗り換えが困難であり，多くの場合，昨日の成功者は今日の敗者といった結果を生むほどの断続をもたらす。

このような，異口同音に漸進的な成長と断続的な革新的成長とのダイナミクスを指摘している諸説を，一つのイメージにまとめておこうと考え，とりあげたのが，進化の「断続平衡説（Punctuated Equilibrium）」であった。

---

22 「成長」概念と「発展」概念については，イノベーションを論じた章を参照のこと。

第 2 章：革新と企業者概念

> 「トランジスタはその革新性と影響力において二十世紀最大の発明といっても過言ではない。これを通じて，私が学んだことは，真空管をいくら研究しても，改良してもトランジスタは生まれてこないということ。すなわち，われわれはともすれば，ことに安定した社会では，将来を現在の延長線上に捉えがちになる。しかし変革の時代には，今までにない革新的なものが誕生し，将来は創られるといえるのである。」

江崎玲於奈『私の履歴書 14』日本経済新聞
(2007 年 1 月 15 日)

1. シュムペーターの企業者概念と革新概念

　ここでは，カーズナーの企業者概念とシュムペーターの企業者概念およびイノベーション概念をてがかりに，漸進的進化と断続的進化の意味をより明確なものにしたいと考えている。

　シュムペーターが言う企業者は，一般に言われる企業経営者とは異なっている。シュムペーターの企業者は概念としての企業者であって，企業者と呼ばれるための要件は「革新」を行う者であるということである。だれであれ，「新結合を遂行する場合」にのみ「企業者」であって，そうやって一度創造された企業を単に循環的に経営していくようになると，「企業者」としての概念性を喪失[1]（清成 157 頁）し，「経営者」になる。

---

[1] J. Schumpeter は，「シュムペーター」とも「シュンペーター」とも訳されている。本稿では，基本的に「シュムペーター」を用いる。また，entrepreneur も，「企業家」

では，革新とは何であろうか。

シュムペーターは，革新を具体的には「新結合」として捉えた。

生産とは，「利用しうるいろいろな物や力を結合することである。生産物や生産方法を変更するということは，こうした物や力の結合を変更すること」（シュムペーター 1926，182頁）であり，したがって新結合とは，こうした生産に当たって新しい結合を行うことである。

シュムペーターは，特にドラスティックな新・結合をイノベーション（革新）として，それ以外のものと区別した。この点が，後で見るように，同じく競争における企業者精神を重視したカーズナーと，決定的に異なるところである。また，一般的になにか新しいことに対して用いられる「～革新」とか「革新的～」といった使い方とも異なっていて，それまでの成長路線を断ち切って，新たな発展をもたらすような新結合を，革新と呼んだのである。

シュムペーターは，「発展」を生み出す新結合の遂行として次の5つを挙げている。（シュムペーター 1926，183頁；下線，二瓶）

1. 新しい財貨，すなわち消費者の間でまだ知られていない財貨，あるいは新しい品質の財貨の生産。
2. 新しい生産方法，すなわち当該産業部門において実際上未知な生産方法の導入。<u>これはけっして科学的に新しい発見に基づく必要はなく，また商品の商業的取り扱いに関する新しい方法をも含んでいる。</u>
3. 新しい販路の開拓，すなわち当該国の当該産業部門が従来参加していなかった市場の開拓。ただしこの市場が既存のものであるかどうかは問わない。
4. 原料あるいは半製品の新しい供給源の獲得。この場合においても，この供給源が既存のものであるか ── 単に見逃されていたのか，その獲得が

と訳されたり「企業者」と訳されたりしているが，本書では，基本的に，「企業者」という訳語を用いる。

不可能と見なされていたのかを問わず —— あるいは初めてつくり出されねばならないかは問わない。
5. 新しい組織の実現，すなわち独占的地位（例えばトラスト化による）の形成あるいは独占の打破。

特に注目すべきは，シュムペーターが新結合として実に柔軟な考え方をしており，物の生産だけでなく，商業や流通も含めた今日の事業戦略の多様なあり方をも包摂する概念であるということである。

「商品の商業的取り扱いに関する新しい方法」などは，コンビニやネット販売などを思い浮かべればよいし，「原料あるいは半製品の新しい供給源の獲得」などは，まさにモジュラー化に基づくアウトソーシングといった製造戦略にも重なりあう。ハードディスクからフラッシュメモリへと記憶媒体を変えることで，PC や携帯音楽プレーヤー，携帯電話などの可能性が飛躍的に拡がったり，それによってそれまで直接の競合関係に立っていなかった商品同士が —— たとえば「PC 対携帯端末化した携帯電話（スマートフォン）」や「スマートフォン対携帯ゲームプレーヤー」といったように —— 競合関係に立つといった事態が生じる。

要するに，どのような事業を立ち上げるか（事業の定義），そのためにはどのような生産面や原材料調達面での新結合が必要となるか，どのような販売や流通の仕組みが考えられるか，という原材料調達から販売に至るまでのプロセスにおける一連の選択が新結合の中味である。そうした新たな事業のための新たな価値創造手段の組み合わせが革新なのであり，そうしてもたらされる従来の成長とは非連続に生まれる成長を，経済の長期的発展をもたらすものとして，(「成長」ではなく）「発展」という概念で捉えた。

「新・結合」は，それまでとは違った知識や技術を取り入れる創造的な行為である。しかしながら，こうした知識や技術は，それまでに存在しなかったものである必要はない。むしろ，知識は一種の公共財でもあるから，そこから新たな用途や組み合わせなども含めて，それまでになかった商品を創り出

すことが新結合の本質である。多くの革新は，既にある知識や技術の新たな組み合わせであることが多いという現実をふまえて「新結合」なのであろう。Walkman やコンビニエンス・ストア，宅急便などのような際立った革新も，既存技術の新結合であったことを思い出せば，「科学的な意味での新しさなどはなくてもよい」（シュムペーター 1926, 378 頁）ということも理解できよう。

要するに，革新すなわち新結合の中味は，事業をどのように定義し，新たにどのように設計するかということが本質であって，技術の新しさが本質なのではない。既存の技術，新しい技術を組み合わせて新たなビジネスモデルを設計することによって，それまで全く満たしてこなかったような顧客ニーズを満たす新らたな事業展開をすることに革新の本質があるのである。

新結合が持っている重要な意味は，それが通常の成長軌道からのジャンプであるということである。シュムペーターにとって，新結合は旧結合からの非連続な発展であり逸脱的なジャンプである。そしてこのような性格を持つ新らたな結合を「革新」と呼んだのである。

旧結合からの漸進的な歩みであるカイゼンは，経済学の「均衡的考察方法の力の及ばない新現象」ではなく，したがってまた，「われわれの意味する発展でもない。」（シュムペーター 1926, 182 頁）

他方カーズナーは，従来の経済学の均衡論的な枠内で企業者の本質的な役割を考えた。つまり，カーズナーは，均衡というものがそれに向かって自然に成立するのではなく，チャンスに敏な経済主体（企業者）による能動的な選択を通じて達成されるのだと考えた。機械的に均衡が成立するのではなく，むしろ，均衡へと至るプロセスに主体的に関わる各企業者の選択があって初めて均衡が成立するのだと考えるのである。ただし，それはあくまでも，均衡へといたるプロセスに主体的に関わる経済主体としてであって，均衡を破壊する主体としてではなかった。

カーズナーは，そうした漸進的な進化の延長上に大きなシュムペーター的な飛躍があるとしても，それは「特殊ケース」にすぎないとした。「均衡というなめらかな循環への傾向を生み出すのは，未来の機会への企業家的機敏性であ

る。シュムペーターにとっては，企業家精神は経済発展を触発する上で重要であるが，私にとっては，あらゆる意味で市場プロセスが上手く活動するように作用することであり，経済発展の可能性は，特殊ケースの一つにすぎない。」（カーズナー 84-85 頁）

カーズナーにとって，「重要な企業者の資質は，日常生活と決別する能力ではなく，新しい機会を認知する能力である。企業者精神とは，新しい製品や新しい生産技術を導入することではなくて，新しい製品が消費者に価値あるものとなり，他人が知らない新しい生産技術が企業化できることを見通す能力なのである。企業者の機能は，彼の直面する費用 - 収益曲線を移動させること[2]ではなく，どのように移動したかを認識することにある」（カーズナー，84 頁）

シュムペーターの研究は，循環的な均衡過程[3]によって特徴づけられる経済体系から出発した。この体系内では生産関数は不変である。ただし，要素については，既知の技術的可能性の範囲内で代替可能であり，その中でどのように資源配分するかという管理的な活動が経営者にとっての中心的な仕事である。

水面に生じた波紋が広がりながら再び静かな水面に返っていくように，カーズナー的企業者やその模倣者による活動は基本的に繰り返し的な流れであり，すでに存在する水面なり池という枠を越えない。したがって，このような循環過程において企業者は「全く存在しない。」（ヘバート 1984，131-132 頁）企業者概念で捉える必要のない世界なのである。

イノベーションを起こすのが企業者であり，それまでの経済の「成長」を断ち切り新たな市場を起こすのが企業者である。したがって，シュムペーターの企業者概念から，カーズナー的な企業者概念は除外されなければならない。

---

[2] 後出の X 非効率のように，曲線上の動きではなく曲線そのもののシフトであり，それまでの需給関係，生産条件とは別の世界に移行すること。

[3] ここで言われる「循環的流れ」という考え方はカーズナー的企業者が活躍する過程であり，「均衡に向かうあるいはそれを模索する体系の収束性を描写するための概念的構築物」である。（ヘバート 1984，132 頁）

2. カーズナーの企業者概念と
　　シュムペーターの企業者概念 — X 不効率による説明

　カーズナーは，シュムペーターの企業者概念を全面的否定したわけではないが，革新よりもむしろ未利用の市場機会を機敏に見出して均衡へと至る道を切り開いていく創造性に光を当て，それを担うものが企業者であると考えた。革新という断続的なジャンプを行うのではなく，むしろ漸進的な進化を担うものがカーズナー的企業者像である。シュムペーター的企業者が「競争の場」を創造し，カーズナー的企業者がそこでの「競争」を担うと考えたらいいであろうか。したがって，カーズナー的企業者は，積極的に市場におけるニーズを探り，顧客の心をつかめるように，競争の中で市場との相互学習を繰り返す企業家である。

図 2-1　シュムペーターとカーズナーの革新概念図

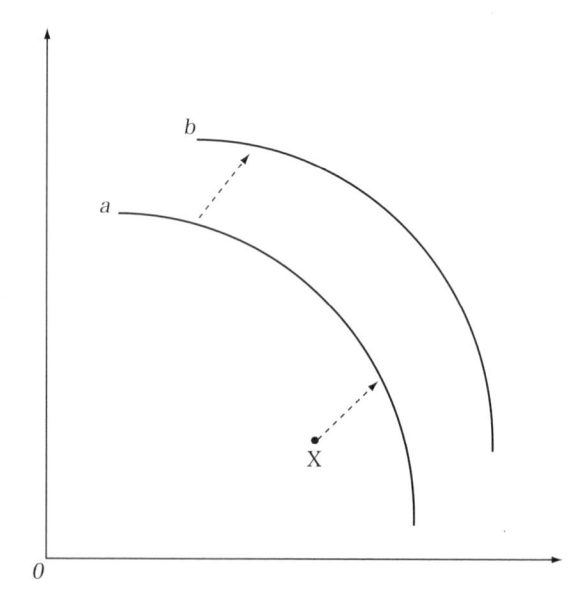

シュムペーターとカーズナーの革新概念・企業者概念は，それぞれどのように位置づけて理解することができるであろうか。ライベンシュタインの「X 非効率（X-inefficiency）」[4]を使って示した，前頁のような安部による図で整理しておこう。(安部 1995，220 頁)

「シュムペーターにとって革新とは，生産曲線 a から生産曲線 b への移動 であるが，カーズナーの場合の革新（企業者活動）は生産フロンティア内部の点 X から生産曲線（最適生産フロンティア）a への移行に他ならない。—— 企業は新古典派の考えるような最適曲線の上で操業しているのではなく，通常，既存の資本財や技術の最適曲線以下の領域（図の点 X）で操業しているにすぎず，何らかの方法により最適曲線に接近することができるならば，生産性の上昇が達成される。」そして，このような何らかの方法[5]を機敏に見つけて利潤機会とし，最適フロンティアへの移動を行っていくのが，カーズナーの考える企業者である。

---

4 X 非効率ないし X 不効率（X inefficiency）という概念は，経済学においては次のように理解されている。

「完全競争市場では効率的な資源配分が達成されるが，独占市場では資源配分の不効率が生じる。独占企業にはこの不効率に加えて，独占による刺激誘因の欠如，経営努力の不足といった要因に基づく経済的ロス，すなわち不効率が生じる。この企業内部に生じる不効率を資源配分の不効率と区別して X 不効率という。」(金森久雄，荒憲治郎，森口親司編（1986）『経済辞典 新版』有斐閣)

実際，集中度が低い産業においては，集中度が高い産業よりも競争的で X 非効率も小さいという実証研究の結果が得られている（大辞典，319 頁）。競争が活発な産業にある企業の方が，より企業努力として資源配分を効率化しようという動機が強く働き，その結果最適フロンティアに近づくことができると考えられる。この企業者努力の側面に焦点を当て，企業者概念を組み立てたのがカーズナーであった。

企業者概念同様，X 非効率もまた経済学の分析フレームに人間的要素を持ち込もうとする試みであることは強調しておきたい。

なお，ここでの引用部分については，参照したそれぞれの文献の訳語に従っている。

5 「何らかの方法」については，「カイゼン」による絶えざる顧客品質の向上・生産性の向上をイメージすればいいだろう。

このように，まだ見ぬ最適フロンティアが在ると考え，それを「機敏に」見つけ出すという企業活動の未開拓領域を想定することで，カーズナー的競争プロセス（革新）の解釈は，「漸進的革新」という考え方に対する理論的根拠を与えた。(安部 1995, 221頁) とはいえ，「漸進的革新」という表現は，一種の形容矛盾ともいえよう。

要素投入量の変更は量的な変化であり，その時点での技術の制約内で最善の生産を実現することであり，最適フロンティアへの到達を目指すものである。これは，チャンドラー (1993) がアメリカ経済を豊かにしていった企業経営者たちの努力の中で重視した，「規模の経済」の追求や「範囲の経済」の追求に通じるものである。また，X非効率を見出して生産の合理化を行い，存在するであろう（そしてまた常に変動するであろう）生産関数の最適フロンティアに到達しようとすることでもある。

ところが，曲線そのものをシフトさせることを意味するシュムペーターの革新は，関数の形そのものを変えることであり，文字通り，それまでの最適フロンティアを目指したコスト削減努力を反故にして，企業活動の場（競争の場）そのものをシフトさせることを意味している。

3. 人間の営みとしての経済 — 経済学は何を排除したか

ここで取り上げているシュムペーターもカーズナーも，そしてライベンシュタインもまた，経済学のフレームの中に，行為する人間を持ち込んだ。そのことをもう少し見ておこう。

たとえば，最適フロンティアとはどのように存在するのか，誰が把握しているのだろうか。X非効率という概念は，まだまだ未開拓のコスト削減要素があると「想定」して，フロンティアに向かって企業努力をせよという「考え方」に他ならない。「まだ未知のカイゼン」余地（つまり「X」）はあるのだということを想起させるための概念であり，企業にとっては，提案制度や工場内での時間外学習活動といったQCサークル活動やZD運動などを推進させる根拠を

与える概念になる。

　経済学が想定する「完全競争的な一般均衡の世界では，すべての市場参加者は効用の最大化に成功した者とみなされ，またすべての企業は効率的に生産を行っているものとされている。」市場参加者全員が完全に合理的な選択を行っており，そこにはいかなるスラック (slack: たるみや緩み，余剰資源) も存在していないと想定されている。ハーヴェイ・ライベンシュタインは，このような考え方を否定するのである。(ヘバート 1984, 170 頁)

　現実の経済主体は，必ずしも利潤最大化を実現しているわけでもなく，常に費用最小化を図っているわけでもない。むしろ，絶えずスラックが存在する中で行動しているのが現実である。そうなる要因としては，組織の問題や人間の問題，生産の問題など多くの企業活動に関わる問題が考えられる。こうした問題を解決しようとするところに「企業者的機会」が存在すると考え，達成すべき目標値と現実の実績値との乖離をX非効率として，それらを埋めることが重要であると，現実の企業は考える。カーズナー的企業者の存在意義としての「カイゼン」努力の根拠と重要性はここにある。

　このように，達成すべきと考える目標値は，いわば企業者の想像力によって政策的に設定できるものであり，たとえばどこまでコスト削減すれば最適フロンティアに達成できるかを客観的に特定することは難しい。したがって，常に逃げ水のように「もっと先へ」と進められていくという政策的な性格を持つことになる。

　カーズナーは，均衡論的経済分析が人間を排除したとして批判し，均衡点は自動的にもたらされるのではなく，個別経済主体の企業努力によってもたらされるのであり，そうした均衡を目指す企業者の役割を重視したのであった。「経済分析の均衡論的方法が大きな害をもたらしたのは，それが目的を持った人間行動の入り込む余地を一切排除してしまったからである」(ヘバート 1984, 162頁) として機械論的な均衡論を批判し，人間，特に「企業者」の経済における役割を重視した。動態的に変動する現実の経済においては，知識は完全ではなく，市場が均衡状態に至ることはない。このズレを埋めることこそが企業者の

役割であると考えるのである。

「受動的－自動的－機械的というよりも，活動的－創造的－人間的なものとして人間行動を理解する上で重要な要素」が「人間の意思決定における企業者的要素」（カーズナー 1985, 39 頁）であると考え，「潜在的に価値のある目的に対する機敏性と，今までに知られていない潜在的に有用で入手可能な資源に対する機敏性」（カーズナー 1985, 41 頁）を，「企業者的」として重要視した。

「優れた知識を利用することによって企業者は自己を益することができる」が，「一般的市場均衡」においては，このような企業者は姿を消すことになる。なぜならば，一般均衡が前提する完全知識仮説は，「優れた知識の一切の可能性を排除してしまうからである。」（カーズナー 1985, 71 頁）

あるいはまた，消費者にとっての選択という問題を「無差別」な組み合わせの系列という「少しも主観的な要素を含まず，純粋に客観的な経験的な数量関係」で置き換え，他方，同じように客観的に確定することができる数量関係として市場の価格体系を対峙させ，それによって「交換の一般均衡理論の主要内容を演繹した」パレートの（選択の）理論に見られるように（杉本 1981, 151-152 頁），近代経済学は，人間の活動を対象としているにもかかわらず，その理論化の過程で，ますます行動する人間は消されてゆき，「関係」だけが残っていった。カーズナーの企業者概念もまた，そうした経済学に対するアンチテーゼであったのである。

シュムペーターの企業者概念は，言うまでもなく，経済発展における人間的要素の重要性に着目するものである。彼は，「企業者の機能」を論じたところで，リーダーというものは既存の経験やルーチンに従って物事を処理するのではなく，何か新しいことを行うときに発揮されるのがリーダシップであるのだから，「全く新しい事態に直面することなく前年の作業を繰り返していれば済むもの」であるのならば，リーダーもしたがってリーダシップも不要である（シュムペーター 1998, 27-28 頁）と述べている。このような繰り返しの状況では，むしろ官僚制的な機構の方が求められる。そして，ルーチンのヒエラルキーは，繰り返しの作業の効率性を高め，ますます官僚制を強化していくであろう。「企業

者の機能とは，経済の分野におけるこのリーダー機能にほかならない」(シュムペーター 1998, 29頁)。

このように，シュムペーターの企業者が，連続的な経済の循環という均衡状況を断続させて新しい機会を創造し，経済の発展をドライブしていく主体として注目されるのに対し，カーズナーの企業者は，均衡化にむけての役割が強調されている。

カーズナーは，「変化が起動されるのは，企業者によってではあるが，これらの変化を均衡化変化と見なす。」つまり，企業者は仮想的な均衡状況のもとで，「現在の誤った決定パターン，とり逃がした機会で特徴づけられるパターンに反応して」変化を起動する。「企業者は以前の市場での無知から生ずる不整合な諸要素を相互的に調整する」と考えるのである（カーズナー 1985, 77頁)。

このように，「企業と市場との相互学習プロセス（アバナシー）」に「機敏」であることが，カーズナー的企業者の要件である。

まとめよう。シュムペーターは，それまでの循環を断ち切って新たな発展のサイクルをスタートさせることで長期的な経済発展を考えたが，カーズナーはむしろ，短期的プロセスにも現れてくるチャンドラー的な企業者たち——規模と範囲によって製品のコストを下げ，製品を人々の手に入りやすいものにして普及させ，経済を発展させた企業者たち——によって見つけられ示された，"機会を積極的に開拓し利用する" 短期の世界の住人として考えた。そこでは，模倣者たちをも含め，「均衡よりも高い価格が均衡まで引き下げられるようなプロセスを，企業者的プロセスと考える」（カーズナー 1985, 127頁）のである。

「新しい機会への機敏さなしには，長期的な利潤は利用されないで放置されることになる」（カーズナー 1985, 78頁）だろう。このようにカーズナーは，革新者，先駆者だけを企業者としたのではなく，「企業者に追随する模倣者の群れ」もまた企業者概念で捉え，「先駆者が，均衡状態に撹乱を与え，より高次の経済福祉水準に向けて経済を駆り立てることによって，一時的に利潤を生み出す一方，新たな均衡水準に経済を再び落ち着かせるのが模倣者の集団」（カーズナー 1985, 127頁）であるとして，経済における重要性を積極的に評価

した。

このように，カーズナーが重要であると考えた企業者の資質は，日常生活と決別する能力ではなく新しい機会を認知する能力に優れた者であり，市場との相互学習に優れた者であること，であった。

4. シュムペーターの「成長」概念と「発展」概念

シュムペーターは,「経済静学の論理的な本質を厳密に保持しながら，しかも現実の事態との距離を極限にまで縮めようと努力した学者である。」(杉本 1981, 177 頁) すなわち，静的均衡状態という仮説的状況を理論前提としている経済学に拠りながら，現実の動態的な経済を可能な限り明らかにしようとしたのである。[6] ここでは，杉本の優れたシュムペーター評価にもとづいて，シュムペーターの主要概念（経済発展の理論）と革新の意義をまとめておこう。

a. 経済学における時間概念：長期と短期，動態と静態

静的均衡状態を仮設するということは，諸々の変動要因は，経済そのものの本質的な要因ではなく，単に経済の外部から経済に対して与えられる条件にすぎないと見ることである。外部から与えられる諸条件は与件 (data, Dateb) と呼ばれ,「経済の外部から経済に働きかけ，経済の営まれるべき枠を変化させるところの非本質的な偶発的な要因にすぎない」とされる。そして,「経済学の任務は,」このような外部条件の変化を見るのではなく，そうした与件変化

---

6 『経済発展の理論』の第一章は「一定条件に制約された経済の循環」であり，ここではまず静態的で循環的な均衡的世界を対象とした経済理論が述べられる。「経済生活を均衡状態に向かう経済の傾向という観点から描写したもの」(シュムペーター 1926, 172 頁) である。そしてそれを受けて，この経済理論を,「その本来の目的（動態論の確立：二瓶）のために改善し，これに増築を加えていっそう有効なものにすること」が『経済発展の理論』全体のテーマにほかならない。(シュムペーター 1926, 169 頁))

の結果として経済体系に生じる「経済の受動的適応の本質を明らかにする」ことにある。したがって一般均衡論者はこうした与件は経済に対して非本質的と考え,「科学としての経済学に許さるべき理論的抽象」として,与件を変化しないものと仮定(与件の固定)する。(杉本 1981, 168 頁)

　シュムペーターが描く循環的な経済は,連続的で相対的安定性が支配する世界である。

　「経済主体は,経験的に与えられた与件にしたがい,同じく経験的に与えられた様式に従って行動する。もちろん,このことはその経済に何の変動も起こりえないということを意味するものではない。与件は変動しうるものであり,誰でもその変動を認めれば直ちにこれに適応しようとする。しかしこの場合,人はまったく新しいことをおこなうのではなくて,彼の慣行の経済様式をできる限り維持し,やむをえない場合にのみ環境の圧迫に譲歩するにすぎないのである。そしてこの「譲歩」もまた経験の規則に従っておこなわれる。したがって,経済の姿は任意に変動するものではなく,各瞬間において前の状態と連結しているのである。」(シュムペーター 1926, 35 頁)

　このような静態的状況からスタートするのは,まずは「事実を概念的に明確に表現する」ためであり,「変動のない経済を叙述」するのは,「それはもっぱら実際に起こる事柄の核心を叙述しようという目的のためである。」(シュムペーター 1926, 36 頁) そして,事柄の核心とは,動態的な現実の経済を明らかにしようとすることであったことは言うまでもない。

　このような静学が仮定する無時間的な循環から,シュムペーターが次にとりあげた時間的な現象は,「成長」である。

b.「成長」概念

　成長とは,シュムペーターによれば,与件の変化に基づいて徐々におこる経済の量的拡大過程のことである。与件の変化とは,静的均衡状態の一時的な撹乱現象であるが,この撹乱はきわめて徐々にのみ行われ,変化の大きさが微少であるとともに,適応による均衡の恢復もその都度行われる。経済の軌道には

何らの本質上の変化も行われず，いわば「均衡状態が徐々にすべってゆく過程」である。経済の現状を大きく変えるものではなく，変化を時間の関数とすれば，時間の経過を認めなくてもいいと考えられるような変化である。すなわち，与件の変化は当然時間の経過を含むのではあるが，変化が微々たるものであり，「均衡状態の内容をほとんど変えない」と考える（杉本 1981, 180-181 頁）のである。[7]

こうして，一時点の均衡状態を一つの静止画にたとえると，次の与件の変化によって生じた撹乱と均衡という次の静止画を重ねるというかたちで，静学のフレームを維持しながら動学へと理論を拡大していくことができると考えた。すなわち，実質的に時間的変化がなかったものと見なされる短い時間経過に分割された無数の均衡状態がきわめて接近して並列していると考えることで，成長の過程を理解しようとしたのである。

このように，シュムペーターは，成長を「あくまで均衡状態と結びつけて理解し，そうすることによって経済静学の有効性を保証しようとした」のである。

一般に，経済活動を「同一時点上の相互依存関係として」考える場合，つまり，「時間要素を考慮の外においてもなお分析が完結する場合」を静学（statics）といい，逆に，「時間の流れの中で把握するとき」，これを動学（dynamics）と呼ぶ。

経済学における概念としての時間は，実際の時間の流れとは異なり，均衡価格へと至るプロセスが完結する時間を意味している。現実の世界では，生産－流通－消費といった経済活動は一定の時間経過をともなって起こるものであるが，経済学では，均衡が成立し続けてこれら一連の経済活動が同時的に起こると考える（同時化 synchronization の仮定）のである。

ヒックス（John Richard Hicks）の「週（week）」という概念も静学的概念で，経済を同時的である現在週内の出来事としてモデル化しようとするものである。

いずれにしろ均衡という概念は，このような静学的枠組みの中で考えられるものであり，その延長で構想された動学も，この枠組みをもとに考えられている。

---

[7] これは，分析のために静態的な短期を想定するためでもある。

シュムペーターがまず明らかにしようとした一方の世界は，このような均衡へと向かう安定的な世界における経済であった。次にシュムペーターがとりあげた時間的現象が「発展」である。

c. 「発展」概念

「発展とは，経済の質的拡大過程」のことである。(杉本, 1981, 182-183 頁)

「発展」[8]は単なる適応過程ではない。生産力の増減や富の増加などの経済的与件の変動があったとして，こうした変化に対する「漸次的適応」は経済発展ではない。これらの変化がなんらかの質的な変化をもたらさない限り，それは単に量的な適応にすぎないからである。(シュムペーター 1926, 174 頁) そして，このような量的適応によってもたらされる経済の拡大は，すでに見たように，「成長」という概念で把握されるべきとしたのである。

シュムペーターは，経済主体を二つに類型化した。一つは「単純な経済者」もう一つは「企業者」である。

前者は静学的なフレームにおける主体で，慣習的な行動をとり，与件の変動があってもそれまでの行動様式を変えることなく，それまでに蓄積された経験的学習に基づいた行動を繰り返す。経済に変化が生じても「その状態は，各々の瞬間においてその先行の瞬間に近似」し，その結果，「たとえある瞬間に不均衡状態があったとしても，しばらくたてばおのずから静的均衡状態に」近づく。このような成長は基本的には循環的であって，経済の軌道には何らの変化も生じない。

---

8 「発展」もまた概念である。歴史的生成展開を問題としているわけではない。
「われわれの見ようとすることは，経済過程が歴史的にいかにして一定の形態に発展してきたかということではなくて，それが年々歳々どのように経過するかということである。われわれが研究しようとすることは，経済することがどのように歴史的に変化したかということではなくて，それが任意の一時点においてどのように現れるかということである。問題は歴史的な発生ではなくて，概念上の再建である。これら二つの全然異なった事柄の混同は非常にしばしば見られる誤謬である。」とは，シュムペーター自身の言葉である（シュムペーター 1926, 39 頁）。

これに対して第二の類型である「企業者」は，絶えず新しいものを求め，経済の軌道を変化させる。発展の現象は「非連続的，跳躍的に行われ，たえず既存の均衡を破壊する作用」を持つ。

前者（「単純な経済者」）が量的な変化を担うとすれば，後者（「企業者」）は質的な変化を担う経済主体である。革新は，それまでのルーチン化された行動を許さないような新たな問題状況を生み出し，自動的な対応を許さない。

シュムペーターが概念する「発展」は，「循環あるいは均衡傾向のような現象のもとで現れるものではなく」外的な力と同じように循環の内部に影響を及ぼす。「それは循環運動とは違って，循環を実現する軌道の変更であり，またある均衡状態に向かう運動過程とは違って，均衡状態の推移である。」（シュムペーター，1926，178頁）

つまり，循環過程の非連続的なジャンプが経済発展の本質であり，「循環そのものの理論」すなわち変転する均衡の中心に向けての「経済の不断の適応の理論」としての静態論に対して，「国民経済がある与えられた重心から他の重心へ移る転換の理論」としての「動態論」を構想したのである。そしてその中心概念が，「革新」でありそれによって経済発展が始動すると考えた。

経済学の静学から動学への展開である。

そして，このように考えるきっかけになったのが，「駅馬車から汽車への変化のように，純粋に経済的 —「体系内部的」— なものでありながら，連続的には行われず，その枠や慣行の軌道そのものを変更し，「循環」からは理解できないような他の種類の変動を経験する。」（シュムペーター 1926，171頁）という目の当たりにした現実の経済発展の在りようであった。

このような種類の変動とその結果として生ずる現象を，問題設定の対象としたのである。そして次のような考えに辿り着いた。すなわち，経済体系における新たな均衡点は，「<u>古い均衡点からの微分的な歩みによっては到達し得ないようなものである。郵便馬車をいくら連続的に加えても，それによってけっして鉄道をうることはできないであろう。</u>」（シュムペーター 1926，180頁；強調二瓶）「真空管をいくら研究しても，改良してもトランジスタは生まれてこない」

ように。こうした現実の経済のドラスティックな変化を目の当たりにすることで，シュムペーターは，経済の発展を駆動する主体としての「企業者」概念を発見したと言っていいだろう。

しかもこの革新（ジャンプ）は外からやってくる。「旧いものは概して自分自身の中から新しい大躍進を行う力を持たない —— 鉄道を建設したものは一般的に駅馬車の持ち主ではなかった」（シュムペーター 1926, 184頁）

そして，「静態的考察方法は，これらの現象（急激で根本的な変化）が起こってしまった場合の新しい均衡状態を研究することができるにすぎない。」（シュムペーター 1926, 173頁）革新によって生まれた断続の後，カーズナー的企業家が担う場面となる。彼は，静学的フレームの中に人間を持ち込んだのである。

5. 革新「概念」とシュムペーターの意図

シュムペーターの企業者がそれまでの定常的状態を破壊し不均衡を生み出すという機能を持つものとして概念されたのに対し，カーズナーの企業者は，均衡へと向かう競争プロセスを担うものとして概念された。いわばシュムペーター的企業者が新製品-新市場という新しい「競争の場」をつくり出すとすれば，カーズナー的企業者は，その場における「競争」を担う役割を持つと言える。あるいはまた，カーズナー的企業者が姿を消すところにシュムペーター的企業者が現れ，シュムペーター的な企業者の役割が終わったところにカーズナー的な企業者が現れると言ってもいいだろう。その意味では確かに，シュムペーター・タイプの革新とカーズナー・タイプの企業者による市場プロセスとが継起的に起こりうるのであり，均衡から不均衡への動きと，不均衡から均衡への過程が継起的に存在し，資本主義的市場競争のメカニズムが展開すると（安部 1995, 221頁）と言うことができる。

このような{均衡→均衡の撹乱→新たな均衡}という発展のプロセスについてはシュムペーターとカーズナーはたしかに一致してはいるが，シュムペーターは新たな均衡へと向かうプロセスにおける企業者の役割は明らかにしてい

ないし，他方，カーズナーの企業者は，不均衡の状況を認識するやいなや行動に乗り出すが，そのような不均衡がどのようにして生まれたかについては明らかにしていない。シュムペーターの企業者像は能動的であり，カーズナーの企業者は受動的である。「シュムペーターの企業者は発展機会を創出するのに対し，カーズナーの企業者は「社会がすでにもっている経済発展の潜在的能力」，しかし情報の不足のためにまだ十分に利用されていない潜在能力を引き出すのを助けるのである。」こうして，「一方のヴィジョンは他方のヴィジョンを補っているようである」。(ヘバート 1984, 168-169頁)

このような主張は，シュムペーター的企業者像とカーズナー的企業者像との一種の調停案である。このような調停によって，確かに企業者像は現実の企業者の姿に近づいたかに見える。しかし，企業者概念が現実の企業者に近づくことによって，シュムペーター，カーズナー両者の「企業者」概念が持っていた理論上の意義が薄れていく。カーズナーが，人間不在の均衡論に企業者という概念によって経済を均衡に向かって突き動かす主体を持ち込み，それによってより現実の市場経済の動きに近い経済学を構想しようとしたように，均衡を破壊することで長期の経済発展がもたらされるそのメカニズムそのものを主体的に担う企業者を構想したシュムペーターもまた，静態的分析では明らかにできない経済発展のダイナミックスを浮き彫りにしようとしたのであった。

調停は何も生まない，とは言わないまでも，シュムペーター，カーズナーいずれもが分析の中心に据えた「理念型」としての企業者像が持っていた意味は，このような調停によって失われてしまうように思われる。

シュムペーター的革新とカーズナー的プロセスは連続して起こりうるが，概念としては分けなければならないのである。

6. シュムペーターにおける動学と静学の分裂
　　　　　——主体的選択としての事業定義の問題へ

経済の短期的な分析フレームから断続する革新は，当然のことながら静態的

分析を無効にする。未来を見るために依拠すべき費用曲線が過去のものとなってしまうからであり，いかなる外挿法も意味を成さなくなるからである。

こうしてシュムペーターが辿り着いた動態理論の世界は，経済学では，おそらくは「振り返ってみれば」そうだったのかという意味づけができるたぐいの「長期」の世界であり，時間経過のまっただ中においては，偶然が支配するとは言えないまでも「事前には理解し得ない」世界であった。

どのような革新が起こるのか，どのくらいの頻度で起こるのか，その革新は成功するのか失敗するのかといった問題は，もはや経済学の中では収めるべき場を持たない問題となった。

シュムペーターの静学と動学は，こうして調停不能な分裂の中に落ち込んでしまったのである。

以下は杉本によるシュムペーターの評価と位置づけである。(杉本 1981，184-185 頁)

「シュムペーターが『発展は，そのもっとも内在的な本質からして，既存の均衡の破壊である。それは，この均衡を回復すべき傾向を少しももたないし，また一般に他のいかなる均衡状態にも至ろうとする傾向をもたない。—— それは，均衡から逸脱することのみを，これ努める。—— したがって発展と均衡とは，ともにわれわれの意味する如く解するかぎり，互いに他を排しつつある対蹠物である』といい，また『わたくしの叙述は，国民経済学の「静学」および「動学」の間の根本的な分離の上に立っている。この点の重要さは，如何に強調してもなおすぎるということはない。純粋経済学の方法は，当分の間ただ前者に対してのみ十全であり，また前者に対してのみその最も重要な諸成果が妥当する。「動学」は如何なる意味においても，方法的にも内容的にも「静学」とは全く異なったものである』と述べているのは，以上のような意味においてでありました。すなわち<u>シュムペーターは，経済静学の論理的な本質を滅却することなしに，経済静学の適用範囲を徐々に拡張し，その拡張の極限において発展の現象につきあたり，そこに経済静学の限界を悟って，それとは本質上も内容上も全く共通性のない経済動学に到達したのです。そしてここに至って，シュムペーターの理論経済学は，経済静学と経済動学という全く無関係な二つの理論分野に分裂してしまい，一つの統一的な理論経済学は見失われざるをえなくなったのでした。</u>」(強調：二瓶)

シュムペーターはいう。
「あなたは回転する灯台から強力な光を発射して現実の分野を照らし出そうとする。そしてあなたは，恐らくその灯台を回転させる人に関心をよせておられる。だが私は灯台から発射される光の方向，光の強さ，そのメカニズムを問題としたいのです。あたかもくもの巣のごとく社会と人間に仕掛けられたくもの巣の網の目を観察し，そのなかにふくまれる不均衡とその限界を確かめたいのです。
ウェーバーはいう。
私を熱中させるものは，そういったくもの巣やパラメーターやそれらからなるメカニズムではない。そうではなくて，巣を張るくもそのものであり，そこにこそ問題の根源があるのだ。」[9]

シュムペーターは，経済学を確立するためにまずは静学的な世界を明らかにすることに取り組みながら，結局はそうした均衡へと至る静学的世界を破壊する「企業者」の役割が経済の発展をもたらすのだという結論に至った。

均衡へと至る企業者の役割はカーズナー的企業者概念の世界であり，シュムペーターの企業者概念は，均衡ないし均衡への道を崩す役割を経済において担うものである。その意味では，ウェーバーに対する批判にもかかわらず，はからずもシュムペーターは，「くも」の重要な役割を発見したと言うことができよう。

均衡化に向けてチャンスを見つける機敏性 (alertness) を発揮するカーズナーの企業者は，経済学的同時点での成長をもたらす。それに対してシュムペーターの企業者は，革新を通じて現状の均衡を無効にし，経済を異次元へとジャンプさせる。両概念は，経済の成長・発展における連続性・漸進性と断続性とをそれぞれに示しており，それらが織りなす経済発展の実相を示している（ヘバート，安部，清成）と言うことはできる。しかしながら，シュムペーターの企業者概念が持つ意味はそれだけにとどまるものではない，むしろ，経済学的時間としての短期と長期とが調停できないこと，シュムペーターの言葉で言えば，相互に「排斥し合う」性格のものであることを明らかにしたことに重要な意味がある。

---

[9] 玉野井芳郎 (1972)「シュムペーターの今日的意味」玉野井芳郎監修『シュムペーター社会科学の過去と未来』ダイヤモンド社，43-44 頁

革新は短期の枠組みを否定し反故にする。この均衡化と均衡の破壊とを目指す企業者の行動のデュアリティこそが，シュムペーターの企業者概念が持っている本質的な意義なのである。

こうして「統一的な理論経済学が見失われた」ところに，未来への投企という企業の事業活動というものの本質が顔を現す。企業者による革新に向けての創造性や想像性，機敏性は，"What business are you in? What business are you going to be in?" という事業の定義によって具体的な形をとるからである。

事業活動を担う企業家の本質とは，新たな事業を展開することで新たな競争の場としての市場を創出することであり，「発展」をもたらす一種のジャンプを試み続けることである。

革新は「商品」の革新でなければならない。そうでなければ，その場合の「革新は費用節約的な知識の応用を表すものであろうが，それはただ新しい供給計画をもたらすにすぎない。」革新的な技術によるものであれ既知の技術によるものであれ，量的な変化だけをもたらすものを「革新」という概念では捉えない。「「静態的」なきまりきった管理業務における能力の差異は，誰もが行っていることをどれだけ上手く行うかの違いをもたらすにすぎない」（ヘバート 1984, 134頁）からである。

かくしてわれわれは，新たなに企業の質的発展をもたらす「事業の定義」という事業の未来選択の問題にコマを進めることになる。その前に，企業は自らの事業環境をどのように見て未来選択を行うのであろうか。「戦略の窓」という概念を手掛かりに考えてみよう。

第 3 章：「戦略の窓」——企業は世界をどう見るか

> まどのそとを ----
> ちょうちょが とおる。まどのそとを ----
> ことりが とおる。まどのそとを ----
> ねこが とおる。まどのそとを ----
> こどもが とおる。まどのそとを ----
> はなやが とおる。まどのそとを ----
> じてんしゃが とおる。まどのそとを ----
> ひこうきが とおる。まどのそとを ----
> ふねが とおる。まどのそとを ----
> ぱれーどが とおる。へやのなかには
> だあれも いない。
>
> 　　　　　　　　　　五味太郎『春』絵本館

　エイベルは『戦略の窓』という論文（1978）の中で，次のように述べた。
　「ある市場が求める重要な要素と，その市場で競争する企業の特定の能力 (competencies) とがフィットするのは，きわめて限られた期間においてでしかない。製品ラインや市場領域への投資というものは，そうした「戦略の窓」が開いている期間に合わせてタイミング良く行われなければならない。」
　彼はこうも言っている。
　「企業と環境との関係はいわば「動いている場所から動いている標的を撃つ」のに似て，絶えず変化してやまない環境に対して，企業が持つ資源との関係で一瞬開く窓のようなものが事業チャンスである。」
　企業は，コントローラブルなリソースを用いてアンコントローラブルな環境（市場）に働きかける。その時，働きかけが可能な範囲は，企業の持っている経営資源によって規定される。ある意味で，企業が見る事業空間は，企業の持っているそうした資源に規定される。身の丈の範囲で見えてくる部分，可能とな

る範囲。あらゆることが可能なのではなく，企業が辿ってきたそれまでの歴史にも規定されるし（経路依存性），その結果蓄積されてきた経営資源にも規定される。これを，アフォーダブルな環境と呼ぼう。企業の求める未来は単なる夢ではなく，実現可能性を持ったゴールなのである。

「戦略の窓」から見える外の世界とそれを見る企業主体と外界との関係は，企業が現実的に競争できる事業分野や，相手，それに向かって実現できる戦略を規定する。

機会はすべての企業に等しく与えられているはずである。しかし，それを見つけることができる企業とできない企業，掴むことができる企業とできない企業，なぜ結果としてこのような違いが生まれるのであろうか。

1. 『生物からみた世界』

ダニの雌は，灌木の突き出た枝先によじ登り，下を通る哺乳類の上へ落ち，その動物の毛のない箇所に頭を深く突っ込み，温かい血液の流れをゆっくりと吸い込む。こうして雌のダニは，最後のご馳走を食べた後，地面に落ち卵を産み死ぬ。これがダニにとっての一生である。

ダニの一生を導入事例として，生物にとっての環境が，われわれ人間が見ている環境とは全く違うことを示し，世界を見る視点を180度変えたのが，ヤーコプ・フォン・ユクスキュルであった。ここでは，彼の啓蒙的な著書『生物からみた世界』（日本語訳 1973 年 [1]）をもとに彼の環世界概念 [2] を紹介し，企業行動を考える視点に活かしたいと考えている。

（生物）主体と外界とのかかわりは，知覚とそれにもとづく作用（行為）との連環によって成り立っている。そして，知覚に対して生まれる作用は次の知覚と作用へとつながっていく。そうした環のつらなりによって，その生物主体

1　以下，本書からの引用はページ数のみ示す。
2　初め環境世界と訳されていた Umwelt は，後に同じ訳者によって「環世界」と訳し直された。本書でも「環世界」を用いることにするが，最初の訳書からの引用では，「環境世界」を用いる。

にとっての生活世界が成り立っている。ユクスキュルはこれをシャボン玉にたとえた。

「環境世界説の第一の基礎的命題は，動物主体は，もっとも簡単なものも，非常に複雑なものも，同じ完全さでその環境世界に適応している。単純な動物には単純な環境世界が，複雑な動物にはそれだけ豊かな環境世界が対応するのである。」（20頁）

客体はその生物にとっての知覚標識の担い手であり作用標識の担い手でもある。生物主体は，知覚標識によって次に行うべき行動を起こす。その作用（行為）の結果がその生物にとって妥当なものであれば次の知覚標識を待つ。「作用標識は（最初の）知覚標識をぬぐい取」り，一連の知覚と作用の連鎖によってその生物の生きる上での行動が充足される。こうして，その生物にとっての環世界が成立する。

こうした知覚と作用の連鎖を，ユクスキュルは，「機能環」という概念で説明する。機能環の一連の流れは次のようなものである。

「主体が知覚するすべての物がその知覚世界（Merkwelt）となり，主体が行う作用のすべてがその作用世界（Wirkwelt）となる。そして知覚世界と作用世界が共同で一つのまとまりのある統一体，つまり環境世界（Umwelt）を作り上げる。」（9頁）機能環の連なりが，生物にとって必要かつ十分な世界（環世界）

図3-1　機能環

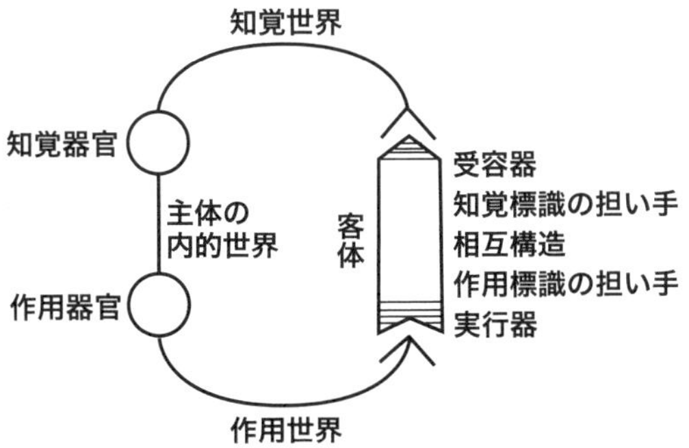

を作るのである。

このような環世界の成り立ちを,「ダニ」によって説明してみよう。

ダニの機能環においては,主体は当然のことながらダニであり,客体は哺乳類である。そして,そこには三つの機能環があらわれる。

第一の環の知覚標識の担い手は哺乳類が発する酪酸の刺激である。それによって,足を離して樹の枝から落下するという作用（行為）を引き起こす。

次に,落下したダニは,哺乳類の毛に衝突したという作用標識を得る。それが堅く冷たい地面であれば,その知覚標識を通じて落下という行為が失敗であったことを知り,再び木によじ登っていく。うまく成功して哺乳類の毛に衝突したのであれば,そこで酪酸という最初の知覚標識が拭ぐい去られ,次に,接触という知覚標識が与えられる。それによって,這い回るという行為が触発され,毛のない皮膚にたどり着くと,この知覚標識は温かいという知覚標識に取って代わられ,次に,皮膚組織の中に頭を突っ込むという行為を生み出す。

ダニにとっては,哺乳類が発する沢山の作用の中から,たった三つだけがダニにとっての知覚標識の担い手としてピックアップされる。「ダニを取り囲む巨大な世界の中から,三つの刺激がまるで暗闇の中から発する灯火信号のように輝きだして,ダニを確実に目標へ導く道標の役割を果たすのである。」(22頁) では,酪酸の刺激という知覚標識があらわれなかったとき,ダニは一体どうなるのであろうか。

ダニは,酪酸の刺激が暗闇の中に閃光として差し込んでこない限り,ひたすら待ち続けることになる。したがって,長期間食べ物なしで活きていられなければならない。ユクスキュルがその著書の中で,18年間断食しているダニを紹介している。つまり,ダニは少なくとも18年間待つことができるのである。暗闇の中で,ダニにとっての瞬間は訪れない。18年間静止しているのである。ダニの一瞬はいまだ生まれないのであるが,ダニの一瞬は少なくとも18年であると言うことはできそうである。このことが,ダニの世界がたった三つの標識によって成り立っていることをよく示している。

「ダニを取り囲む豊かな世界は収縮して,おおざっぱに言えば,三つの知覚

第 3 章:「戦略の窓」——企業は世界をどう見るか　69

標識と三つの作用標識とからなるみすぼらしい姿に,つまりダニの環境世界に変化する。しかしこの環境世界のみすぼらしさこそ,まさに行動の確実さを約束する。そして確実さの方が,豊かさより大切なのである。」(26頁)

　生物の環世界 (Umwelt) は,その周囲に拡がって見える環境 (Umgebung) の単なる一片に過ぎない。とはいえ,その生物にとっては,その生物の生存を保証する,確実で豊かな世界である。

　視覚空間との関連で,ユクスキュルは,この世界に広がっている多様な生物にとっての環世界を,シャボン玉にたとえてつぎのように述べている。

　「われわれ人間の周囲の自然に生気を与えている動物たち,たとえば草原に生活している甲虫,チョウ,ハエ,カ,トンボなどは,それぞれ一つのシャボン玉のようなもので取り囲まれているものと考えることができる。このシャボン玉は,それらの動物の視覚空間を閉じており,その中に,主体にとって見えるすべての物が包み込まれている。一つ一つのシャボン玉は,それぞれ別々の場所をその中に含んでいて,その中にはそれぞれの作用空間にしっかりした骨組みを与えている方向平面も存在している。」(46-47頁)

　企業にとっての世界は単純な機能環によってできている環世界ではない。ユクスキュルの描いたシャボン玉の比喩で描かれた生物世界においてすら,各生物主体にとっての知覚標識は相互に入り交じり合い,シャボン玉も,互いに妨げあうこともなくその形を保っているわけではない。

　しかし,ユクスキュルの環世界概念が提起したことは,われわれが見ている世界がそのままそれぞれの生物にとっての世界ではないということである。企業もまた同じである。一つの業界をとりあげたとして,われわれが見る業界の状況と,個々の企業が見る業界の状況とは異なっている。豊かさに違いはあれ,それぞれのバックグランドを背負いながら,各企業は,同じ景色を異なった視点(窓)から眺め,未来への選択を行っている。このことについて,次に,アフォーダンスという概念によって,考えてみよう。

2. アフォーダンスとは

　アフォーダンス概念もまた，主体から外の世界を見ていくという視点に立っている。したがって，ユクスキュルが示した環世界も，アフォーダンス概念によって説明することもできる。

　生物主体は，われわれ人間が，高みから世界を見るように自分にとっての世界を見ているわけではない。むしろ，自らの外界への働きかけによってその都度開かれていく対象として自らの世界をその都度発見していくのである。動物にとっての環境は，その動物にとってどのようにあらわれるのか，どのような関係をとりむすぶのか。

　佐々木によれば，「すり抜けられるすき間」「登れる段」「つかめる距離」はアフォーダンスである。アフォーダンスとは，環境が動物に提供する「価値」のことである。アフォーダンスとは良いものであれ，悪いものであれ，環境が動物に与えるために備えているものである。アフォード (afford) は「～ができる，～を与える」などの意味を持つ動詞であるが，英語にアフォーダンス (affordance) という名詞はない。アフォーダンスはギブソン（ジェームズ・ギブソン）の造語である。(佐々木 1994, 60-61 頁)

　アフォーダンスは事物の物理的な性質ではない。それは「動物にとっての環境の性質」である。アフォーダンスは知覚者の主観が構成するものでもない。それは環境の中に実在する，知覚者にとって価値のある情報である。(佐々木 1994, 60-61 頁)

　つまり，刺激-反応として理解するのではなく（なぜならば，アフォーダンスは刺激ではない），環境に情報を探索しそこからつかみ取ってくる必要な情報がアフォーダンスである。「アフォーダンスは，刺激のように「押しつけられる」のではなく，知覚者が「獲得し」「発見する」ものなのである。」(佐々木 1994, 63-64 頁) したがって，アフォーダンスが行動を引き起こすという因果的関係ではなく，行動を可能にするのである。つまり，行動をアフォードするのであ

り，その生物主体が行動のために使う資源がアフォーダンスである。「その動物の生態的ニッチにあるアフォーダンスは関係ではなく，資源である——この場合，「資源」とは，行為の調整を通じて環境から価値を得るための資源のことである。」（リード 2000, 56 頁）

「環境の中にあるものが無限のアフォーダンスを内包している。——環境は潜在的な可能性の「海」であり，私たちはそこに価値を発見し続けている。」（佐々木 1994, 63 頁）

同じものを見ても，人によって異なるアフォーダンスが知覚される。また，知覚する動物の種が異なればアフォーダンスは全く重ならない場合もある。たとえばゾウとありが一本の木に知覚するアフォーダンスはかなり異なるはずだ。」（佐々木 1994, 62 頁）その結果それぞれの生物主体に形づくられるのが，環世界に相当する世界である。

このように，アフォーダンスという概念は，世界というものが，人や動物が動き回ることを通して立ち現れるものであると考える。生態学主義とも呼ばれている。（佐伯・佐々木 1990, 10-11 頁）また，リードは，「生態心理学」と呼んでいる。

この考え方は，生物から見た「生物にとっての」世界を，生物のいる世界を人間がいわば俯瞰的に見た「環境」と区別して「環世界（環境世界）」と呼んだフォン・ユクスキュルの考え方に通じるものである。

「「環境」というもの自体を，特定の生体が生活している生態系の中で相互に依存しあって「立ち現れる」性質だ」（佐伯・佐々木 1990, 11 頁）と考えるのである。たとえば歩くということは，大地や床を足が一方的に踏んでいくことではなく，床や地面から支えられることでちゃんと歩けるということでもある。スリッパを履いて歩くことは，普通の人にとっては何でもないことであるが，表皮の感覚を失った人にとっては難しいことである。スリッパが簡単に脱げてしまうからだ。それは，スリッパのアフォーダンスをとらえるという感覚を失っているからである。つまり，感覚がないためにスリッパが足に表面の性質を誘発（アフォード）せず，そのためにスリッパをはき続けることが困難になって

しまうのである。

ギブソンは, このように, 「外界がその生体の活動を誘発し方向付ける性質」を「アフォーダンス (affordance)」と名付けた。したがって, 「知覚とは, 生体がその活動の流れの中で外界から自らのアフォーダンスを直接引き出すこと」(佐伯・佐々木 1990, 11 頁) なのである。

主体と環境との関係は, 主体が環境を一方的に見たり働きかけるということではなく, 環境というものは, 主体が環境の中のある対象にどう働きかけるかによって見え方が規定されるということである。

「一人の人間が一つのモノと徹底的に関わりあううちに, つぎつぎと新しい活動が誘発され, それにともない, 新しいアフォーダンスが引き出されるという相互関係の全体が拡大していく。」主体と外界との間には, ある対象との関わりが深まるとともに新たなアフォーダンスが誘発され, 世界の見え方が変わり広がっていくという相互性がある。

主体の能力が増せば, それだけますます外界からのアフォーダンスが増大し世界が広がるということである。したがってアフォーダンス概念は, ユクスキュルの機能環によって現れる循環的な環世界観を超えて, 主体と環境とのよりダイナミックな関わりを示してくれる。

企業主体に引き写して考えるならば, 企業にとって資源における能力の高まりは, アフォーダンスを豊かにすると言うことができる。そこに, 各企業主体ごとの環境の見え方の違いが生まれる。それぞれの企業主体にとっての環世界は, 同じ世界にいながらも異なっているのである。

3. アフォーダブルなチャンスとしての事業機会
——あるいは, アフォーダブルな敵対関係と「戦略の窓」

創造的適応ができるかどうかは, それが企業のその時点での資源にとってアフォーダブルな環境かどうかが関わってくる。

業界内競争は, 「投資収益率を, ——経済学者の言う「完全競争」業界で実

現される収益率に近づける。（ポーター 1982, 19頁）」つまり，競合他社の参入によって差別的な優位性が逓減し，コストの優位性を巡る競争に移行し，収益率を低減させていくという圧力を，業界内競争は働かせる。

この状況は，下図（修正5フォースの図）の中央にある「既存の業界内における競争（直接の脅威）」に対応する。ここは，産業組織論のフレームが有効な世界であり，チャンドラーやカーズナーの企業家が活躍する場である。しかし，その周りはすでにして未知の世界である。新規参入の脅威，代替品からの脅威は当然のことながら，これまで取引相手であった供給先や顧客サイドからの突然の参入があるかもしれない。あるいは，新たな業界の成立をもたらすようなイノベーションが起こるかもしれない。

図3-2　競争のダイナミックス（修正　5フォース）

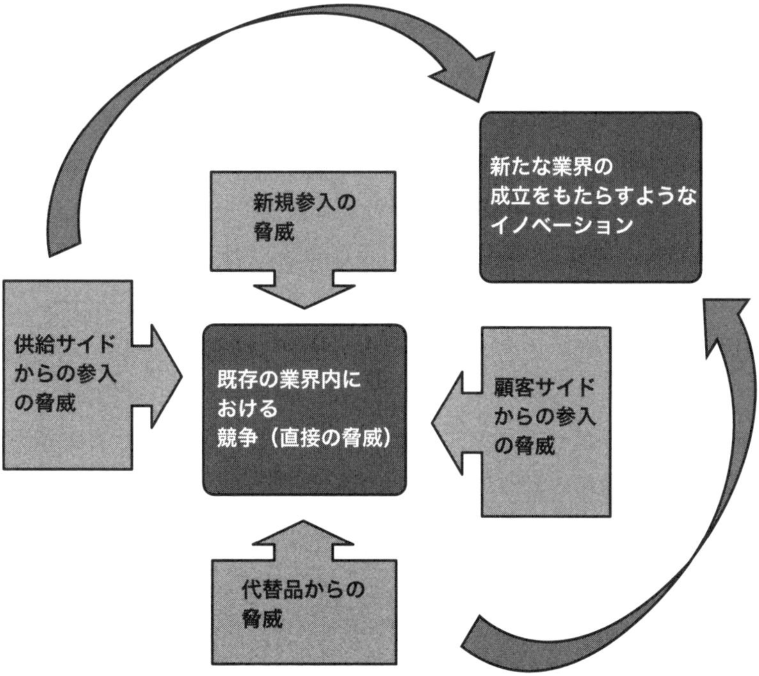

このように，業界外からの潜在的競争脅威は，競争がコスト・リーダシップだけによるものではないことを意味している。「それまで」ではなく「これから」の競争は，そこにすでにそれとして存在している関係だけにもとづくわけではないからである。

　潜在的な競合他社も含めて，各企業がみずからの事業をどのように定義するか，つまり，競合関係をどこまでと認識するか，そして，どのような事業に展開しようとするかによって，現れる競合関係は異なってくる。また，そのような事業展開は，その企業にとって何が可能であるかによっても規定される。その企業が蓄積してきたさまざまなヒト・モノ・カネの経営資源と学習の蓄積をベースとして，そこから生まれる対象認識（事業認識）が，その企業にとってのアフォーダブルな環境を選び取らせるからである。

　アフォーダブルな環境とは，その企業が持っている資源やこれまでの知識によって現実的に見えてくる環境（内的・外的）のことである。資源にしろ知識にしろ，これらはいずれも，それまで企業が歩んできた道から大きく逸脱はできないという意味で経路依存的（path dependent）である。いわゆる「本業」という考え方は，このようなアフォーダンスを理解するうえで重要であろう。

　何がどう見えるかは，良くも悪くも，企業の来し方（これまでどのようにしてきて今日のその企業が存在しているか）に影響される。その端的なものが「本業」なのである。多くの企業は，本業をベースにそこから新規の事業へと展開していくことが多い。まったく新しい未経験の分野に展開することは少ない。あるとすれば，その事業分野に進むために役に立ってくれそうな企業との提携や買収によって，新たな分野への展開を果たす。かつて（1986年）花王は，フロッピーディスク業界に参入した。これは，自社が持つ界面活性技術の活用であった。1999年には（2009年に製造・販売を停止したが）エコナクッキングオイルを発売した。いずれも本業が培ってきた技術からの展開であった。

　このように企業は，企業の来し方（歴史）からそれほど自由ではない。また，だからこそ，そうした資源の蓄積をバックに，他の企業には見えないものが見えてくるのであり，一瞬開く「戦略の窓」を持つこともできるのである。

「戦略の窓」の大きさは，したがって，その企業の持っている力（資源）によって規定される。企業によって，同じ競争環境の中にいても，見えるものと見えないものとがあるのである。こうして，「戦略の窓」から見える外の世界とそれを見る企業主体と外界との関係は，企業が現実的に競争できる事業分野や，相手，それに向かって実現できる戦略を規定する。

簡単に言えば，アフォーダンスは，企業が現実的に競争できる事業分野や，相手，それに向かって実現できる戦略を規定するのである。

すでに述べたように，企業と環境との関係はいわば「動いている場所から動いている標的を撃つ」のに似ており，絶えず変化してやまない環境に対して，企業が持つ資源との関係で一瞬開く窓のようなものが事業チャンスである。エイベルはこのことを「戦略の窓」という言葉で表現したのであるが，それが示唆するところは，事業の定義というものが，産業組織論における産業のような客観的な定義ではなく，企業が自らの資源を背景に自らにとってアフォーダブルなチャンスとして事業を選び取るものであり，このような主体によって選び取られた定義も，競争相手による対抗定義や全く別の思いもかけない競合相手からの別定義によって反故にされかねない危うさを，常に持っているものであるということである。

競争は，その本性においてダイナミックである。ビジネスの世界は，新製品を市場に導入したその瞬間から，その製品が製品ライフサイクルの導入段階すら順当に歩んでいけるかも分からないような，「なんでもあり」の世界である。このような表現は決して誇張ではない。銀塩カメラから次世代のシステムとしての期待を担って導入された APS（Advanced Photo System）が，デジタル・カメラの急速な普及によって，成長段階にすら移行できずに姿を消していったことは象徴的な出来事であった。

企業は，コントローラブルなリソースを用いてアン・コントローラブルな環境（市場）に働きかける。その時，働きかけが可能な範囲は，企業の持っている経営資源によって規定される。ある意味で，企業が見る事業空間は，企業の持っているそうした資源に規定されるのであって，身の丈の範囲で見えてくる

部分，可能となる範囲。あらゆることが可能なのではなく，企業が辿ってきたそれまでの歴史にも規定される。

会社も人間も，一定の窓を通して外の世界を見ている。窓は，経験や知識によって形作られる思い込みや先入観であったりする。窓は，外を見ることを可能にしていると同時に視界を限ってもいるのである。

ポジショニング派と分類されたポーターをポジショニング派として説明するとすれば，次のようになるであろうか。すなわち，経済学（産業組織論）をベースに競争の場（市場／業界）を分析し，自社はその中の何処に身を置くかを選択するという思考手順を踏む，と。つまり，いま業界のどのポジションにいてこれからどのポジションを占めようとするのかの選択が戦略であるという発想に立つと考えるのである。窓の外の世界についての理論的・因果的分析をベースに自らのポジションを目的手段的に選び取るというわけである。

これに対してリソースベース派は，資源や技術，人材，などのリソースは，ここで言う「窓」の大きさを規定すると考える。いろいろな経験や知識が組織内に蓄積されていくにつれて，徐々に情報をすくい取る網の目が細かくなっていく。そうすると，大方の人や企業が見逃してしまうものもキャッチできるようになる。要するに，アンテナが敏感になるのである。

自社のリソースが豊かになることによって，窓が広くなり，事業機会を多く見つけられるようになる。その時点ではほんの小さな可能性であったり誰も見向きもしないような機会であっても，また，文字通り誰も気づかなかったようなものであっても，事業機会として見つけ出すことができるようになるというわけである。

エイベルが言ったように，時間の経過に従って外の世界だけでなく自らも変化していく。窓に見えたものを，タイミング良く掴みうるかどうか。リソースの豊富な大きな窓であれば，それだけいろいろなチャンスを掴みうるであろう。

窓の外に見えるものは，重なり合う部分を持ちながらも，企業によって異なる。それぞれのバックグラウンドやリソースが違うからである。そして，それぞれがそれぞれのタイミングで窓の外に見える景色を掴みにくい。

このように，それぞれに異なる窓の外の景色と企業主体とのマッチングを表現しようとしたのが「戦略の窓」概念であり，ここでのアフォーダンス概念である。対象は主体が選び取ると共に，選び取ろうとしている主体は，ある意味では環境によって選び取られている。その時に相応しいものがその意思を持ってチャンスをつかみ取りに行くのである。

つまり，企業にとって競争環境の中で見え，手を伸ばせばつかめるかもしれないビジネスチャンスは，だれにでも（どの企業にも）見えるものではなく，その企業が学習し蓄積してきた知識や経験，いわゆるヒト，モノ，カネとして表現される企業の資源，それらがあってはじめて現実的に見えてくるものである。

同じ状況を前にしても，見えている企業と見えていない企業とがあるわけである。見えるものしか見えないのであり，見ようとするものしか見えてこない。チャンスは降ってわくのではなく，選び取るものなのである。

4. マーケティング行動空間と環境

製品差別化は，それを通じて消費者の個別的な購買決定を差別的に引き出すことを政策目的とする個別製造企業の主観的活動である。——ここで「主観的」とは，目的合理的に主観的であるということである。すなわち，「(主観的に)一義的に捉えられた目的に対して適合的なものであると（主観的に）考えられた手段を，もっぱら基準にして行われる行動」（ウェーバー 1968, 14頁）という意味で主観的行動なのである。原因 – 結果関係の目的 – 手段関係への変換とは，このようなことを意味している。

目的合理的行動においては，たとえ環境が，原因 - 結果の関係として客観的に認識される事象から成り立っているとしても，主体においては，こうした多様な因果の連鎖は，主観的な目的 - 手段の関係に変換され，個別の企業主体にとっての目的合理的な活動空間として現れることになる。このような行動特質においては，客観的な関係の網はいわば二義的な意味しか持たず，何よりも主体にとっての関係が第一義となる。

このように，製品差別化に見られる個別製造企業の競争行動上の特質は，まずもって対消費者，対商業者といった環世界（あるいはコトラーの言うミクロ環境ないしタスク環境）への手段的統制力の行使として，特徴づけることができる。また，このような手段的統制が，同時に政策目的としてあるということは，ここでいう統制力が，確定的なものではないということであり，したがって，競争場裡においては，統制力の行使が，個別製造企業にとっての統制力の主観的広がりという意味で考えられなければならないということを意味している。

いま，こうした統制力の主観的広がりをマーケティング行動空間[3]と呼ぶとすれば，このような空間は，環境から，政策目的に応じて切り取られた諸手段の，目的合理的体系であると考えることができる。そして，こうした体系の広がりは，そこに組み込まれるべき諸手段に対する統制力の度合いによって画定されることになる。（二瓶 1978, 100 頁）

統制（control）とは，目的に向けて諸手段を調整していくことであり，このような統制の目的は，諸手段（人であれ，ものであれ，機関であれ――要するに諸資源）の作用を目的の達成に向けて予測可能にすることである。また，予測可能にするということは，そのかぎり不確実性を減少させることが可能となることを意味している。製品差別化を中心とする個別企業の競争行動を，こうした意味での統制活動として理解すれば，事業活動の本質とは，消費者に対して手段的統制を行使することによって，販売に伴う不確実性を減少させることを政策目的とする活動である，ということができよう。（二瓶 1978, 98-99 頁）

このように，個別企業主体の側から見ることによって，環境は，個別的なマーケティング行動空間（環世界）として現れる。すなわち，環境は，企業主体にとって統制力を行使しうるか否かを基準として切り取られ，主観的な目的-手段の関係へと変換される。ここにおいては，環境の持つ多様性は意味を持たず，事業目的に照らして意味あるものだけによって，個別的で目的合理的な環世界

---

3 ここでは，田村とは異なった意味で用いている。それは，主観的拡がり，主体にとっての生活世界という意味であり，環世界ないしアフォーダンスによってあらわれる世界という意味で用いている。

(Umwel) が構成される。こうした環世界は，環境（Umgebung）の持つ多様性と不確実性に対して，主体にとっての「確からしさの世界」として存在する。

環境へと手段的統制を行使し，それによって適応を図るということは，一つには政策目的として，環境の持つ不確実性を確実性へと転換しようとすることを意味しており，他方，このような確実性への転換の試みが，たえず環境の中において不確実性へと ——したがって，その都度原因‐結果の関係において把握されるべき事象へと再転換されることによって，このような行動空間が，あくまでも統制力の行使とその広がりを基準とした，主観的に「確からしい世界」にとどまらざるを得ないことを意味している。（二瓶 1978, 101 頁）この「確からしさの世界」こそ，事業主体にとってのアフォーダブルな世界である。

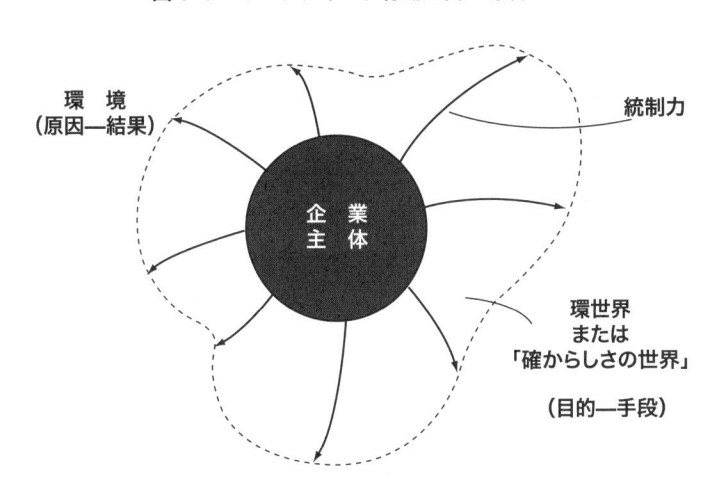

図 3-3　マーケティング行動空間と環境

5. 因果的対象把握の目的手段的変換——事業定義の本質

以上の議論をふまえて，事業主体と市場との関係は，次のように理解することができる。

「管理的意志決定において設定された目的・手段関係は，市場調整諸力においてヨリ多くの要素を含んだ原因・結果関係に変換され，これがまた管理的意志決定過程において目的・手段関係に変換される。」(田村 1971, 61 頁)

当然のことながら，ここでの変換主体は企業である。市場調整諸力によって自動的に変換されるわけではない。

競争分析は，目的－手段関係への変換を前提しつつ因果関係的に市場での競争状況を把握することであり，そうした競争分析にもとづいて事業主体が行う因果関係的な把握の目的－手段関係への変換は，競争戦略であり，新たな競争の場を選び取ってその目的達成に向けて諸手段を行使していくことに他ならない。したがって，目的・手段への変換を前提とする因果関係的分析（競争分析）と，その目的・手段関係への変換（競争戦略）とは，区別されなければならない。

また，手段は事業主体の持つさまざまな資源（最も簡単素朴に表現するならば顕在的かつ潜在的な「人，モノ，金」であり，あるいは，技術，人的資源，企業が蓄積してきた伝統や企業文化，など）によって規定される。アフォーダンスという概念で表現するならば，事業主体にとってアフォーダブルな事業機会に向けての目的-手段の体系である。つまり，事業主体のもつ資源および能力（capability）によって見えてくる環世界（surrounding）である。因果的に把握された環境世界から事業機会として事業定義によって選び取られてきた環世界は，目的-手段関係に変換された，事業主体にとってのアフォーダブルな事業機会なのである。

事業の定義は，概念の定義ではなく「事業の」定義である。どのような事業へと展開していくかを選択していく上では，対象を客観的に把握し明らかにするということに第一の目的があるのではなく，対象とする事業範囲を明確に選び取り，それを実現するために諸要因を目的-手段関係へと変換するという目的の下に行われる。また，繰り返し述べるように，このようにして行われる各事業主体による事業定義は，原理的に事業主体ごとに異なったものになる。つまり，結果として各主体同士が競争する市場境界の定義は，二重の意味で困難である。各主体の定義そのものが一致しないだけでなく，選び取るという行動そのものが，他社との差別化を図ることであり，それを通じて市場の境界は絶

えず変動するからである。

　たとえば，IBM と AT&T は，それまでコンピュータと電信という別々の事業分野で対峙することはなかったのであるが…「その事業を再定義した結果お互い競合関係に立つようになった」（エイベル 1984，5頁）といったように。

　目的 - 手段関係への変換の内容を構成するものは，差別的優位性の追求という競争行動であり，競争の場の因果関係的把握にもとづいて，そこでの直接的競争（多くは価格競争）からいかに自己に有利な競争（非価格競争）へと脱却していくかが重要な課題となるわけであるから，各事業主体がそのように行動するとすれば，分析対象として措定する市場の境界が絶えず変動し特定しがたいということは，いわば必然的な帰結である。

　市場競争の底流にある市場特性に対応して個々の事業主体が事業定義を変更していくにつれて，因果的に把握される構造特性も変化していく。ここから，「構造特性は定数ではなく変数と見なされるべき」（田村 1971，272頁）であり，構造が行動を規定するにしても，本質的には「行動が構造を決定する」のであって逆ではないと言わなければならない。

6. 市場の因果的把握——産業組織論の考え方

　さて，因果的な把握と目的手段的選択の関係を，ポーターの基本戦略[4]によって考えてみよう。

4　ポーターは，基本戦略として，「コストリーダーシップ」と「差別化」「焦点化」の3つをあげた。
　3つめの「焦点化」は，市場の特定セグメントだけをターゲットにするもので，そうした焦点化がうまくゆくと，そのセグメントについてコスト・リーダシップと差別化とが問題になる。つまり，焦点化という基本戦略は，対象とする市場の選択の問題であり，対象市場を広くとるか狭くとるかという市場の広狭の問題である。市場地位の類型からすれば「ニッチャー」に相当する。やがてニッチが成長に伴って拡大していけば，同じようにコストと差別化とのいずれの基本戦略によるかの問題が生じる。
　このように，市場が広いか狭いかの違いであって，そのいずれにも横たわる企業行動の基本的な競争様式は，コスト・リーダシップと差別化とに集約することができる。

産業組織論は，市場構造（market Structure）・市場行動（market Conduct）・市場成果（market Performance）の3つをその論理的支柱としており，そのイニシャルをとって「S-C-Pパラダイム」と呼ばれている。

これら3つの要素の相互関係は，次のように考えられている。すなわち，ある産業（ないしは競合する企業集団，つまりは業界）の構造（市場構造）が企業行動を制約し一定の方向性を与える。つまり，企業の市場行動は所属している業界（市場）の構造に制約を受け，企業はそうした構造に対して調整を図っていくことになる。そして，その結果最終的な市場成果が決まってくる。

このように，「構造が行動を規定し，行動は成果を規定する｛構造（S）→ 行動（C）→ 成果（P）｝という因果関係が想定される。そして，このような基本構図の下で，市場構造の分析が中心に据えられ，そこにおける市場行動の市場成果への因果関係を明らかにする。公共政策を通じて構造をコントロールすることによって，より適正な市場成果を導き出そうとするところに産業組織論の究極の目的があるからである（Bain 1968）。

どちらかといえば各主体の市場行動は経済的合理性のもとに動くものとしてブラック・ボックスとして扱われ，構造といういわば競争のルールの方に変更を加えることで，望ましい市場成果が導き出されるように，企業の競争行動を方向づけしようとするのである。独占禁止法は，このような理論と目的をバックに制定されている。

以上のような産業組織論の考え方に基づいて，ポーターは，すでに述べたように業界を次のように定義した。

「互いに代替可能な製品を作っている会社の集団，これが業界である。」そして，業界内の競争は，いわゆる「完全競争」へと近づいていくものと考えられている。

競争のこの局面では，市場競争を通じて均衡価格へと収斂していく経済学のフレーム，すなわち，徐々にコストの低下が図られ，価格の低下が起こり，均衡価格において収益が消滅するというフレームが該当し，コストの面における競争の素早さと強さとが，この局面における主要な競争力の源泉である。

このような競争圧力を前提に企業が収益を上げるためには，何らかのかたちで超過利潤を確保しなければならない。それが，企業間協力による競争圧力の軽減である。カルテル行為や競争相手の参入を阻止するような行為，初期参入におけるコスト面での壁（障壁）の構築などがそれに相当する。

もう一つの方法は，直接的な価格競争を回避するための「差別化」であり，他の同様の製品との競合を避けて，「独占的な」市場地位を消費者の意識の中に築くことで，コスト面での競争から抜け出そうとするのである。

製造企業によるこのような差別化競争は，19世紀後半から20世紀初めにかけて，マス・メディアの普及と歩調を合わせるように，広告とブランドを通じて行われるようになった。そして，ブランドによる知名度の向上によって指名購買が成立している場合には，そのような確立されたブランドに対抗して新規の企業がその業界に参入するのが困難なため，こうした製品差別化もまた，構造要因と見なされた。

しかしながら，製品差別化は，むしろ，コスト競争によって均衡価格に近づいて行き，収益率が低下していくことからの，企業による脱出のための行為，直接的なコスト競争からの離脱行為と考えた方が良いだろう。つまり，放っておけば価格競争に陥り，力の強いものだけが生き残っていくという直接的な競争からすり抜けて，価格とは違う面での競争(非価格競争)を求めていく。これは，企業行動のベースにあるいわば本能的な競争モードである。

このように，コスト面での競争と差別化をめざす競争との2つが織りなす競争局面の展開は，すべての業界における競争を通奏低音のように支配している。その意味で，コスト競争と差別化競争とは，企業の基本的な競争様式であり，ポーターが基本戦略としてコスト・リーダーシップ戦略と差別化戦略をあげた理由もそこにある。

ベインは，競争に影響を与える市場構造の特徴として次の4つを挙げた。

(1) 売手の集中度
(2) 買手の集中度
(3) 製品差別化の程度

(4) 市場への参入条件

すでに触れたように,経済学は自由競争を参照枠組みとしてその基本に置き,情報が完全に行き渡った状況下で行われる個々の経済主体（売手 – 買手）の自由な選択にもとづく競争を通じて，社会的な厚生が導き出されると考える。しかし，現実には巨大企業が市場を支配し，情報は不完全で（売手 – 買手間の情報の非対称性）必ずしも自由な競争が実現しているとは言えず，したがって，社会的厚生が阻害されることも多い。

国民経済にとって基幹的で公共的な性格を強く持っていた国鉄や電電公社が分割民営化されて JR 東日本や NTT 東日本などになることで，いわゆる独占という企業体は姿を消したが,多くの産業において巨大な限られた数の企業が，その業界の支配的地位を占めている状況は，依然として存在している。

このような，少数の企業が市場の支配的地位を占めている状況は寡占と呼ばれている。また，こうした寡占の状況も，2 社以上数社に亘る場合もある。このように，現実の市場構造は産業によって異なっている。そうした企業数と市場シェアの違いを連続的な指標で把握しようとするのが，上位何社が何パーセントのシェアを占めているかを示す「集中度」の考え方である。そして，企業数と上位企業からのシェアの累積度数をとることによって示したものが，所得の不平等分布などを示すのにも用いられる「ローレンツ曲線」である。この考え方は，流通論の分野においても，買手の集中度としてメーカーと流通業者特に大規模小売業者との力関係を分析するために用いられている。(住谷 2000)

これと並んで,連続的な数値で集中度を測る「ハーフィンダール指数」がある。これは，業界における各企業の市場シェアを二乗して足し合わせることで得られる。ハーフィンダール指数は，①競合する企業の数が多ければ多いほど小さくなり，②競合企業の数が一定でも企業間の格差が小さく同程度の大きさになればなるほど，やはり小さくなる。したがって，ハーフィンダール指数が小さければ小さいほど競争圧力は高いと判断することができる。(沼上 2000,156 頁)

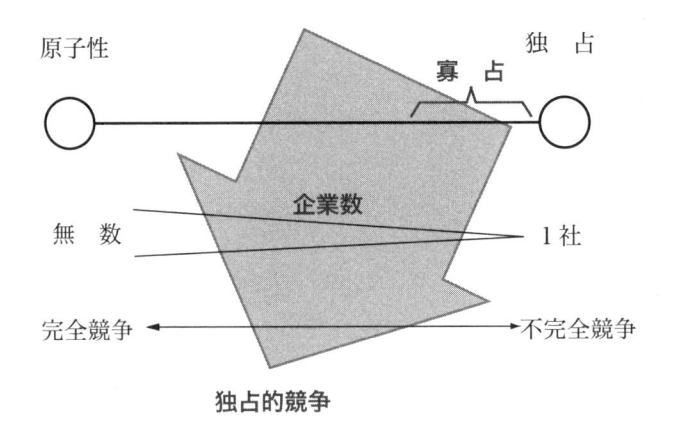

図3-4　市場競争と企業数のスペクトル

7. 独占的競争と製品差別化

　集中度はどちらかといえば業界における企業数の多寡を直線的なスペクトル（図3-4参照）で示すことができるのであるが，「独占的」という概念はこれとは次元が異なる。図では，企業数のスペクトルに斜めに入り込む太い矢印として示しておいた。
　現実の経済が，経済学が想定する完全競争とはほど遠く，とりわけ情報の非対称性が存在する不完全競争の状況であることはすでに触れたが，このような状況をチェンバレン（E.H.Chamberlin）は，「独占的競争（monopolistic competition）」という概念で捉えた。現実の経済は複数の（無数から少数という先のスペクトルすべてを含む）企業によって構成されているが，そこで提供されている製品に対して消費者が特定の選好を持っている場合には，あたかも独占企業のように（この会社のこのブランドでなければ，というように）消費者を引きつけることができる。このように，他の競合製品に対して差別化された好みが確立されている場合には，たとえ競合製品が類似の素材で類似の機能を持つ場合でも，その製品を購買させることができる。独占や寡占という競争概念は企

業数という「量」にもとづく概念であるが、独占的競争は、差別化という「質」的な競争を対象とする概念である。

個々の製品に対する差別化はブランドを通じて形成され、これによって消費者の心の中に特別な選好が形成され、指名購買として具体化する。品質上ほとんど差が無くなった製品間の競争が一般的となっている今日では、ブランド力は重要な競争力の源泉である。

チェンバレンが実際の市場メカニズムを理解するための現実的な枠組みを設定するために、より現実に近い不完全な競争形態を独占的競争として定式化して以来、製品差別化はその独占的競争を成立させる基本的要件として考えられるようになった。

「製品差別化の程度」とは、「一方で、市場において競合する売手の製品が、買手によって同一（同質）と見なされるかどうか、あるいは他方で、競合する製品間で、品質・デザイン・包装・評判の差が、他と比較したときに、特定の製品に対するさまざまな度合いの選好を買手の中に引き起こすかどうかということを述べている。」(Bain 1968, p.7) つまり、たとえ類似していても、市場におけるさまざまな売手の生産物が、買手によって同一ではないと見なされる程度のことである。「市場において競合する製品が差別化される程度が、明らかに市場における売手の競争関係・彼らの行動・市場成果に影響を与えると考えられる（Bain 1968, p.8)」が故に、ベインは、これを重要な構造上の特質と見なしたのである。

（このように、）製品差別化の度合いは、「買手によって同一でないと見なされる度合い」によって決定される。それは、表面的なものに基礎をおくのであれ、実質的なものに基礎をおくのであれ、何らかの形で買手側に選好上の差が生じることによって形成される。その「最も明白な原因」としては、「生産物間の品質やデザインの差異」(Bain 1968, p.226) をまず挙げることができるが、問題は、必ずしもこうした客観的な差異にのみ依存しないところに存在している。

ベインは、製品差別化の原因の第2のものとして、買手が購入しようとする製品の基本的な特徴や品質に関して十分な知識を持っていないこと (the ignorance of buyers) を挙げている (Bain 1968, p.226)。

　このことは，逆の事情が成立すれば製品差別化が生じにくいということを意味している。「物的相違が存在する場合でも，買い手がその相違を正確に評価でき，かつすべての買手が同じ評価をする場合には，経済的差別化は全く生じないだろう」(ケイブス 1968, 31頁) ということになる。実際，アメリカにおいて1936年から刊行されている商品比較テスト情報誌『コンシューマー・リポーツ』は，十分な知識を持った消費者は必ずや合理的な選択をするであろうという理念にもとづいている。売手と買手との情報の非対称性を可能な限り解消することが，市場経済を有効に機能させることにつながるという信念にもとづいているのである。

　ベインは，製品差別化の根拠となる選好上の差異が，買手の側に次のような要因によって形成されるとした。
　(1) 品質やデザインの差異，
　(2) 買手が十分な知識を持っていないこと，
　加えて，
　(3) 広告を中心とする売手の説得的な販売促進活動，
　(4)「贈答品」や「名声品」である場合，
　ようするに，情報の非対称性と買手の側における主観的な好み（選好）によって製品差別化が生じるのである。このように，密接な代替財によって構成される業界内において，それらの代替性を不完全なものとするに足る選好の違いを買手側に形成することがポイントとなるのである。

　競合する製品間に差別化が成立していれば，競争は独占的な性格を持つ。したがって，差別化に成功しなければ，競争は独占的競争から離れ競争的になる（つまり完全競争に近づく）。独占的競争は直接的な価格競争を避けて製品の差別化を目指す非価格競争であり，製品差別化はそのような（独占的）競争を可能にする条件でもある。つまり，製品差別化は，市場の構造要因であると同時に企業が目指す行動目標でもあるのである。このような，競争が独占的であるかどうかを測る指標としては，需要の価格弾

力性と交叉弾力性とがある。前者は，価格の変化に対して需要がどれくらい弾力的に動くかを測るものであり，後者は，他の製品に対する需要がどのくらい弾力的に動くかを測るものである。いずれも価格の変化に敏感に需要が感応すれば価格競争的な状況が生まれていることを示すものであり，特に後者は，どの製品が消費者によって代替製品と見なされているかを知ることで，競争市場の範囲を定義づけるという意味合いを持っている（Day & Shocker 1976）。

これらの指標は，かつては測定が難しい面もあったが，今日ではPOSデータによって容易に把握することができる。実際，コンビニエンス・ストアやスーパーを使って，セール品やセール時の値下げ価格をどの辺に設定するかなどに利用されている。

価格弾力性の高いものであれば値下げ幅をそれほど大きくしなくても売上が伸びるであろうし，逆に弾力的でなければ，幾ら値下げしてもするだけ損をするということになる。また，チラシなどを使って価格設定とそれによる売上高の変化を調べたり，売り場展示の変更とその売上高への効果を調べたりすることも可能である。今日，POSデータによって，コンビニエンス・ストアやスーパーは，価格実験の宝庫になっているといっても過言ではない。

一つの産業（業界）は密接な代替財から構成される。それら代替財を提供する企業の基本的な行動様式は製品の差別化である。しかし（あるいは，したがってと言うべきであろうか），一つの製品がこうした代替関係を飛び抜けたとき，その製品はその業界には属さないことになる。要するに，新たな業界が生まれるのである。たとえば，先に挙げた銀塩カメラの業界で新たな革新としてAPSが市場導入されたケースであるが，この技術は基本的には銀塩カメラの技術に根ざしたものであった。それに対してデジタル・カメラが導入され，同じ目的のために使われる製品でありながら全く異質の業界を成立させてしまった。このことは，業界とは何かを考えるうえで重要である。

「ある分野において幾つかの企業が生産している製品が，互いによく類似する同種類の財（密接な代替財）ではあるが，需要者の立場，あるいは少なくとも一部の需要者の立場から見て，それらの財が全く同一の財とは考えられ

ず，したがってそれらの財の相互の間の"代替の弾力性"（交叉弾力性）がかなり大きいが，しかし無限大ではないことを指す（今井，宇沢，小宮，根岸，村上 1972，174 頁）」。つまり，「製品差別化は，ある産業のさまざまな生産物の（買手にとっての）代替の不完全性の程度で示される（Bain 1968, p.223)」のであるが，代替性が無くなるほど大きくあってはならないということである。

ポーターも製品差別化を構造要因と考え，重要な参入障壁の一つと考えた。それは，ブランド認知を高め顧客のブランド忠誠度を高めるためには，時間的にもまた量的にも，膨大な広告宣伝費をつぎ込まなければならないからである。しかし，すでに見たように，たとえ今ある状況がそのような累積的な効果によって，新規参入企業にとっては一朝一夕に崩せない障壁になっているとしても，そもそもの出発点は他社との差別化であり，先に述べたような基本的な企業の直接的競争からの離脱性向に根ざすものである。やはり，第一義的には行動要因として理解しておくべきであろう。

8. 参入障壁と移動障壁

ポーターは製品差別化の他に，次のような参入障壁を市場構造要因として挙げた。

規模の経済性：

これは，一定期間内の生産の絶対量の大きさからもたらされるものであるが，それは，生産量が増えるに応じて，生産のための単位あたりコストが低下し，コスト面での競争優位を築き上げるからである。ポーターはさらに，作業の共同化などによって「共通コスト（joint cost）」の削減が可能になるという範囲の経済の可能性についての指摘も行っている。

これに時間の経過に伴う単位当たりコストの低下である経験曲線効果が加わることで，コストの優位性はさらに高まる。「経験」という時間要素が加わることは，単に規模だけを拡大すればいいということにとどまらないことを意味しており，そのような時間的な要素によって障壁は高まるだろう。

マンスフィールド (Edwin Mansfield) は,「プロセス・テクノロジーは製品イノベーションよりもゆっくりと漏れる (シュナース 1996, 15頁)」と言っている。つまり, 製造プロセスというものは,「組織文化や組織デザイン」という無形のものに根ざしているから, 他企業にとっては模倣しにくい対象であることを示しているのである。

日本の「カイゼン」は, QCやZD (Zero Defect) 運動などのTQC (Total Quality Control) という考え方をベースとした組織文化に根ざしており,「経験」という概念には, このような, 時間と共に蓄積され形成されていく組織文化や経営風土というものが大きくかかわっている。トヨタがGMを支援するために合弁会社NUMMIを作り, 日本の生産現場から多くの技術者や工具をアメリカに派遣することで, トヨタ的生産方式を指導したケースを考えれば容易に理解されよう。

エイベルは, 研究開発といった質的な活動についても働きうるコスト削減効果を, 共有経験 (エイベル 1995) という概念で指摘している。共有経験は, 上記のように蓄積された組織文化やノウハウ, 組織および構成員の学習といった質的なものを考慮しているが, これらの質的な強みの共有を複数製品にまたがる構成部品やプロダクティブ・ユニットに対して活用することによっても, 規模の経済性の効果を高めることができる。このように, 規模の経済性や範囲の経済性, 経験曲線効果, 共有経験は, 生産においてだけではなく, 流通や研究開発など, あらゆる企業の価値形成活動 (価値連鎖) の局面において生じうる。

流通チャネルの確保:

製品のためのチャネルが築き上げられてしまっていると, 新規に参入するものは, それを切り崩して自社製品を扱ってもらうためには大変な努力がいる。コンビニエンス・ストアやスーパーの棚スペースを新製品で埋めようというメーカー間の競い合いは, 新規参入でなくとも厳しいものである。

巨額の投資:

上記いずれの障壁の場合も, 参入にあたって巨額の投資が必要となることか

ら来ている。

参入障壁があれば，その業界からの撤退障壁もある。撤退障壁とは，その業界にとどまらざるを得なくしている要因のことで，
- 資産がその業種用に特殊化されている
- 撤退のための固定コストが高い
- 戦略的な関連性で問題が生じる（他事業部門に対するイメージ上の影響や共同利用資源など）
- 感情的障壁（本業意識など）
- 政府や社会からの制約

撤退することで生じる埋没コストが大きく，それまでの事業活動によって築かれてきた社内外との関係などが，軽やかな転身を拒むのである。

撤退に加えて，業界内におけるある戦略グループから別の戦略グループへの移動もまた困難であり，ポーターはこれを移動障壁と呼んだ（ポーター 1982, 188頁）。たとえば，PB（プライベート・ブランド）を中心に生産している企業にとって，NB（ナショナル・ブランド）で業界に参入するのは容易ではない。またNBを中心に売っている企業にとって，PBやより安価な製品でトレーディング・ダウンしていくことは，イメージとの関係で慎重でなければならない。

規模の大きさから来る参入障壁や移動障壁を崩すのは，差別化である。同じ土俵で勝負すれば，大型力士が強いのはある意味で当然である。だから，ボクシングなどでは体重によってランクを分ける。勝負を公正にするためである。公正取引委員会が独占や寡占の取り締まりをするのも，市場での競争を公正なものにするためである。

しかし，ハイエクは，独占があったとしても規制はすべきではないという立場をとった。それは，企業者の創意工夫による差別化によって，独占や寡占の状態を崩すことが可能だからである。強く優位であることは，逆に革新への対応に後れをとらせる。

たとえば，今日のようなインターネットの時代では，取引や情報の流れが，それまでとは全く違ったものになりうる。それによって，流通チャネルの確保

という障壁は，障壁ではなくなりむしろ新しいビジネスの機会を提供する。コクヨによって押さえられていた流通チャネルに対してカタログ通販さらにはネットを使った通販によって文房具販売の新しいビジネスモデルを作ったアスクルはその好例であり，2002年に第2回ポーター賞を受賞した。[5]

もちろん小口宅配システムの普及がアスクルのようなビジネスモデルを可能にしたわけであるが，ビジネスの環境は刻々と変化しており，機会に敏な企業家がそれを活用することで，新たな差別化の「窓」が，直接的な競争規制とは関係なく開けるのである。

つまり，それまでの状況がこれからも継続して存在するかぎり，という条件の下においてのみ規模の経済性に伴う参入障壁は有効なのであって，それとは別次元の差別化による競争に対しては無力ということである。

そうなると，むしろ，新たな競争状況に対して柔軟に対応し，積極的にそれまでのビジネスモデルを変えていくことの難しさをこそ重視しなければならない。これをポーターは，業界内での戦略グループ間での移動を妨げるという意味で「移動障壁」という概念で捉えたのであり，アバナシー（W.Abernathy）の概念でいえば「歯止め効果（ratchet effect）」である。

経験曲線効果の追求に代表されるように，企業はそれまでの成功経験の軌道上を歩み続ける傾向を持っており，仮に新技術の脅威やその導入の必要を認識していても，なかなかその選択ができない。あるいはまた，それまでに採っていた戦略の成功は，成功しているが故に別の戦略への移動を妨げる。このような，それまでの方向からのシフトを妨げるものという意味で移動障壁と言い，歯車の回転が逆に戻るのを止める「歯止め（ratchet）」に似た効果として，逆戻りできずにひたすら既定の方向へとネジが巻かれ続かれていくことを歯止め効果と呼んだのである。

ハイエクの主張は，移動障壁という一種の歯止め効果の問題をも考えさせてくれる。市場をそれまで支配してきた側から見るならば，それまでの有利な状

---

5 ポーター賞は一橋大学大学院国際企業戦略研究科がマイケル・ポーターを名誉顧問として迎えて2001年に創設した賞。

況が，競合他社による差別化によって逆に不利な要因に転換してしまったことを意味しており，しかも，状況を転換するために別のビジネスモデルに移行して対抗しようとしても，それを許さない状況が自ら築き上げた状況の中に生まれてしまっていて，そのような戦略の変更を簡単には許さない，という状況である。

自社の系列チャネルを長い年月をかけて築き上げてきたコクヨや松下（現パナソニック）にとっては，それまでにそれぞれが確立してきた強みであったはずの仕組みそのものが，新たなビジネス・モデルへと軽やかに転換することを許さず，かえって枷になってしまった。コクヨにとっては，プラスによるアスクルのようなインターネットやカタログを活用した文具の通販モデルが，松下にとっては大規模量販店などの低価格販売する家電流通チャネルの台頭が，それまでの強みに対する脅威になったのである。

それまでの取引関係を大きく変えるネットを通じての販売に移行することは，既存系列店との関係を否定するものであったし，卸売段階までの系列化を販売会社を作ることで築き上げ，さらに小売段階をも系列小売店網によって築き上げてきた松下にとって，量販店に対する対応は，系列小売店との間で共有してきた「共存共栄」という理念を自ら否定するものでもあった。販社に量販店専用の窓口を作ることでいわば二重の流通チャネルを作らなければならず（二瓶 1985），しかも，量販店の値引に対抗してテコ入れしなければならない系列小売店は，次第に重荷になっていった。こうして松下は，2003年，事実上，系列店制度を廃止し，より積極的で意欲的な店舗のみを厳選する「スーパー・プロ・ショップ（SPS）」制度を始めた。

ポーターは，「どこに業界の境界線を引くべきかの議論はあまり必要ではない」と言っている。それは，彼の提示した業界構造の分析フレームが，産業組織論における産業概念そのままによるものではなく，戦略策定を行い業界を動かしていく潜在的な競争相手をも含む，動きつつある業界の競争要因を分析する出発点として提示したものであって，単に静止画的にその時点での業界をスライスして見せるためのものではないからである。実際，彼の「5つの競争要

因（5フォース）」のフレームには，明日の競争相手となりうる潜在的な競争相手が，4カテゴリーも組み込まれているのである。[6]

「業界の定義とは，本質的にいうと，既存の同業者と代替品との間，現在の業者と将来の参入業者との間，現在の業者とそれへの供給業者および顧客業者との間の，どこに線を引くかの<u>選択の問題</u>である。（ポーター 1982, 53頁）」（強調：二瓶）

つまり，将来的に業界がどのようになっていくと考えるのか，その場合，どのような競合関係が考えられるか，既存の業界を含む技術の動向はどうか，実際には誰と競争しているのか，誰と競争するようになるのか，どのような差別化を行い有利に競争を展開しようとするのか，といったことの選択の問題としての「事業の定義」が重要になることを意味している。

ちなみに，産業組織論においても，市場の境界をどこに置くかという市場の画定(定義)の問題が重要視されている。市場にルールを設定しようというとき，そもそもそのルールが対象とする市場がどこにあるのかが画定されていなければ，ルールそのものが無効になるからである。

対象市場は，事業主体が定義することによって，すなわち，事業主体によって選び取られることによって現れる市場である。いわゆる経済学が考える市場（エイベルはこれを全体市場と呼んでいる）は，そうした各主体による定義の結果，その重なり合いによって形成される「市場」である。定義は，企業にとっての「確からしさの世界」の選択である。ひとたび選択が行われたならば，あとはそれを現実のものにするのだという強い意志と思い込みが支配する「ピレネーの地図」の世界である。

市場の境界（boundary）は，各事業主体によるそうした選択と事業努力の結果として画定されてくる。産業組織論や独禁法にとって「市場画定」の問題が重要であるのは，このような「動いている場所から動いている標的を撃つ」ような事業活動の本質からして，それが簡単には特定できない対象だからである。

---

6 これを顕在化させたのが筆者の修正5フォースの図である。

第4章：製品ライフサイクルと市場集計レベル
——企業はどこで競争するのか

　製品ライフサイクルは，市場における競争状況の把握と，それに対する個別事業主体の対応に対する政策的提言の根拠として，最も広く用いられてきたマーケティング・ツールの一つである。生物の生命サイクルになぞらえて，導入（誕生），成長，成熟，衰退，そして廃棄（製品生命の終わり）といった段階によって区切られるフレームは，説明原理としても，また，マーケティング政策立案のための枠組みとしても，便利に利用されてきた。

1. 製品ライフサイクルの一般形

　製品ライフサイクルは，一般に，縦軸に売上高と利益をとり横軸に時間の経過をとって，売上高と利益の時間的な推移を図にしたものである。通常は，図4-1に見るように，S字形の曲線を描くものとして理解されている。

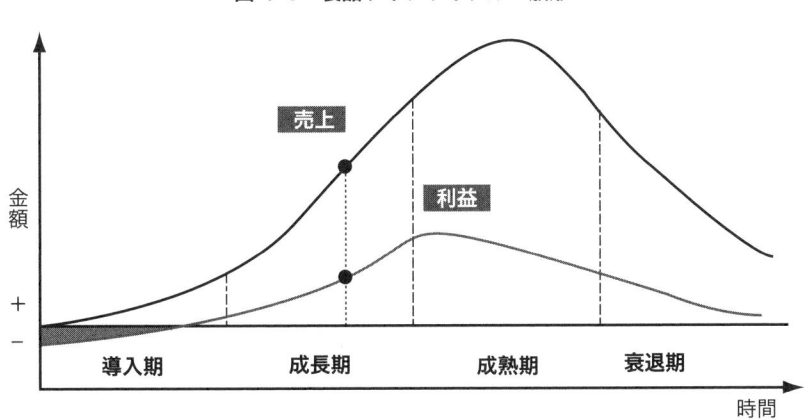

図4-1　製品ライフサイクル一般形

個々のケースではこのように典型的なS字を描くことは必ずしも多いとはいえないが，おおむねこのような通時的変化をすると考えられている。そして，製品の市場への導入とともに市場における競争の状況が逐一変化していくのであるが，それを，4つの段階に区切ることによって類型化し，そうすることによって各段階に相応しいマーケティング・ミックスを編成することが可能になると説明されている。

一般に，導入段階においては，新製品であるわけであるから，その製品の存在やメリットなどを知らせなければならない。そこで，広告の性格は，差別化を主眼とするよりもその新規製品に対する基礎的需要を開拓するという性格の方を強く持っているとされている。チャネルについては，既存のチャネルで十分な場合もあれば新規に開拓する必要がある場合もある。価格については，早期に開発費用の回収を狙って高価格政策を採る場合と，シェアの拡大を狙った低価格政策（浸透価格政策とも言う）を採る場合とがある。

成長段階では，競合他社が参入してくるため，製品そのものの差別化と，広告についても，基礎的需要の開拓という性格から自社製品に惹きつける選択的需要を産み出すことに力点が移行する。チャネルに対しては，一層のプッシュが行われ，いろいろな形で奨励金などが利用されるようになる。価格についても，引き下げが必要になってくる。

成熟段階では，成長後期の特徴がより強化された形で現われる。つまり，マーケティング・ミックスの各要素について，さらにいろいろなことが行われる。成熟段階の初期には，売上高は引き続き上昇するが，その伸びは徐々に緩やかになりやがて頭打ちになる。差別性も減少し，企業は製品に色々な手直しを加えたり製品のバラエティを増やしたりする。また，成長段階に参入してきた企業の中で，早々と撤退するものも出てくる。広告と連動したおまけ付き販売などの販売促進活動が多用され，実質的な価格競争の様相を呈し，利益を圧迫する。

衰退（ないし販売減少）段階では，ブラウン管テレビが液晶やプラズマ・テレビによって置き換えられていったように，あるいはまた，銀塩カメラがデジタル・カメラによって置き換えられていったように，代替製品で置き換えられ

てしまうことによって，実質的な需要の減退が起こる。したがってこの段階での定石は撤退であるが，場合によっては，生産規模を縮小し，マーケティング活動を最小限にすることでコストを最小化し，規模が小さくなった市場の中で安定的な事業活動を行うという選択肢も存在する。競合他社が市場から退出することで残存者の利益が得られるのである。このようにして出現する状況は，ほとんど動きがなくなるため製品ライフサイクルの化石化とも呼ばれている。

　成熟期から衰退期に移行するにつれて，多くの企業はその市場から撤退を始める。それが通常，製品ライフサイクル論にもとづいて勧められる戦略定石だからである。しかし，だからといってその市場がすぐに消滅してしまうわけではない。むしろ，細々と息長く継続する場合がある。ただ，多くの企業にとって魅力のある市場規模ではなくなっただけなのである。これが化石化と呼ばれる所以である。

　このような化石化が生じた場合には，比較的小規模企業でも，強力な競争相手が参入してこない（というより，魅力がなくなったために撤退していった）ことによって，その小さな市場で相対的に大きなシェアを獲得することができる。こうして，安定的に収益を享受することができるようになる。

　たとえば，電気カミソリの普及によってマイナーな製品になってしまったカミソリや，CDプレーヤーの普及によって世代交代してしまったアナログ・プレーヤー用のレコード針の業界などでそうした化石化が起こった。安全カミソリやアナログレコードのそれぞれに対して，今でも根強いファンがいるからである。ただし，化石化に伴って生じる相対的に高いマーケットシェアを享受するためには，市場でのプレーヤーが撤退していくことが前提条件であり，そうした状況が訪れるのを待たなければならないという，相手頼みの選択をしていかなければならないことも理解しておかなければならない。

　製品ライフサイクルの一般形は，消費者による製品イノベーションの受容プロセスをモデル化したロジャースの普及曲線[1]がバックにあるとされている。

---

[1] エベレット・ロジャースはさまざまな（革新的）新製品がどのように普及していくかをしらべ，それがほぼ正規分布することを明らかにした。これを普及曲線と呼び，

普及曲線は，図4-2のようにほぼ釣り鐘型の正規分布曲線に対応するが，この分布を累積度数で描くと，製品ライフサイクルの一般形であるS字型になるというわけである。

したがって，製品ライフサイクルの各段階を，この普及曲線の分布と関連させて理解しておくことができる。たとえば，導入初期にはイノベーターがどこにいるかを把握しておく必要があるし，初期採用者から初期多数派へと移行させることに成功すれば，新製品の成長軌道が定まる，といったように。

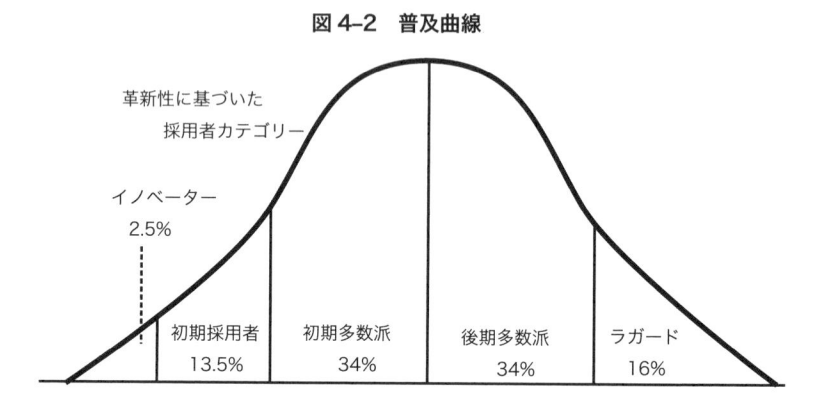

図4-2 普及曲線

革新性に基づいた採用者カテゴリー

イノベーター 2.5%
初期採用者 13.5%
初期多数派 34%
後期多数派 34%
ラガード 16%

(出所) エベレット・ロジャース (2007)『イノベーションの普及』翔泳社。

2. 製品ライフサイクルの問題点—— 市場と企業との相互規定性

しかし，実際の売上高曲線や利益曲線には，こうした一般的な形状をとらないものがある。急速に成長期を迎え急速にピークを迎え衰退していくファド型，衰退から再び盛り返して成長に転ずるサイクル－リサイクル型 (Cox 1967)，

平均から1標準偏差（1σ）2標準偏差（2σ）3標準偏差（3σ）のところで区切り，そこに含まれる人々を，普及における「イノベーター（3σ:2.5%)」「初期採用者（2σ:13.5%)」「初期多数派（1σ:34%)」「後期多数派（1σ:34%)」「ラガード：遅滞者:16%」と呼んだ。

成熟期を迎えて衰退期に転じるとき，ふたたび売上を盛り返してホタテ貝の貝殻のようなパターンを繰り返すスキャロップ型（Buzzell 1966）などである。

このような事が起こるのは，製品ライフサイクルとそれにもとづく企業の選択とが相互規定的だからである。製品ライフサイクルによって状況が把握され，それにもとづいて一定の競争行動が導き出されたとしても，今度は，その競争行動自体が競争状況を変え，その製品のライフサイクルを変えてしまうからである。

企業は，衰退期に入っていく製品を黙って見ているわけではなく，さまざまなプロモーションなどのマーケティング努力によって，売上の盛り返しを図るのが普通である。そうしたマーケティング努力によって，スキャロップ型の形状が生まれたりリサイクルがスタートしたりすることになる。

事業主体が把握する競争状況と，それを変えようとする事業主体の選択，そうした相互規定的な関係[2]が，製品ライフサイクルが定型的な形に収まるのを許さないのである。

3. 需要側の問題——高学習製品と低学習製品

ワッソン（Wasson）は，製品を，ある使用システム（use-system）における価値の集合（a set of value）として考え，そうした価値のすべてを包摂するものとして考えると，製品は単なるモノではなく「提供物（offering）」[3]と概念すべきであり，提供物は，それを受容し使用する消費者の受け止め方によって

---

2 ハント（Shelby D. Hunt）は，「— ライフサイクルの段階を決める主な要因は売上高ということになる。けれども，売上高の水準がラフサイクルの段階を決めるとするとライフサイクルの段階は売上高の水準を説明するのに使えないから，説明項は同語反復（tautology）になってしまう。」（Hunt 1979,p.101）

3 この考えは，製品をトータル・プロダクト（McCarthy 1975, Nerver & Savitt 1971）として捉えたり，使用コンテキスト（石井 1988，二瓶 2007）の中においてとらえるという考え方，最近ではS-Dロジック（二瓶 2011）に通じる。そして，このように消費者による受けとめの問題を含めて製品というものを考えると,後述する，市場境界をどのように定義するか，それによってどのような競合関係が想定できるかという問題は，さらに創造性と想像性を要求する重要な問題となる。

その普及のプロセスが異なってくる。

すでに述べたように，このような製品ライフサイクルの一般形の背後には，消費者による製品イノベーションの受容プロセスが存在しており，そのモデル化がロジャースによる普及曲線であった。

この「普及」において重要な要因となるのが，その製品の新しさの度合いの理解しやすさである。ここに，高学習製品か低学習製品かの違いが重要な意味を持ってくる。図4-3に示すように，前者であれば普及曲線は尖り度の弱いなだらかな形状をとるであろうし，後者であれば逆に尖度の高い分布を示すであろう。

図4-3　高学習製品と低学習製品のライフサイクルと普及曲線

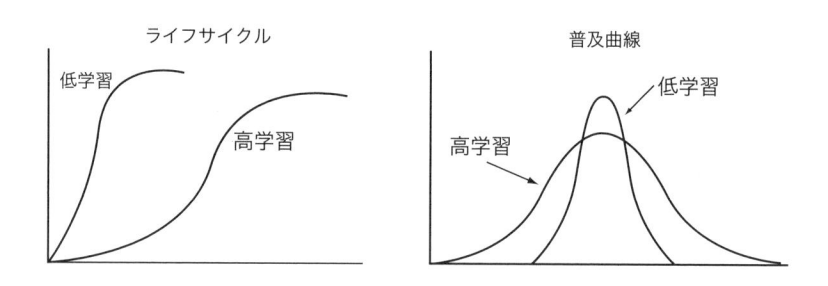

ワッソンは，製品ライフサイクルをより有効な概念として活用するために，製品を高学習製品と低学習製品との2つのタイプに分けて考える必要があると考えた（Wasson 1971）。すなわち，受け入れる側（消費者）にとって，その製品のベネフィット（便益）を理解するのに時間を要するかどうかによって分けるのである。

高学習製品は，比較的長い導入期を経験する。それは，消費者がその製品がどのようなものであるのか，どのようなベネフィットを提供してくれるのかについて理解して製品の採用を行っていくのに時間がかかることを意味している。

低学習製品は，市場との相互学習プロセスが極めて短期間で済むため，一気に成長局面に移行する。ウォークマンは，新奇性としては極めて高いもので

あった。しかし，それにもかかわらず爆発的なヒットを遂げることが出来たのは，使用方法が簡単で，しかも，それによって得られるベネフィットが分かりやすかったからである。それまで室内でしか楽しむことができなかった音質の良い音楽を，ステレオでいつでもどこでも楽しむことができるようになったことを知るには，ヘッドフォンを耳に当てさえすれば良かった。

　一般的に用いられている比較的ゆるやかな導入段階を持った製品ライフサイクルのパターンは，実は高学習製品にあてはまるものであるということがこれで分かるだろう。しかし，「いわゆる新製品」の多くは，「企業と市場との相互学習過程」に投入されるのであるから，消費者がその種の製品についてすでにある程度知っているという状況が多く，その意味では低学習製品として考える必要性の方が高い。たとえば，iPodの普及があったからiPhoneの普及が早まった，といったように。いずれにしろ，自社の製品が，相互学習過程を新規にスタートさせる位置にあるのかそれとも相互学習過程の途中の参入なのか，さらに途中であればそのどの辺にあるのか，についての認識を持っていなければならない。

4. 製品ライフサイクルで見えること

　製品ライフサイクルは，企業間の主体的競争行動や環境要因，顧客要因等が，そこに縮約表現されているという意味で，一種の要約概念である。しかも，製品ライフサイクルが要約するのは,それほど複雑なものではなく,「売上高」と「利益」そして「時間」である。ただし，「売上高」と「利益」のいずれも，主体側と客体側との両方の作用の結果，そこに落ち着くというように形を現わす。

　しかしながら，図4-4に示したように，現実に知ることのできる状況はb)でありそれまでの過去情報を含むc)である。製品ライフサイクル全体を見通せるのは，皮肉なことにライフサイクルが終わってからにすぎない。このように，企業が把握できるのはb)ないしc)であるとして，それだけでもある程度見えてくることはある。それは次のようなことである。

図4-4　製品ライフサイクル一般形 (a, b, c)

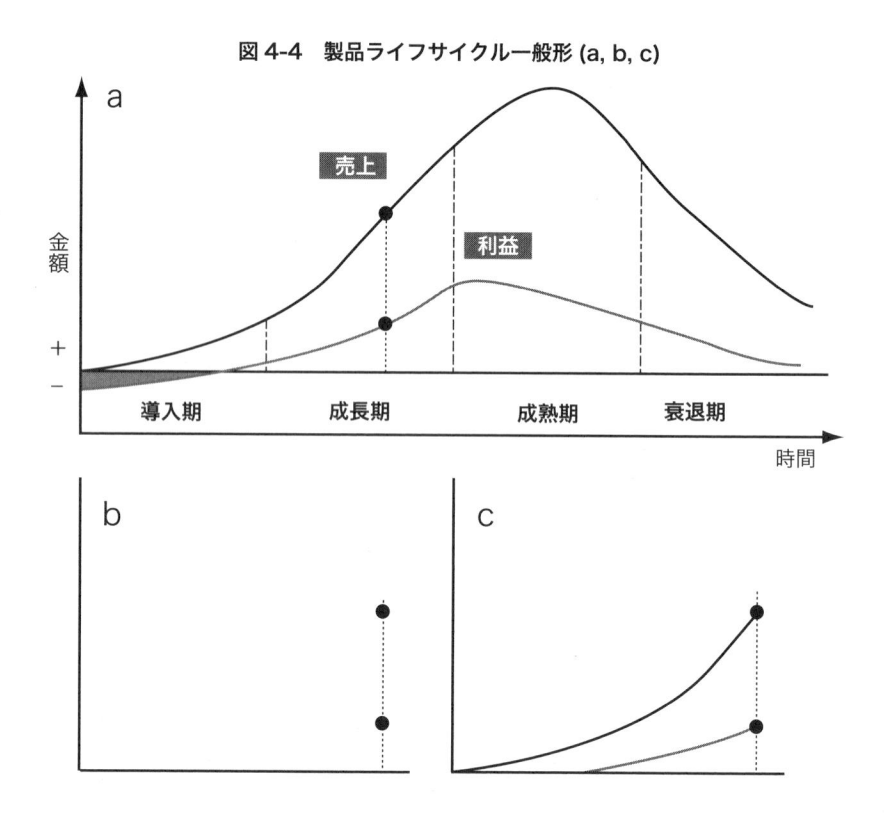

a　売上／利益／導入期／成長期／成熟期／衰退期／金額／時間

b

c

　図に示した2本の曲線であるが，売上高曲線を示す1本目の曲線の下に描かれている2本目の曲線は利益曲線で，タイムラグをともなって同じようなS字カーブを描いている。

　利益曲線は導入初期にはマイナスでやがてプラスに転じる。成長期に売上高曲線と共に急速な上昇を見せ，やがて成熟期には早くも下降し始める。これは，競争が激しくなるために，プロモーションや値引き，おまけの添付などの販売努力が必要となり，それが利益部分を圧迫し始めるからである。このことから，売上高でなく利益を見なければならないということがよく言われるようになる。

　それ以上に注意しなければならないのは，このような売上高と利益とのズレ

に着目することによって，その製品が 製品ライフサイクル のどの段階にさしかかっているかを把握し，次の手を打つことができるという点である。たとえば，売上高が伸びているにもかかわらず利益が頭打ちになっていることが発見されれば，それによって自社製品がすでに市場において成熟段階に突入している可能性があることを示唆しているかもしれない。とすれば，このことを素早く察知して，競合他社以上に積極的なプロモーション努力を行うことでさらに売上を伸ばし，他方で次の製品の開発に力を入れる，といった対応をとることができる。

ただし，ライフサイクルとマーケティング行動とはすでに述べたように相互規定的であること，したがって，競合他社との競争を通じて製品ライフサイクルの形状が決まってくることを思い出すならば，全面的にこうした兆候に頼ることは危険である。早々と撤退することで他社に残存者利益を与えてしまうかもしれないし，ほんの少しの製品改良や対象市場の再ポジショニングによって，低調だった売り上げが伸び始めるかもしれない。

いずれにしろ，事業主体がその時点で見ることのできる現実はb)の様な世界であり，それまでの過去情報とともに，せいぜいのところc)のように見えるだけで，その時点での事業業績がなぜそうなのか，この先どうなるのか，については，さまざまな説明と対応が可能であることを忘れてはならないだろう。

企業というものは，未来に向けて自らを投企することを本質としており，自己予言的[4]に自らの事業を成功へと導くよう，思い込みによって動いていくものだからである。[5]

---

4 社会学者ロバート・マートンの概念。Self-fulfilling prophecy: 自己達成予言
5 カール・ワイク (K.E.Weick) のピレネーの地図の説話はこのことを象徴的に示している。アルプスの雪山で遭難した斥候は，ピレネーの地図をアルプスの地図と思い込んで，吹雪の中から無事帰還した。地図があるから大丈夫，助かるという思い込みが，かれらを生還させた。

5. 製品ライフサイクルの集計レベル ── 競争市場をどこに見るか

　最も重要な問題は，製品ライフサイクル・コンセプトを適用する集計レベルをどこにするかという問題である。これは，結局，競争する市場をどこに定めるかという問題に他ならない。そして，そうした競争企業間による市場の相互定義を通じて，結果として表れる競争市場というものがどのようなものになるかという問題である。マーケット・セグメンテーション（市場細分化）およびマーケット・アグリゲーション（市場集計化）という事業主体による市場選択の問題と，その結果として表れる事業領域の重なり合いとしての競争市場について，ここでは考えてみよう。

　市場は当該製品が競争する場である。製品ライフサイクルがそこでの競争状況を反映するものであるならば，文字通りその製品が競争する場からの情報でなければならない。

　エイベルは，この問題をマーケット・セグメンテーションでとらえ，「セグメンテーションのきめの粗さ－細かさ」および「創造的なマーケット・セグメンテーション」という視点から，競争の場を想像力豊かに切り取ってくる考え方を示した（エイベル 1995）。

　「きめの粗さ－細かさ」は，市場を細分化していくとして，どのレベルまで細分化していくのかという問題であり，逆の方向で考えるならば，どのレベルまでまとめて（集計化して）いくかという問題である。集計レベルを変えるということは，どのような競合関係を選ぶかということを意味しており，場合によってはそこに新たな競合関係を内包していくことを意味している。

　また，創造的なセグメンテーションという発想は，逆に，既存の競合関係をすり抜けて，それまでとは違った競争上の位置取りをするような，別次元の市場の定義をすることを意味している。事業内容を構成する要素の新結合によってイノベーションにもつながっていく可能性を持っているし，こうして新たな製品－市場の組み合わせを生み出す可能性も持っている。

セグメンテーションは、よくケーキを切り取ることに喩えられる。大きいピースであろうと小さいピースであろうと、円形のケーキからくさび形のピースを切り取ることに喩えられるのが一般である。これに対してエイベルが創造的なセグメンテーションとして喩えたのは、ケーキを横に切ること、くさび形ではなく丸ごと円形に市場を横に切り取ってしまうという発想である。

図4-5 集計レベルと創造的セグメンテーション

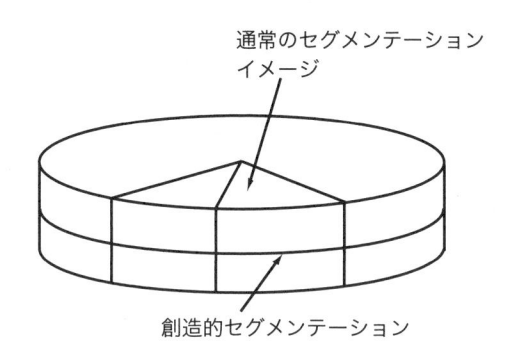

通常のセグメンテーションイメージ

創造的セグメンテーション

ビールを例にとって考えてみよう。

ビールは、典型的な成熟製品である。

ビールはもちろん他のメーカーのビールと競合している。しかし、ビールはビールとだけで競争しているのではなく、発泡酒や第三のビールさらには酎ハイなどのカクテル飲料とも競争している。また、ワインやウィスキー、日本酒など他のアルコール飲料とも競合している。醸造系なのか蒸溜系なのか、高いアルコール度数のものと低いもの。また、飲むシーンによっては、非アルコール飲料とも競争しているはずである。

このように、どこを集計レベルとするかは、ビールをどのような競争関係の中にある製品と考えるかにかかっている。細分化と集計化とは、競争の場をどこに選ぶのかにその本質があるからである。

図では、もっとも大きなくくり（集計レベル）として飲料全般をあげ、アルコール飲料、そしてビールと集計レベルを下げて、近年のノンアルコールビールまで

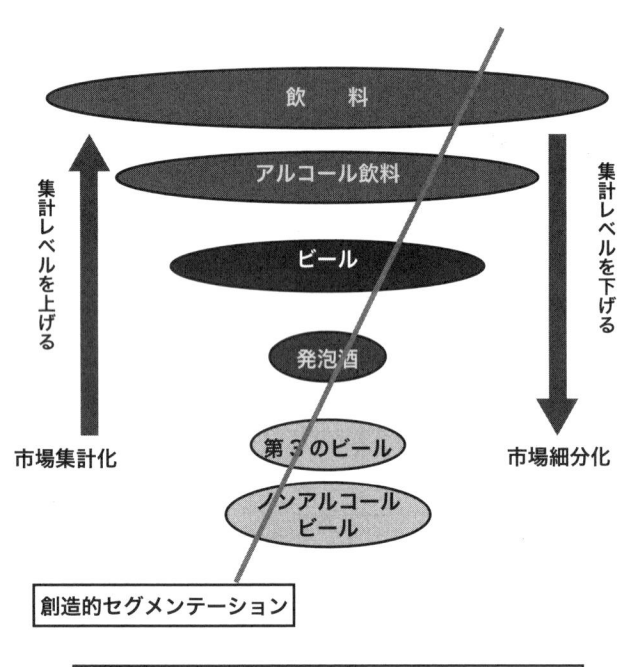

図 4-6 集計レベルときめの 粗さーこまかさ

- 飲料
- アルコール飲料
- ビール
- 発泡酒
- 第3のビール
- ノンアルコールビール

集計レベルを上げる ← 市場集計化
集計レベルを下げる → 市場細分化

創造的セグメンテーション

セグメンテーション：集計レベルを上げるか下げるか
→どのレベルかで競合関係が変わる

取り上げているが，こうした集計化は，属性レベルにもとづくものであって，実際のセグメンテーションは，ライフスタイルなども含めてもっと自由度が高い。

　属性レベルでは，ビールから発泡酒，第3のビール，さらにはノンアルコールビールといったビールも登場し，今日では，「ビール系飲料」として，これらがくくられるようになった。この場合には，奇妙なことにノンアルコールも含めてビール系として集計化されることになるわけである。

　背景には，酒税法があり，経済の停滞とともに，近年，より税率が低くしたがってより安い価格で買うことのできる飲料（第3のビール）へと売上が移動してきている。ビール系飲料の中で明らかなカニバリゼーションが起こっているのである。しかも，こうしたビール系飲料全体の出荷量そのものが減少して

きている。[6] こうしたビール系飲料の出荷量の低下傾向は，1992年の統計開始以降一貫して継続しており，1996年をピークに減少を続けてきた。[7]

　各メーカーが，発泡酒，第3のビールと開発してきたのは，酒税法の税率を低くし，より安い価格で「ビールに近い」飲み物を開発してきた結果である。ビールを造る側は，「本来のビールを造りたい」と考えている[8]が，ある意味で，そうした思いを酒税法が歪めてきたと言うことができるだろう。

　世界には実にさまざまなビールがあり，日本では発泡酒に分類されるものもビールとして愛飲されている。麦芽の含有率のみで「ビール」を定義[9]する酒税法が，確かに日本のビール業界を歪めてきた側面は否定できない。

　しかも，「ビールテイスト飲料」の中に，ノンアルコールビールが加わり，急速に伸びてきている。酒税法の対象になるお酒としては，1％以上のアルコールを含まなければならないから，1％未満であれば，アルコール飲料ではないし，酒税法の対象にもならない。果たして「ビールテイスト飲料」はビールのカテゴリーの中で考えるべきなのかどうか。現時点では，ビール系飲料として取り扱われ，売場も価格も140円前後と第3のビールと同程度である。消費者はどう受けとめて購入し飲んでいるのだろうか。それによって集計レベルを考え直さなければならないだろう。

　さらにいくつか興味深いことが起こっている。ビールに対して発泡酒がより安いビール系飲料として販売量を伸ばしたが，第3のビールが参入すると，そちらに売上の伸びが移行し，発泡酒の売上は大幅減となった。[10] また，2010年度，ビール系飲料（ビール，発泡酒，第3のビール）でのシェアは，アサヒが1位，キリンが僅差で2位となったが，ノンアルコールビールを加えると，「フリー」

6　『日経MJ』2011.01.19（流通新聞）4頁
7　『週刊ダイヤモンド』2009.09.26
8　『日経ビジネス』2011.8.22
9　麦芽を原料の三分の二以上使ったもので，副原料も酒税法で定められたものを用いたもの。http://www.sapporobeer.jp/book/tax/index.html http://www.suntory.co.jp/customer/faq/002180.html
10　2011年7月，対前年比，ビールは微増，第3のビールも増加。発泡酒は大幅減と，ビール系飲料は二極化してきている。『日経産業新聞』2011.08.11

がヒットしたキリンが首位になる。[11] ノンアルコールビールのビヤテイスト飲料が参入してきたことで，これまでのような市場のとらえ方では捉えきれない競争状況が出現してきているようである。少なくとも，酒税をベースにシェアや競争を考えていくことには限界があるといわねばならない。

あるいはまた，属性レベルとは異なった切り口で考えるとしたらどうなるであろうか。イギリスのパブやドイツのビヤホールなど，それぞれの国の文化やライフスタイルの中にビールという製品を置くとき，ビールはまた異なった商品として捉えることができる。たとえばパブのように，仕事を終えた後のアフター・ファイブの語らいや待ち合わせ，スポーツ観戦の場，などといった事業の定義によって創造的なセグメンテーションをすることができるだろう。いずれにしろ，集計レベルの選択は，競争の場の選択であり，どのような「商品」をどの顧客層に提供するのかという事業の定義と表裏の関係にあるのである。

6. 競争の場はどう決まってくるか ── 事業定義の重なり合いとしての市場

製品が競争する市場を特定するのは簡単ではない。属性レベルの競争——たとえば，より小さくとかより安くといったように——であれば，競争する市場は特定しやすく，多くの場合コスト・リーダシップを求める競争へと進んでいく。しかし，そうではなく，新たな事業の定義によって差別化を試みる場合，直接的に競合する市場を特定するのは簡単ではなくなる。

アンゾフは，産業や業界に相当するものを，企業主体の側から選び取っていく結果現れるものとして「事業領域」と定義した。実際にはアンゾフは，SBA（戦略事業領域：Strategic Business Area）と呼び，各SBAは，需要と技術によって決まってくるとした（Ansoff 1990）。ついでに言うならば，こうしたSBAに対応する組織単位がSBU（戦略事業単位：Strategic Business Unit）である。

また，企業は，ある需要を巡って競争していると共にその需要を満たす技術のレベルで，他社製品と競争している。そして，需要に対してどのような技術

---

11 『週刊東洋経済』2011.1.29 16頁

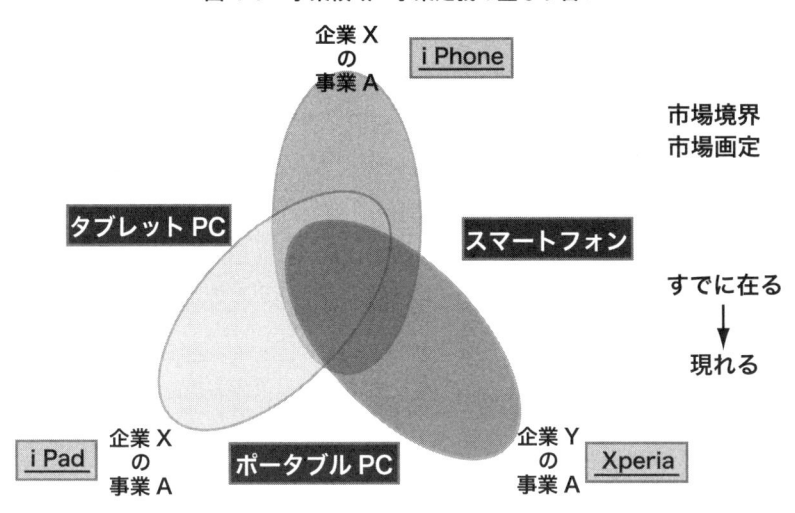

第4章：製品ライフサイクルと市場集計レベル—企業はどこで競争するのか　109

図4-7　事業領域：事業定義の重なり合い

によって応えるかによって，組織のあり方も決まってくる。

　上図で見てみると，たとえばアップル(企業X)はiPadやiPod, iPhoneといった「商品」を展開している。iPadはタブレット端末と呼ばれているが，ポータブルPCやネットPCと呼ばれるネット接続やメール機能に特化したPCと競合した。スマートフォンというカテゴリーを作ったiPhoneは，電話としてガラケイと呼ばれる携帯電話と競合するだけでなく，DoCoMo（企業Y）やauのAndroidをOSとして使ったスマートフォンとも競争している。

　スマートフォンを使うようになって，デジカメを携帯しなくなった人はずいぶんと多いのではないだろうか。電子辞書もそうである。ゲームを楽しむ人も，ゲームを持ち歩かずスマートフォンで済ませるという人も多いだろう。ソニーやニンテンドーなどのゲーム機メーカーにとっては強力なライバルになっている。場合によっては，iPadとも競合関係に立つこともあるだろう。カーナビのアプリを載せることでカーナビの機能も持ち，今度はカーナビとも競合関係に立つことになる。

　iPhoneは，仕事からプライベートまで，いろいろな場面でPCやその他幾

つもの，それまではそれぞれのハードウェアが提供していた機能を一台でまかなってしまう「ドラえもんの四次元ポケット」のようなものである。簡単な事業の定義では済ませることのできない，実に多様な側面を持った「商品」である。

このように，企業が意図しようとしまいと，その「商品」が定義する事業領域の重なりの中で，競争の場としての市場が現れる。さらに，それを受けとめる消費者の受け止め方の重なり合いの中で競争することになる。各ユーザーが自分のスマートフォンにインストールしているアプリの種類によって，すでに述べたように，スマートフォンは，電子辞書やカーナビの市場での競争を展開することになるのである。

市場は，すでにそこにあるというものではない。その都度立ち現れ競争の中で変化する。同じ場で競争していると思っても，実は全く違う土俵で競争しているということの方が普通である。

集計レベルの選択や創造的なセグメンテーションは，競争の場の選択であり，事業の定義とは，どのような競争の場を選び取るか，激しい競争の中に隙間をこじ開けるように入っていくのか，競合相手が気づいていない独自のセグメントを創造するのか。こうした考え方は，近年では，血みどろの価格競争[12]のイメージと競合相手のいまだ存在しない独創的な市場とを連想させるように，「レッド・オーシャン」「ブルー・オーシャン」と呼ばれ説明されている。

集計レベルを上げたり下げたりするということは，それまでとは違う競合関係を視野に含めていくことであり，そうした競合関係を含んだ製品ライフサイクルを描くということに他ならない。そして，このレベルの製品ライフサイクルこそ，真の競争関係を明らかにするものとして役に立つことになる。

創造的なセグメンテーションは，市場を客観的に特定することではなく，恣意的に切り取ってくることを意味している。「きめの粗さ」も「きめの細かさ」も，集計化は，顧客に何をどのように提供するかを選び取ることに他ならず，事業

---

[12] 経済学では，head-on head competition（角突き合わせての競争）とか，cut-throat competition（互いの咽をかききるような競争）という，恐ろしい表現をとっていた。

をどのように定義するかの問題に他ならない。したがって，その結果現れる市場は，客観的に決まってくるというよりも，各事業主体が恣意的に定義した結果現れる「重なり合い」としての業界（industry）と理解されるべきである。

このように理解すると，競合関係も多様になり，思いもかけなかった競合相手が立ち現れることになる。たとえば，カメラ・メーカーはカメラ業界で競争するのであろうか。家電メーカーや電子機器メーカーのデジカメやビデオカメラとの競合を，「個人の映像記録を楽しむ」といった事業定義の下で考えると，競合関係は全く違って見えてくるだろう。そこにはカメラだけでなく，ビデオも，ビデオ機能を持ったデジカメも，スマートフォンも，あるいはそれを使った映像作品を簡単に作るソフトなども含んだ，さまざまな製品群が含まれてくる。重要なのは，自社の製品によって顧客に何を提供するのかの選択であり，それによって浮かび上がってくるさまざまな事業展開の可能性である。

かつてあるCMで，若者が商品企画の席でアイデアを出すことになり，「今は携帯にカメラがついてますから，うちはカメラに携帯つけますか？」と発言して上司がペンをポロリと落とすというシーンがあったが，これは笑い事ではない。今では，高機能化したスマートフォンとケイタイが融合して，デジカメにケイタイがついたともいえるような商品が現実に生まれているからである。[13] 大切なことは，そうした機能によって，顧客のどのようなニーズを満たそうとするのか，どのような使用コンテキストを想定しているのか，である。

顧客の需要から考えるという視点から考えられたライフサイクルとして，アンゾフ（Ansoff）による三層からなる「複合的ライフサイクル」をとりあげ，その後で，エイベル（Abell）による事業定義の三次元フレームと関連づけておこう。

13　Casioの「Exilimケイタイ」は，有効画素数約1630万画素のカメラがついており，フルハイビジョンサイズ（1920×1080ピクセル）のムービー撮影が可能である。カメラ側から見ると，とてもケイタイには見えず，カメラそのものに見える。(http://k-tai.casio.jp/products/ca-01c/camera.html 2012/02/25)

7. 複合的製品ライフサイクル・モデル

アンゾフは，「需要」と「技術」，「製品」という異なった集計レベルのライフサイクルを統合して，より実用性の高い三重のライフサイクルというフレームを提示した（Ansoff 1990, p.52）。図4-8では，「需要のサイクル」と「需要 - 技術のサイクル」の関係を示した（a）と，これらに「製品のライフサイクル」を加えた（b）が示されている。

図4-8 需要 - 技術 - 製品のライフサイクル・モデル

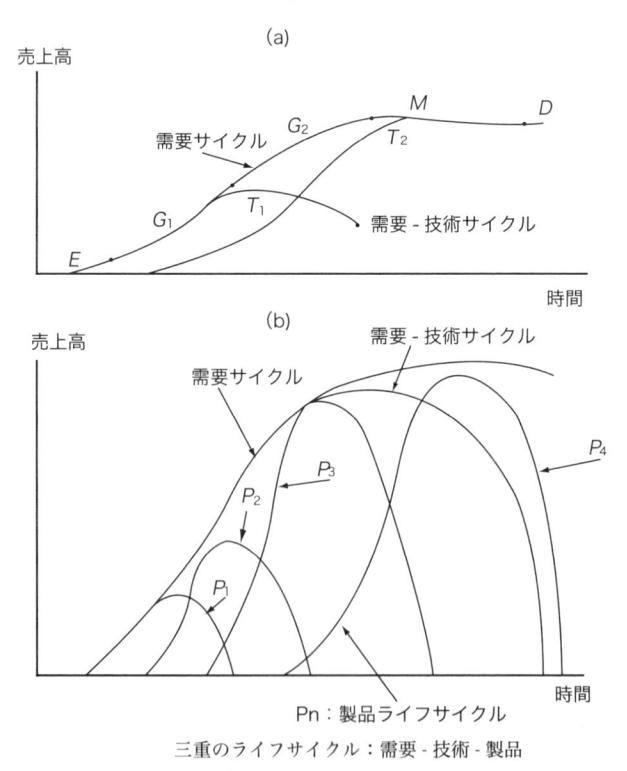

(出所)Ansoff, H. Igor and Edger J. McDonnell 1990, p.52.

需要のライフサイクルは,それまでは社会的に存在していなかったような「新しい」製品によって基本的なニーズが生まれ,やがてそれが辿っていく軌跡を,製品ライフサイクルと同じようにライフサイクルとして把握し表現したものである。たとえば,遠くの人とコミュニケーションをとりたいといったニーズは,古くは伝書鳩やら飛脚やらの手段があったわけであるが,手紙や電話によって広く一般庶民にも可能になった。このようなニーズは決して無くなることはなく,当然のことながら,ライフサイクルを描くとすれば非常に長いものになるだろう。

これに対して,このような基本的なニーズに応える技術はその時々に幾つかあり,技術自体も時間の経過と共に変わってくるから,その盛衰もやはりライフサイクルとして描くことができる。これが「需要 - 技術のライフサイクル」である。図における T_1, T_2 は特定の需要に応える異なった技術のライフサイクルとして示されている。

引き続き遠くの人とのコミュニケーションという需要を考えてみると,電話も今では固定電話だけでなく PHS や携帯電話によっても可能になり,さらには IP フォンや Skype のようにパソコンを介しても可能になっている。さらに,東日本大震災を契機に,携帯電話の回線を使って無料通話ができる LINE といったアプリケーションも開発された。メールについても,パソコン通信からインターネットによるメールへ,そして携帯によるメールへと変化してきた。

このように,同じ需要に対して,T_1 から T_2 への入れ替わりのように置き換えられていく技術もあれば,併存している技術もある。"どのセグメントのどのような需要をどの技術で満たすか(つまりは事業の定義)"によって,市場の競争の状況はダイナミックに変わっていくのである。

アンゾフのこの三層のモデルの中で,需要に応えるかたちでそれぞれの技術にもとづいて生み出される個々の製品のライフサイクルが P_1〜P_4 である。たとえば,固定電話であれば,ダイヤル式からプッシュフォン,コードレス,といった製品化であるし,携帯電話であれば,電話機能を重視したものやカメラ機能を重視したもの,キーボードをつけたモバイル端末やワンセグでテレビが

見られるもの，支払い機能をつけたおサイフケータイなど，多様な製品の展開とそれぞれのライフサイクルを見ることができる。

今日であれば，ネット接続もできほとんどPCといってもいい携帯情報端末 (PDA:Personal Data Assistance) であるスマートフォンを加えなければならない。しかし，ドラえもんの四次元ポケットのような「余剰」を持ったスマートフォンは，もはや電話として規定することは難しいだろう。そうなると，全く別の需要のライフサイクルがスタートしているのかもしれない。そして，それをめぐる需要 - 技術のライフサイクルが描かれ始めていると考えた方がいいだろう。

このように，個々の企業にとっては，どのような需要にどのような技術で対応するかという「需要 - 技術のライフサイクル」が，自社の経営資源に直接関わってくるという意味で重要である。そして，それに対する具体的な対応である個別の「製品ライフサイクル」が，重要な意味を持って来るであろう。これらによって，個々の企業にとっての事業領域と具体的な事業の展開内容が決まってくることになる。

写真を撮るという需要についての忘れられない出来事は，カメラ業界におけるAPS (Advanced Photo System) であろう。これは，富士フイルム，イーストマンコダック，キヤノン，ミノルタ，ニコンによって共同で開発された「世界標準規格の新しい写真システム」として1996年4月に販売が開始された。(Wikipediaによる) 銀塩フィルムをカートリッジに収め，既存カメラ技術の延長上にデジタルの技術を加味して，撮影したフィルムをインデックスで管理できるようにしたものである。それまでのコンパクトカメラの使い勝手をさらに高め，小型化も可能にした。次世代のカメラ業界を担うものと期待されて導入された。しかし，デジタルカメラ（デジタル技術）の急速な成長により，あっけなくその使命を終えた。需要 - 技術のサイクルが急速に入れ変わったのである。

8. 事業を考える3次元フレーム

　消費者のニーズは，状況に応じて多様に変化し，製品に求めるベネフィットも時間と共に変わってくる。しかし，企業としては，そのような消費者のニーズに対応できなければ，製品の成功は難しい。ではどのようにして消費者ニーズを解釈し，取り込み，製品化するか。ここでは，エイベルが示した3次元フレームをもとに，考え方の枠組みを提示してみよう。[14]

　エイベルは，どのような顧客層のどのようなニーズに，どのような技術によって応えるかの企業による宣言が「製品」であるとして，図4-9-aのような3次元フレームを提示した。各軸をどのように選択するかによって，この3次元の空間に製品が位置づけられる。

　しかしながら，この3次元フレームの軸には，何度か修正が加えられ，「ニーズ」は「顧客機能」に（エイベル1984），技術は製品形態に（エイベル1995）

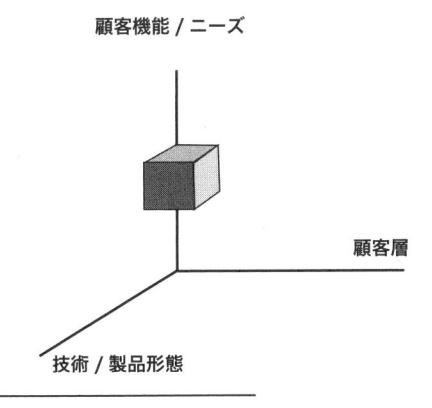

図4-9-a　Abellの3次元フレーム

14　ここで示すフレームは，エイベルが示したままのものではない。彼自身がこのフレームを推敲し修正を加えてきたその思考の中味を踏まえて，重要な部分を改変した。改変部分は，ニーズと顧客機能の軸の分離である。根拠については，二瓶（1985，1987a，1987b）を参照されたい。

図 4-9-b　ニーズと顧客機能を軸にした 3 次元フレーム

```
            顧客機能  ニーズ

技術；製品形態              顧客グループ（層）

                  ズレ

        ニーズは顧客サイドの概念
        顧客機能は提供する側がそれを
        形にしたもの
```

変更された。なぜそのような変更を加えたかについての説明はない。

　ここでは，この 3 次元フレームの縦軸を「ニーズ」と「顧客機能」とに分け，図の右側すなわち「顧客グループとニーズ」の面を，顧客側が製品を通じて得たいと思っているベネフィット（すなわちニーズ）を示すものとする。つまり，どの顧客層のどんなニーズを対象とするか。そして左側を，製品を提供する側がそうした顧客のニーズを，どのような技術によってどのような機能を持った製品形態で応えるか，を示したものと考える。つまり，顧客のニーズ をどのように受けとめどうやって満たすか。企業側・顧客側いずれの側から見ても 3 次元のフレームで考えることには変わりなく，ともに製品を三次元で捉えると想定するが，顧客側と企業側との間には，超えがたいギャップが存在する。

　「顧客機能」は企業側によるニーズの翻訳である。この翻訳の具体的な手段として，技術がかかわってくる。先の，「需要 - 技術サイクル」がかかわってくるのである。ニーズをどのように捉え，それをどのように翻訳し，どのような技術によってそうした翻訳を具体的な製品形態に仕上げるか。先の，「個人の映像記録」あるいは，「思い出」といったニーズをどのように翻訳し応えるか。それには幾つもの方法があるだろう。デジタル技術によるものもあれば，絵手紙やスケッチなど，昔ながらのアナログな方法もあるだろう。もう一つの具体的な手法としては，QFD（品質機能展開：Quality Function

第4章：製品ライフサイクルと市場集計レベル—企業はどこで競争するのか　117

Deployment) が，ここで言う「顧客機能の翻訳」という概念を理解するうえで役に立つ。どのようなニーズにどのような機能を提供することで応えるか，そして，それを可能な限り製品の中に事前に作り込んでおくかが重要になるわけであるが，すでに見たように，事前に作り込むという発想は日本の「カイゼン」概念の中に組み込まれており（今井 1991），QFD は，まさにその中から生まれてきたからである。QFD については，3次元フレームの後で取り上げる。

さて，このようなズレの存在を，縦軸を二本にすることで組み込んだのが図 4-9-b である。そして，そのズレをともなった「宣言としての製品」を示したのが図 4-9-c である。

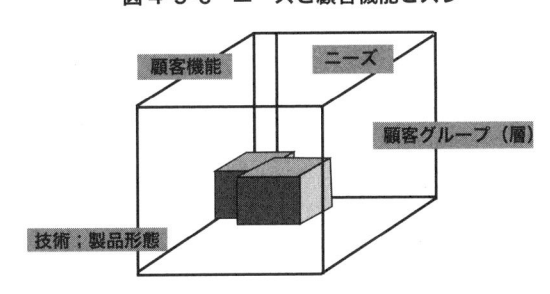

図 4-9-c　ニーズと顧客機能とズレ

結局，ニーズと顧客機能のズレについてまとめると，次のようなことが言えるであろうか。

1　顧客機能がニーズのすべてを満たすことはありえない。
2　あるニーズが満たされるとニーズそのものが肥大化し新たなニーズを生む。
3　満たされなかったニーズが新たなニーズを生む。
4　市場の変化（流行，選択肢の拡大など）からの影響を受ける。
5　消費者の使用コンテキストがそもそも多様である。

このようなズレに対して，企業側と顧客側の両方から，それを埋めようとする努力がうまれる。つまり，企業側からは製品の改良や機能の付加（メーカー・

イノベーション）が，顧客側からは使い勝手の工夫や改良（ユーザー・イノベーション）が行われる。

こうして，企業間の顧客機能の定義のズレが，結果として生まれる事業領域の重なりのズレを生み，さらなるカイゼンの機会や差別化の可能性をもたらす。

9. 顧客機能の作り込み ―ハウス・オブ・クオリティ

ハウス・オブ・クオリティとも呼ばれる QFD（Quality Function Deployment: 品質機能展開）は，「顧客の声」を聴くことを目的とする手法である。したがって，「カイゼン」の考え方の中に含まれてくる手法であるが，ここでは別途取り上げることにする。

QFD は，その手法の中で現れる図解が家に似ていることから，ハウザーらによって「ハウス・オブ・クオリティ」と呼ばれた（ハウザーとクロウジング 1988）。これは，たとえば「車のドアの閉まり方はもっと重厚な方が良い」といったユーザー側の感覚的な表現を，ドアの開閉のモーメントと重さの関係などの技術者の言葉に翻訳して，感性的な品質を製品設計の中に組み込んでいく手法である。

このように感性的な品質を製品の中に組み込む手法は他にもある（長沢 2003）。しかし，粘着性（フォン＝ヒッペル）が存在するかぎり，すべてを取り込むことはできない。また，開閉をスムーズにするにはドアの重さを軽くしなければならず，重厚なしまり具合を求めるならば重くしなければならないといったように，QFD 自体がトレード・オフの関係を内包する手法であることから，ニーズとその翻訳である顧客機能との間には，宿命的にズレが残る。

QFD は，アメリカで生み出され日本で発展を見た手法である。1972 年に三菱重工業によって先駆的に導入され，以後様々な業界において利用されるようになった。さまざまなバリエーションを生み出しながらも，これらの方法に共通しているアイデアは，「顧客の声」を造り込むという点である。

QFD は，バリュー・エンジニアリングのための手法の一つと考えられている

(Brown 1991) が,そもそも VE (Value Engineering:バリュー・エンジニアリング) とは,「製品やサービスの「価値」を,それが果たすべき「機能」とそのためにかける「コスト」との関係で把握し (Value = Function / Cost),システム化された手順によって「価値」の向上をはかる手法」とされ,1947 年米国 GE 社の L.D. マイルズによって開発され,1960 年頃わが国に導入された。(社団法人日本バリュー・エンジニアリング協会 :http://www.sjve.org/102_VE/index.shtml 2008 年 4 月 3 日閲覧)

QFD は,フォーカス・グループなどを利用して,デザイン前に対象とする顧客の好みや要望を聴きだし,それをデザインの中に組み込む手法である。

たとえば図 4-10 (ハウザー他 1988) の 4 段階で例示した展開のように,まず顧客のニーズがエンジニアリング要件として翻訳され,こうして求められるエンジニアリング特性は部品特性を方向付け,部品特性は製造工程の特性を方向付け,工程管理の方法を方向付けるといったように,複数段階にわたって落とし込まれていく。図に示したように,フェーズ I の横軸はフェーズ II の縦軸に,フェーズ II の横軸はフェーズ III の縦軸へと,つまり,各フェーズのアウトプットが次のフェーズのインプットへと次々に変換され深められていくのである。こうして,先に挙げた車のドアの閉まり具合のように,顧客の声は,製品デザインの開発から製造工程の開発へと伝えられ展開されていく。

家の形のように描かれたマトリックスは,製品に関する見た目についての要望までも含めた顧客の要望事項 (重要度を点数表示する縦軸) と,企業内のチームによる技術上の必要用件 (横軸) とがつきあわされ,関連性の強度が把握されていく。こうして,重要度の高いものが改善点や焦点を当てるべきデザイン

図 4-10 ハウスの連鎖:顧客の声の作り込み

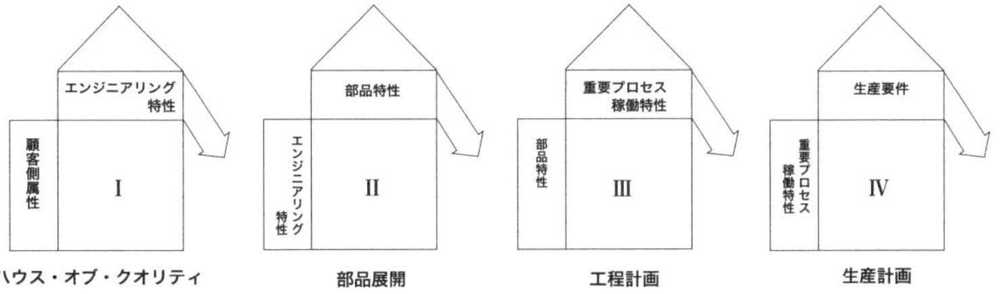

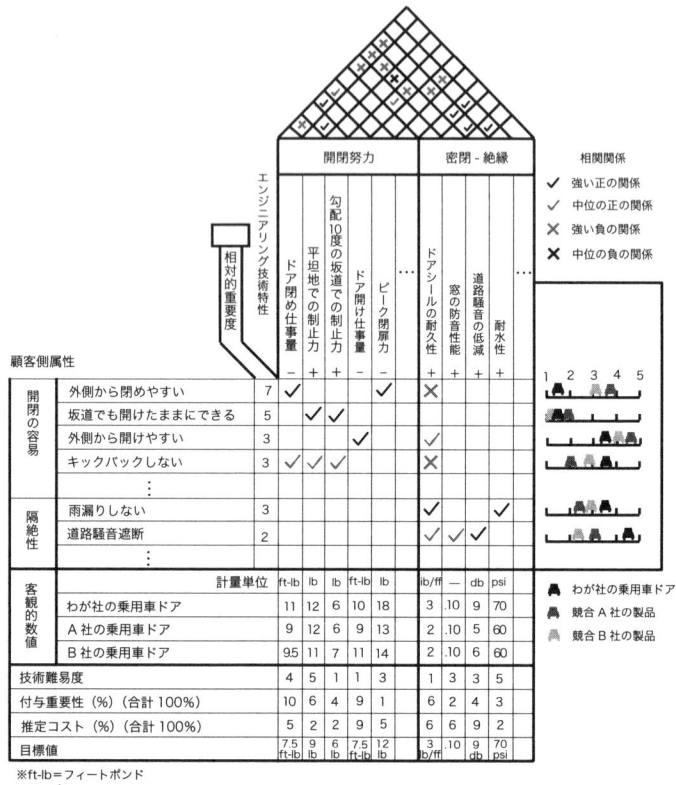

図4-11 ハウス・オブ・クオリティ

となり，最終的に，各技術用件に対して目標値が設定される。また，図4-11の右側にあるように，他社の競合品とも比較される。

　ハウザーらは，トヨタ車体がQFDを導入した後，スタートアップ・コストと生産コストとを著しく改善したこと（図4-12），加えて，アメリカ企業が新車導入のための開発期間が著しく長く（2年以上），導入前導入後のデザイン変更が著しく多いのに比べ，日本企業は，同じような開発期間をかけたとしても，デザイン変更は少なくとも1年半ほど前には一通り終わっていることに注目

第 4 章：製品ライフサイクルと市場集計レベル—企業はどこで競争するのか　*121*

図 4-12　トヨタの車体における QFD 導入前と後の スタート・アップ・コストおよび清算前コスト

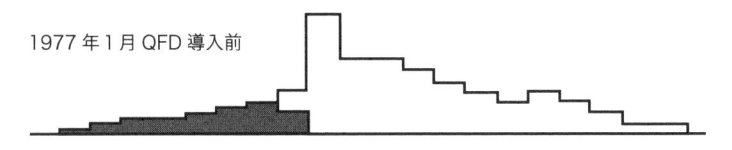

1977 年 1 月 QFD 導入前

1984 年 4 月 QFD 導入後（QFD 前のコストの 39％）

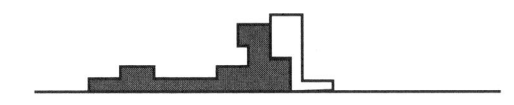

■ 生産前コスト
□ スタートアップ・コスト

(出所) Lawrence P. Sullivan, "Qualtiy Function Deployment", *Qualty Progress,* June 1986, p.39.

図 4-13　GFD 採用の日本自動車メーカーは QFD を採用していないアメリカ企業に比較して変更が少ない

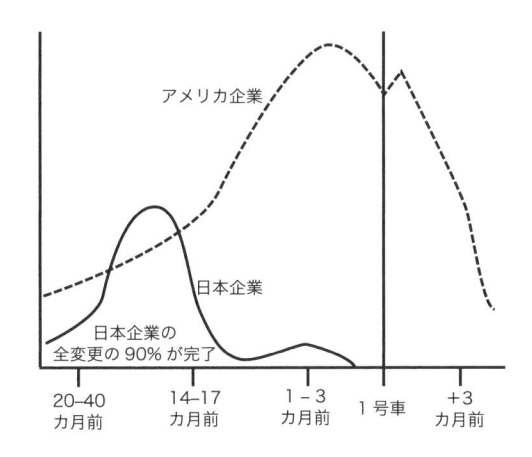

アメリカ企業
日本企業
日本企業の全変更の 90％ が完了

20–40 カ月前　14–17 カ月前　1–3 カ月前　1 号車　+3 カ月前

した（図 4-13）。

このような差を生み出す手法として，あらかじめニーズを造り込んでいく手法としての QFD が注目されたのである。

このように，「ハウス・オブ・クオリティ」は，主に開発コスト面の改善に

焦点が当てられていたが，ここでは，いかに「市場の声を聴きそれをデザインの中に組み込んでいくか」という視点からこの方法を採り上げた。先に，企業によるニーズの翻訳を「顧客機能」と定義したが，その考え方を象徴するのが，ここでのQFDであると考えてもらえば理解しやすいであろう。

第5章：プロダクティブ・ユニット・サイクルと
ドミナント・デザイン

　ここでは，製品ライフサイクル概念とその修正（3層のライフサイクルや高学習製品と低学習製品というタイプ分けに基づくライフサイクル概念の修正）を受けて，もう一つの関連する概念を取り上げる。

　正確には，単に関連するというよりも，製造工程の時間的変化を含めたかたちで考える製品ライフサイクルの発展形であり，ウィリアム・アバナシーによって構想された企業の製品‐製造戦略の枠組みである。

1. 企業と市場の相互学習とドミナント・デザイン成立の意味

　技術は，市場のニーズにより良く応えるために開発され，その技術がさらに新しい可能性を生むことで新たなニーズを生み出す。製品は，あるニーズに応えようとして開発されるが，それがさらに新たなニーズを醸成し，次にこのニーズに対して新たな製品が開発される。こうして，製品と市場とは，競争的開発を通じてある方向に収斂していく。

　アバナシー（William Abernathy）は，こうしたプロセスを，競争を通じての企業と市場との相互学習過程と呼んだ。そして，収斂していく製品のコンセプトを「コア・コンセプト」と呼び，それがさらに具体的なデザインとして収斂していくことで「ドミナント・デザイン」が成立するとした。

　現実にはさらに，このドミナント・デザインが定まった後，やがて新たな革新が登場して既存の製品ライフサイクルを終焉に向かわせるという事態が起こるのであるが，まずこのドミナント・デザイン成立のプロセスに焦点を当てるならば，ここでは，次のような問題が重要になってくる。

企業と市場の相互学習過程の中で，企業は市場から何を学ぶのか。この問題は，企業はニーズをどのように把握していくのかという問題である。そして，ニーズといってもそれは漠然としたものではなく，どういった顧客層のどのようなニーズかということであり，要するに，市場はどこに存在するのかという問題である。市場の把握とニーズの把握が適切なのかどうかという問題でもある。

　つぎに，そうしたニーズに応える技術として何が適切なものなのかを選び，技術間の主導権争いにどうしたら勝利できるのかという問題である。つまり，ドミナント・デザインはどのように定まるのか，ドミナント・デザインで使われる主要技術が何に落ち着くのかについて，率先した行動が求められる。

2. ドミナント・デザインで使われる主要技術が何に落ち着くのか

　これは，どの技術がどのニーズに応えるものとして勝ち残るかという，適者生存ないし自然淘汰のプロセスである。需要に対してどのような技術で応えるのかという需要 - 技術のサイクルにおける主導権争いである。

　たとえば，ホームシアター用プロジェクターというニーズに対しては，LCD方式なのかDLP方式なのか[1]，モバイルのビジネス用プロジェクターにはDLP方式なのかLCD方式なのか，という問題である。カメラでは，銀塩なのかAPSなのか，デジタル・カメラなのかという技術間の主導権争いがあった。記憶媒体であれば，フロッピーディスクから始まって，ZIPかMOか，CD-RかDVDか，SDかCFかといったように，それぞれの用途間での主導権争いがあった。たとえば，デジタル・ビデオカメラに用いる記憶媒体として，テープに代わるものがハードディスクなのかDVDなのか，あるいはやはりテープなのか，という争いをあげることができるだろう。2012年現在では，どうや

---

[1] LCDは液晶を用いたもの，DLPはDMDという微細なミラーを持った半導体を用いるもの。

らSDメモリーに落ち着いたかに見える。[2]

　自動車もまた，環境対応，燃費効率化に対応するかたちで2012年現在，大きく動いている。従来型のガソリンエンジンの改良によって究極なまでに燃費効率を向上させたマツダ，ハイブリッド車によって市場を席巻しているトヨタ，電気自動車（EV）を積極投入した日産，EVとハイブリッドを融合させたプラグインハイブリッド車のトヨタ，燃料電池車を投入したホンダ。燃費効率を高め環境負荷を軽減させるという需要に対して，どのような技術によって応えていくのか，まさに三層のライフサイクルそのままの競争状況が出現し，それぞれの需要 - 技術のサイクルとそのなかでの製品ライフサイクルを形成していっている。いったいどれがドミナント・デザインを勝ち取るのか。

　自動車業界においては，需要に対する技術のライフサイクルが幾つも同時進行しているわけであるが，このような状況では，競い合う技術間の進化をどう捉えるかということが重要になる。

　この問題は，技術間の主導権争いとの関連で言えば，一つの技術内の漸進的な進化（「カイゼン」努力）と，革新的な技術による飛躍的な進化（断続をもたらしうる進化）の問題であり，今起こりつつある技術的な変化がどちらの性格を持つものであるかを見極めるという問題である。

　技術の優位は，ニーズに応えうる度合いによって決まる。したがって，技術は，必ずしも新規のものでなければならないというわけではなく，たとえば宅急便やウォークマンのように，既存の技術の組み替えや改良にすぎないものであっても構わない。重要な点は，既存の技術であれ革新的な技術であれ，「ニーズをどのように把握し」「どのような技術によってそれを実現するか」ということである。つまり，何をもって自らの事業（ビジネス）とし，どのようにそれを実現するかが最も重要なのである。技術が高度であるかどうかが本質なのでなく，技術がどれだけニーズを満たしうるかが本質的に重要なことである。

---

[2]　3万円代から5万円未満のデジタル・ビデオカメラの記憶媒体を見ると，SDカード/SDHCカード/SDXCカードに対応しており，メモリースティックを用いるSonyですら，これらSDカードに対応している。

シュムペーターが,革新(イノベーション)を「新結合」であるといったのも,この視点から受けとめられなければならない。[3]

3. プロダクティブ・ユニット・サイクル
― 製品ライフサイクルとプロセス・ライフサイクルの統合

　製品には,当然のことながらそれを造る工程があり製造する製品に対応して変化する。製品ライフサイクルのように製品だけの変化に焦点を当てるのではなく,製造工程の生成・発展・変化にも焦点を当てる必要がある。製品の発展(製品ライフサイクル)はそれを造る工程の発展(プロセス・ライフサイクル)と密接な関係を保ちながら進むからである。[4]

　アバナシーは,製品の開発と生産にかかわるこれら2つの側面を,別々にではなく関連し合う一つの実体(entity)として捉える目的で,プロダクティブ・ユニット(productive unit)という概念を用いた。プロダクティブ・ユニットは,製造単位と生産される製品ラインの両方から構成される。原材料の種類や入手先,操業規模,製造工程の設備,労働者に必要とされる技能,組織および管理の方法,こうした要素が製造工程の特性を示すのに対し,製品の標準化の程度あるいは変更の度合い,製品ラインの多様性,製品デザインの複雑性といったものが,製品ラインの有効な記述因子(descriptor)となる(Abernathy 1978, p.68)。従来の製品ライフサイクル概念のように,製品だけが発展・変化するのではなく,工程もまたそれに応じて変化することに着目するのである。

　アバナシーの共同研究者であるアターバックは,この考え方を,「イノベーション・ダイナミックス・モデル」と呼んだ(アターバック 1998)。また,自分たちのイニシャルをとってAUモデルと呼んだりもした。

　要するにこのフレームは,製品だけではなくそれを造る工程を含めて「プロ

---

[3] 第2章参照のこと。
[4] ヘイズとウィーライトも工程カイゼンを考慮する重要性を述べていた。(Hayes & Wheelwright 1979a,b)

ダクティブ・ユニット（製品-製造単位）」としてとらえ，それ（つまり製品と製造のあり方）が時間の経過とともにどのように変化していくかを明らかにしようとするものである。その意味で，ここでは「プロダクティブ・ユニット・サイクル」と呼ぶほうが相応しいと考え，そう呼ぶことにする。したがってプロダクティブ・ユニットは，一時点における製品とその工程との静止画的関係を捉える概念ではなく，製品ライフサイクル同様変化を含む概念である。

4. プロダクティブ・ユニットとモジュール概念

　製品ライフサイクルが文字通り「製品」をその分析単位とするのに対して，プロダクティブ・ユニットの分析単位は，製品レベルにとどまらず，それを構成する部分にも適用される。

　アバナシーは次のようにプロダクティブ・ユニットを考えている。すなわち，この概念は，企業における一つの操業単位を意味し，通常一人の上級管理者によって管理されている部分を対象とする。したがって，部品という細かい単位ではなく，より集計レベルの高い複合的部品レベルを想定している。

　「エンジンとそれを造る工場は一つのプロダクティブ・ユニットを，特定の車種とそれを組み立てる工場はまたもう一つのプロダクティブ・ユニットを形成することになる。」(Abernathy 1978, pp.68-69) 今日的な概念を用いるならばモジュールと考えればいいだろう。自動車は，エンジン・モジュールやブレーキ・モジュール，計器板のモジュールなどから構成されている。

　プロダクティブ・ユニットをこのように考えることによって，自動車のように多様な部品から構成される製品も，より細かなプロダクティブ・ユニット（モジュール）から構成される「複合製品」と考えることができる。

　部品をある程度まとまった単位からなる独立の集合的部品として考えるのがモジュール概念である。「モジュールとは，その構造上の諸要素が相互に強力に結合された１つのユニットであり，また他のユニットの諸要素とは相対的に弱く結合されている。」また，各ユニットをモジュールとして設計することで，

「業務をそれぞれの工程へ，あるいは比較的互いに独立した工程群へと分解するすべを提供する。」（ガワー＆クスマノ 2005，5 頁）

また，プロダクティブ・ユニットをどこまでのレベルに集計化するかは，これも企業の選択によって変わってくる。たとえば，携帯電話に組み込まれたカメラのレンズ部分は，その部分を一体化したモジュールとしたことで小型化が可能になったし，複数メーカーへの供給も可能になった。[5] また，アップルのiPhoneは，分解するといくつかのモジュールの組み合わせによってできていることが分かる。

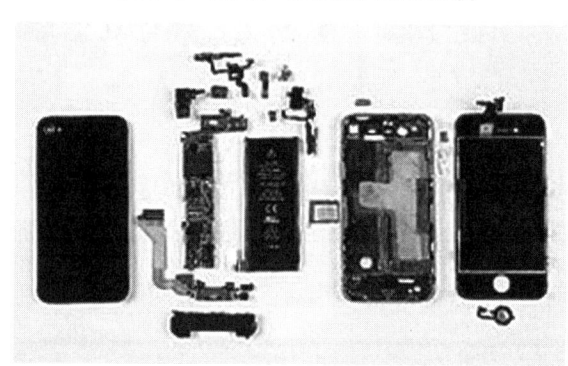

図 5-1　モジュールの組み合わせの例

日経エレクトロニクス（2011/07/21）
(http://itpro.nikkeibp.co.jp/article/COLUMN/20100708/350067/)

---

[5] 日本経済新聞，2006 年 12 月 28 日付によれば，富士フイルムの子会社フジノンは，2007 年には，世界に向けてのレンズユニットの出荷を一億台とする目標を立てている。百万画素以上のカメラ付き携帯電話の世界市場は，2006 年で 1 億数千台と推定されるから，世界のカメラ付き携帯電話に使われるレンズユニットの 8 割ほどを占めることになる。レンズユニットはガラスレンズ 1 枚，プラスチック 2 枚の非球面成形レンズを組み合わせたものである（資料:www.fujinon.co.jp　2006 年 12 月 29 日閲覧）

5. プロダクティブ・ユニット・サイクルとその一般形

　アバナシーは，プロダクティブ・ユニット・サイクルというアイデアを，アメリカの自動車産業の製品開発と製造工程の変化を観察し，製品に関する「カイゼン」[6]の数と工程に関する「カイゼン」の数の推移を調査することで導き出した。そして，その後，このプロセスが他の業界にもあてはまる普遍的なものであることを明らかにした。

　プロダクティブ・ユニットのサイクルは，図5-2（Abernathy 1978, p.72）のような経過をたどって，製品と工程の二種類のカイゼンが進められていくが，カイゼンの方向性がが流動的で主に製品の修正に対して行われる「流動性」の状態から，工程に対するカイゼンが中心となる「特定性」の状態へと収束していく。なお，アバナシーの共同研究者でもあったアターバックは，「プロダクティブ・ユニット・サイクル」を「イノベーション・ダイナミックス・モデル」と呼んだ。

　流動性という初期状況と特定性という最終状況については，それぞれどのような特徴を持っているかを図の下の部分に示してあるが，その移行のプロセスの間でどのようなことが起こるかについては表5-1（Abernathy, p.100）に細かく示されている。

　ここに示されているプロセスは，自動車産業を中心にいくつかの産業についての検討を基にアバナシーがまとめた，いわば一般形である。

　アバナシーはさらに，このようなプロダクティブ・ユニットの発展パターンを一種の仮説として，自動車エンジンとそのアセンブリーラインというより下位のプロダクティブ・ユニットを検証の対象として取り上げた。そこではプ

---

[6] アバナシーは，それぞれ「製品革新」「工程革新」と呼んでいるが，本書では，第2章に見るように，「革新」という概念をシュムペーターが使った意味で用いるので，プロダクティブ・ユニットサイクルにおける実質的な意味を示す言葉として，それぞれ「製造カイゼン」「製品カイゼン」と呼ぶことにする。

表 5-1　プロダクティブ・ユニット・サイクルの内容

	イノベーション	製品ライン	製造プロセス	組織による統制	生産能力の種類
	頻繁で新奇な製品革新、市場からの刺激	顧客の注文に応じて生産されるので、製品ラインの多様性が高い	「流動性」の境界 フレキシブル、しかし非効率、汎用性のある設備と熟練労働を用いる	ゆるやかに組織されている。企業家精神がベース	小規模で、技術やユーザーの近くに位置する。後方への垂直統合は少ない
	累積的な製品革新、通常、各モデルに対して定期的な変更が加えられる。内部から生み出される技術革新の増加、技術革新からの刺激による革新	少なくとも1つのモデルが、かなりまとまった量が生産されるごとに完成される。ドミナント・デザインが成立する	流れ作業にむかって次第に工程を合理的に編成、労働者に対しては、細分された課業や作業上の技能が求められる	垂直的情報システム、多くの関係を含し連携、プロジェクト・グループなどを通じてコントロールされる	ボトルネック部分の解決にともなって、集権化される。汎用目的能力を持った設備能力による規模の拡大
	コストからの刺激によるインクリメンタルな革新が支配的になる。製品と新奇な技術的なパラメータによって特定される。製品と工程の変更はむすびついた工程の変更をむすびついて行われている。	主なオプションはほとんどなく、きわめて標準化された製品。技術的なパラメータによって特定されるコモディティ的(Commodity like)製品	工程の「部分」が自動化され、専門化した機械が導入される 「特定性」の境界 一つの「システム」として製造工程が設計される。統合上の課業は、ほとんどシステムの監視である	変化の頻度が減少するにつれて垂直的統合、ハイラーキー、規則、手続を通じてコントロールが行われる 官僚制的システム。機能中心に階層的に組織化される	低い要素投入コストを達成し、分析を最大にし、流通の効率を高めるための設備が設計される 特定の大規模設備、専門化した生産能力の拡大は、新たな設備の設定によってのみ可能

発展の通常の方向 →

第5章：プロダクティブ・ユニット・サイクルとドミナント・デザイン　*131*

図 5-2　移行，境界条件，革新

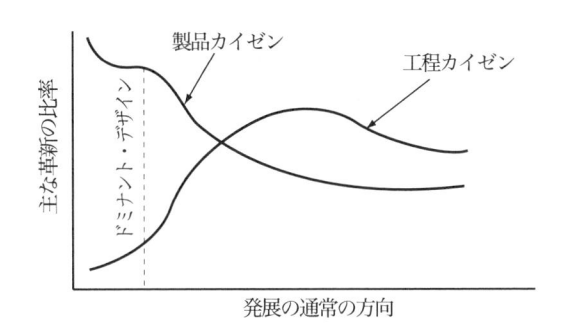

（グラフ：縦軸「主な革新の比率」、横軸「発展の通常の方向」。曲線「製品カイゼン」と「工程カイゼン」が示され、「ドミナント・デザイン」の位置が示される。）

流動性

移行および境界条件

特定性

初期条件
（パターン2）
—革新
・製品の性能を
　極大化することに力点が
　置かれる
・ユーザーのニーズに関する
　情報によって刺激される。
・新奇性ないし斬新性
　が高い。
・頻度が高い。
・支配的な革新のタイプ
　は工程よりも製品。

「流動性」境界条件

「特定性」境界条件

最終条件
（パターン1）
—革新
・コスト削減に力点が
　置かれる
・革新の支配的な傾向は，
　製品／工程に対して，
　インクリメンタルに行われる。
・効果は累積的である。
・新奇ないし斬新な革新は
　めったに起こらず，それ
　とは別の工程部分で始め
　られる。
・刺激は，破壊的な外部の力
　によって発生する。

ある時点での移行の状態

—工程面の状態
・製造工程および
　組織はフレキシブルで
　非効率である。
・規模は小。
・多目的機械が使用される。
・入手できる素材を原材料
　として用いる。
・製品は頻繁に変更される。
　ないし受注によって
　設計される。

移行の通常の方向

—工程面の状態
・製造工程は，効率的で，
　システマティックか
　資本集約的である。
　変更コストは高い。
・規模，設備，マーケット・
　シェアは大きい。
・専門化した原材料が投入される。
　また，垂直統合が拡大する。
・製品はコモディティに
　近くなり，差別化はほとんど
　存在しない。

（出所）Abernathy, Dilemma, p.72.

ロダクティブ・ユニットのファクターが7つに拡大されていたが、基本的には一般形と同一の変化パターンが認められた。[7] 表5-1の「通常の発展方向」は各要素についての流動性から特定性への変化を要約したものであり、これを見ることで、プロダクティブ・ユニットのサイクルがどのような性格を持ったものであるかを俯瞰することができる。

以上のプロダクティブ・ユニットが流動性から特定性へと移行していくという結論は、今日でも妥当する普遍性を持っているが、研究結果が1970年代後半のものであることと、自動車産業が基本的なデータ源であることを考慮するならば、若干の問題点を指摘しておかなければならない。

製造や組織については、一般的な素材調達から次第に特定的な調達に移行し、究極の方向としては垂直統合に向かうとしているわけであるが、これについては、今日的問題としてのモジュラー化とインテグラルの選択問題（楠・チェスブロウ 2006）に関連し、単純にこのように言い切れる状況にはない。見ようによっては逆の方向性つまり、垂直統合に向かうモーメントからアウトソーシングへ（したがって特定性から流動性へ）の移行を容易にするような動きをはらんでいる。また、部品やモジュールの標準化という特定性への移行は、必ずしも内製化を必要要件とはせず、外部からの調達を可能にするから、その点からは、特定性の段階での make or buy の問題が生まれる。実際、アップルの部品やモジュールの世界調達という徹底したアウトソーシングとそれによって生み出される魅力的で革新的な製品を見ていると、部品やモジュールレベルでは特定的なコスト削減の努力が払われ、他方、最終の製品化レベルでは、世界調達といった徹底した水平分業を通じて、流動性の状態が確保されていると言えるかもしれない。

自動車業界が垂直的なインテグラル・アーキテクチャを基本として産業クラ

---

7 アバナシーは、タウンゼント（Phillip L. Townsend）との論文およびアターバックとの論文において（1975）、メイヤー（S.Meyers）とマーキス（D.Marquis）による1969年の報告書（National Science Foundation による Report No.69-17, Successful Industrial Innovations）のデータを用いて、自動車産業だけでなく他の産業においても同じようなプロダクティブ・ユニット発展の過程が見られることを明らかにした。

スター(青木2002)ないし産業生態系(ガワー&クスマノ2005)を構築してきたという歴史特性からするならば,特定性への移行は,基本的には垂直統合への動きとその実現形態としての系列化を図っていくという方向性を持っている。しかしながら,アップルの世界的な部品・モジュールの調達を見ていると,産業生態系は垂直的というより水平的に作られており,ある意味で比較的安定的な垂直的関係ではなく,部品・モジュールレベルで激しく競争する,きわめて競争的な生態系を形づくっているといえる。そのことを顕著に示しているのは,iPhoneの部品・モジュールレベルにおける調達先の変化である。初期のiPhoneには日本のメーカーのものが多く使われていたが,iPhone3G,3Gs,4,4sとバージョンアップを重ねるにつれて,韓国メーカーや台湾のメーカーの比重が高まり,日本の部品・モジュールの比率が下がっていった。[8] 自動車業界においても近年モジュラー化の動きは活発である。

なお,モジュラー化とインテグラルについてのアーキテクチャ問題については別の所でも検討するが,基本的には,最終商品を作るためにその構成要素をどこまでmake or buyするかの問題がその本質の一つである。

図のように,流動的(fluid)な状態から特定的(specific)な状態へと移行していくプロダクティブ・ユニット・サイクルは普遍的に見られる。それは,製品カイゼンから工程カイゼンへと革新の比重が移行し,量産化によってコストの削減を図り,市場におけるコスト・リーダシップを確立してシェアを拡大するという強い動機によって突き動かされていく過程である。ここに経験効果が適用される局面が生じるのであるが,この点については後でさらに検討する。

6. プロダクティブ・ユニット・サイクルの転換点とその戦略的重要性

先のプロダクティブ・ユニット・サイクルの図に示されているように,プロダクティブ・ユニットの発展における重要な転換点は,「ドミナント・デザイン」の確立である。これによって,「一つのタイプのデザインが主要なマーケッ

---

8 発売の度にiPhoneやiPadは分解され,その中味が確認された。

ト・シェアを勝ち取り，競合他社に対して類似のデザインで対応することを強いる。」(Abernathy 1978, p.150)「ドミナント・デザイン」の確立によって競争の場（すなわち市場）が画定されていくのである。

プロダクティブ・ユニットが，流動性の段階から抜け出して特定性に向かってのターニングポイントを迎えるということは，企業間による競争という集合的改良のプロセスを通じて，企業と市場との間で相互学習競争が進行し，多様なデザイン競争の中で，より市場の支持を勝ち得たデザインへと市場の方向が定まっていくということを意味している。頻繁なモデルチェンジは，このような相互学習を通じての集合的改良のプロセスを意味している。

相互学習過程とは，ある消費者ニーズを満たす機能（顧客機能）の企業による提案という形での製品を消費者が選択し，より多くの人々にそうした選択が波及していくという形で市場に受け入れられたり，マイナスの評価によってそうした選択の波及が足踏みするという形でのやりとりを意味する。こうした過程を，消費者による投票行動（サミュエルソン）と呼んでも良いし，市場によるサンクション（二瓶 2000）と呼んでもいい。

製品のデザイン・コンセプトの形成過程においては，企業によるニーズの事前把握のための努力が払われ，対象市場と顧客機能とが選ばれるが，一挙に量産化へと製造工程をシフトさせるわけにもいかず，いわば市場との間の探り合い的な製品投入（モデル・チェンジ）が続く。こうして生産者と消費者双方の間での学習が繰り返されるのである。

こうした過程を通じて，市場のニーズの顧客機能への翻訳競争に勝ったデザインが市場をドミナントに方向付けることになるわけであるが，そうしたことは突然に起こることでもなければ一気に起こるわけでもない。市場ニーズの解釈の重なり合いを通じて次第に顧客機能も重なり合い，技術も重なり合っていく。こうして，結果として一つの競争の場（市場）が輪郭を整え成立していくのである。

この，いまだ流動的な要素を多く持った段階で，いかにドミナント・デザインの成立をいちはやく把握するかが，その後のコスト・リーダシップ追求への

意思決定にとって重要な意味合いを持ってくる。ドミナント・デザインの成立は, 時間の経過の後に振り返ってみれば明らかなものであっても, プロダクティブ・ユニット・サイクルの流動性段階においては, いまだ確定的なものでもなく, 誰かがこれがドミナント・デザインであると宣言してくれるようなものでもない。業界への深い理解と, 技術の発展の方向性への深い洞察力によってのみ, ドミナント・デザインの成立を判断することができる。また, こうした判断自体が, それに続くコストリーダシップ戦略への移行を意思決定する際の根拠になってくれるわけであるから, 非常に重要な戦略的判断であるということができる。

プロダクティブ・ユニット・サイクルの初期は,「ニーズ」と「企業による顧客機能への翻訳」との乖離が大きく, それがどのようなものになるのかは流動的で不確実性に富んでいる。エイベル (Derek F. Abell) の3次元フレームで言えば, 対象とする顧客層も流動的であり, 顧客層がどのような機能をどのような技術, 製品形態で求めているかも流動的である。さらに, 顧客が必ずしもニーズをはっきりと認識しているとも限らず, 新たな製品との出会いの中で, むしろそうしたニーズを発見する（気づく）という側面も持っているという意味でも流動的である。

ジョブズは,「消費者自身が欲しいと気づいてもいなかったもの」を提供しようとした。

7. 企業と市場との相互学習過程

プロダクティブ・ユニット・サイクルは製品に関するカイゼンの数の推移と工程に関するカイゼンの数の推移をグラフで示したものであるが, 図5-2の上部に示したように, プロダクティブ・ユニット・サイクルの初期においては市場のニーズを探りそれに応える形で製品の改良に関する「製品カイゼン」の数が多くそれに対して, 工程の改良に関するカイゼンはそれほど多くない。しかし, 時間の経過とともに逆転して,「工程カイゼン」の数が増えていく, と

いうものである。

　市場のニーズは，モデルチェンジや市場調査などの企業側の努力や，その結果市場導入される製品を消費者が買う（買わない）というかたちで応えるという相互のやりとりを通じて学習されていく。比喩的に，これを企業と市場との相互学習過程と呼んでいるのである。

　相互学習過程は，次のように進むと考えられる。ここでの消費者は，個別の消費者であると同時に，集合的な意味での消費者である。それというのも，一人の消費者が，新製品が発売される都度それを購入するわけではなく，商品の比較評価情報や友人知人の使用経験についてのコメントなどを通じて，新規購入や買い換えが起こるからである。友人知人などからの情報は他人の経験知ではあるが，雑誌などのメディアを通じての情報に加えて，こうした情報のやりとり全体が，個々人を超えた集合的な消費者ニーズを形づくっていく。

　さて，消費者は，自分が求めるニーズを満たしてくれる機能を持つと考える製品や技術を探し求める。しかし，消費者は，自らのニーズがどのように翻訳され機能の中に実現されているかをすべて知っているわけではない。したがって，まずそのような機能を満たしてくれると思われる属性の製品を求める。

　やがて競合メーカーが類似製品の機能を充足させながら，さらにその先行するデザインに新たな機能なりサービスなりを付加することで差別化を図って参入する。消費者は，新たに登場した製品群の属性と既存のものとを比較し，製品評価を行う。こうしたプロセスは，新製品が市場に投入される度に繰り返される。こうして，自分たちの好みや好みの変化に合った製品や技術が求められていく。このようなプロセスは，今日では，たとえば価格.comのサイトにおける「くちコミ」コーナーなどで具体的に見ることができる。掲示板では，このような情報交換や検討のプロセスが，サイト上に視覚化されている。化粧品であれば，@cosmeのサイト上に，同様のやりとりが繰り広げられている。

　このような消費者による比較評価と選択という学習過程を通じて，魅力のない選択肢は淘汰されていくが，その結果，メーカーにとっての不確実性（ど

の市場にはどのようなものを作るべきか）も減少していく。こうしてメーカーは，消費者のニーズによりよく応えようとして，このようなプロセスへの参加を繰り返す。製品の市場への導入と，その成功や失敗を通じての学習を重ねていくのである。プロダクティブ・ユニットサイクル初期においては，どの属性を市場が評価するかについての不確実性が高く，求められているものが何であるかは，市場での販売結果（消費者による投票）を通じて初めて得られるものだからである。製品を作り，売り，使ってもらうことによって初めて，製品技術が消費者をどれくらい満足させえたのかが分かってくる。

このような不確実性減少のプロセスである相互学習プロセスのスピードは，製品の複雑さや，使用方法，使用頻度，先行する類似製品のあるなしなど，要するに，高学習製品であるか低学習製品であるかによって左右される。

8. 相互学習過程を規定する要因としての高学習製品と低学習製品

ワッソン（Wasson）が，製品をある使用システム（use-system）における価値の集合（a set of value）として考え，そうした価値のすべてを包摂するものとして，製品ではなく「提供物（offering）」という概念を用いたことはすでに述べたが，このような使用の場や状況を含めて製品というものを考えることは，まさに，どのような使用の文脈（コンテキスト）で利用されるのかを考えることに他ならない。製品を利用する（つまり消費する）主体である消費者のかかわりがあって初めてその価値が実現するということが忘れられてはならない。したがって，消費者の製品に対する理解や利用上の習熟度が重要な意味を持ってくる。

こうした視点からワッソンは，第4章で述べたように，製品を高学習と低学習の二つのタイプに分けて製品ライフサイクルを考えたが，この考え方はプロダクティブ・ユニットサイクルにおいても適用できる。市場との相互学習に手間取るような，新奇性が高く，企業も市場の反応の低さにリスクを感じながら製品のカイゼン／工程のカイゼンを行っていくような場合では，なかなか流

動性から抜け出ることができない。逆に，相互学習が急速に進むとすれば，速やかに工程のカイゼンへと移っていかなければならない。

どの製品が高学習であるか低学習であるかは相対的なものである。2008年，任天堂のビデオゲーム機Wiiがヒットした。購入層は，それまでの若者とは違って，主婦層であったり年配者であった。それは，それまでのコントローラーを指先で使いこなすタイプのものではなく，手や体を動かすことによってゲームを楽しむことができるというもので，使い方が簡単で，比較的年配の人々にとってもハードルの低いゲーム機になっていたからである。その意味で，新型のゲーム機であるにもかかわらず「低学習」製品の特徴を備えていた。また，シャープの「ヘルシオ」という高温の水蒸気を使った調理器も，電子レンジの普及が先にあったことと，高温の水蒸気で肉の脂分がとれて健康によい料理ができるというベネフィットが分かりやすかったといえる。

企業は単独でこの相互学習過程に関わるのではなく，競合する企業それぞれが，市場からの（買う/買わないという）シグナルを通じて学習し改良を加えていくという「集合的な」改良過程に関わるのである。これが相互学習過程の中味である。

文字通りお互いに学習し合うというのではなく，企業は消費者の（買う/買わないという）「投票行動」によって，求められているニーズを探り顧客機能を翻訳し直し，技術によってニーズを「商品」化していく。消費者はといえば，より自分のニーズを満たすのに相応しい製品を求めてさまざまな情報を集める，といった具合に進んでいく。こうした，市場における売手と買手との情報の非対称性[9]を克服しようとする行為を，比喩的に「相互学習過程」と呼ぶのである。

すなわち，消費者は製品に関する十分な情報を持っていないという意味で非

---

9 「情報の非対称性」は，市場の不完全性について使われる概念で，市場における取引主体間における情報に偏りがあることを言う。一般的に，完全競争下では売手買手が完全な情報を持った上で選択を行っているという想定がとられて分析が行われるが，現実の経済ではそのようなことはむしろ稀で，不完全情報下における不完全競争を前提とすることになる。

対称であり，売手であるメーカーはといえば，消費者の欲しているものを正確には知っていないという意味で非対称である。後者のタイプの非対称性については，「情報の粘着性」という概念でも示されている。

相互学習プロセスの中で，消費者が一方的に受け身であるとは限らない。企業が提供するものについて単に購入したりしなかったりという「投票」を行うだけではなく，自ら製品の改良を手がけることで，そうしたメーカーと消費者との間の齟齬（食い違いやズレ）を積極的に埋めようとする。フォン・ヒッペル (von Hippel)・小川が言うところの「情報の粘着性」が高い場合に生じるユーザー・イノベーションがそれである。情報の粘着性は，さしあたりユーザー側のニーズがなかなか作る側に伝わらないことを表現する言葉として理解しておけばいいだろう。

特にプロダクティブ・ユニット・サイクル初期においては，ユーザーの方が主要な役割を演じることが多い。初期のコンピュータや，ハッカー・コミュニティによって集合的に行われている LINUX（オープンソースの OS）の開発や，ヒッペルがその著書の中で紹介しているセーリング・ヨットの例など，さまざまな製品においてこうしたユーザー・イノベーションを見ることができる。(ヒッペル 2006)

消費者ないしユーザー側のニーズとメーカーによる顧客機能への翻訳に齟齬が大きい初期においては，ユーザーの方が求める性能をより細かく知っている場合が多く，そうした場合に，こうしたユーザーによる製品の改良（プロダクティブ・ユニットにおける製品カイゼンに対応する）が行われる。しかし，やがて多くの製品が競争的に紹介されていく段階になると，メーカーが主要な役割を占めるようになっていく (Abernathy 1978, p.70)。

初めのうちはこうした相互学習の過程で製品に関する手直しが多く行われるが，やがてデザインの方向が定まってくると，カイゼンは工程の方へ移っていき，やがてカイゼンの数は逆転する。製品に関するカイゼンの数と工程に関するカイゼンの数が逆転するのである。すなわち，より安く製品を売っていくというコスト・リーダシップの追求へと移行していくことを意味している。それ

までを差別化の追求と捉えるならば，後半はコスト・リーダシップの追求という「基本戦略」の転換が起こっていくのである。

9. プロダクティブ・ユニット・サイクルの戦略的含意

　このようなプロダクティブ・ユニット・サイクルの推移は，一種の成り行きであり，自動車業界やその他の業界におけるカイゼンの中味の推移を追いかけていくことで得られた知見である。しかし，こうした成り行きが必ず起こるとすれば，戦略として組み入れることができる。

　このようなプロダクティブ・ユニット・サイクルの推移が必ず生じて，カイゼンの割合が製品から工程へと移行して，早晩「力の戦略」であるコスト・リーダシップ戦略を採ることになることが分かっていれば，むしろプロアクティブにできるだけ早くそうした方向への行動をとることが，業界内で競争優位を確立するために重要であろう。

　工程カイゼンへの移行を決定づけるのは，「ドミナント・デザイン」の確立である。

　ドミナント・デザインは「デファクト・スタンダード（事実上の業界標準）」であり，その成立によって，量産化に向けての工程カイゼンへの移行を正当化するメルクマール（指標）である。

　プロダクティブ・ユニットは，こうして，ドミナント・デザインが未だ定まっておらず，そんな中でいかに市場のニーズをキャッチするかという模索と適応の「流動性」の段階から，ドミナント・デザインも確定し，後はいかに安く作るかという工程の革新へと移っていく後半の段階（「特定性」の段階）へと進んでいく。すなわち，プロダクティブ・ユニット・サイクルは，「流動性から特定性へ」と移行していくのである。

　しかしながら，誰もがそれうした意思決定を行うことができる時点になってそれを行うのでは，これまた戦略的とは言えないだろう。分かりきったことを分かりきったときにやるのはリスク回避的なリアクティブないかにも芸がない

事業行動である。

　このプロダクティブ・ユニット・サイクルという考え方から戦略的知見を得るとしたら，ドミナント・デザインの早い見極めをするべきということである。誰よりも早くドミナント・デザインの成立を予見し，誰よりも早く工程カイゼンへと舵取りを行い，コスト・リーダシップ戦略によってコスト優位なポジションを市場で確立することである。

　孫正義氏は，この点の判断に優れている。ADSL（YahooBB）普及にあたって採った戦略がまさにこれであった。

　SoftBankは，光ファイバー網がまだ十分に整備されていないとき，（また，そのようなインフラの整備はそれほど急速に進むわけではない）ISDNからFTTH（光ファイバーを各家庭に）までの間を埋める形で既存の電話回線を使ったADSLを推進しようとした。そのために，ADSLモデムを街頭で無料で配ったのである。それによって普及を加速し，初めのうちは赤字であったが，ある一定量の利用者で損益分岐点に到達し，以後利益を生むまでになった。これは，光ファイバー網の無いところでも，インターネットをスムーズに楽しむというドミナント・デザインの到来を確信して，コスト競争へと前倒しの意思決定をしたのである。

　同じようなパターンは，アップルのiPhone導入時における値下げにも見て取れる。ある意味で，魅力的な製品であれば高価格政策でも市場導入は可能であろうが，低価格（浸透価格政策）を採ることで確実にドミナント・デザインとなろうとしたと考えることができる。事実, その後参入してきたAndroid「スマートフォン」のデザインは，基本的にiPhoneと同じものである。

10. プロダクティブ・ユニットはどのレベルで考えるか

　プロダクティブ・ユニットは，製品レベルだけでなく，部品レベル，モジュールレベルでも考えることができる。それぞれのレベルでプロダクティブ・ユニット・サイクルを考えることが重要である。

　相互学習過程の例として，デジタルビデオカメラをとりあげてみよう。

(2009)

　ブルーレイ方式が業界標準を勝ち取るまでは HDD 方式と激しい業界標準化争いを繰り広げ，日立は両にらみの製品を販売していた。また，記憶媒体というモジュール（レベルのプロダクティブ・ユニット）を考えると，ハードディスクと SD カードを併用するキヤノン，SD カードを使うサンヨーとパナソニック，メモリースティックを使うソニー，といったようにこの時点ではいまだ記憶媒体についてのドミナント・デザインが成立していない。しかし，2 年強を経て，外部記憶媒体については，各メーカーとも SD（SDHC, SDXC）カードに定まってきている。メモリースティックという独自の記憶媒体にこだわったSony も，これら SD を使える様にした。

11. 経験効果とプロダクティブ・ユニット

　「高学習製品と低学習製品」という把握の仕方は，市場サイドからの学習の問題である。これに対して，市場サイドの学習の遅速をどのように見極め，いつのタイミングでどのような戦略決定をしなければならないかが，企業と市場との相互学習のプロセスにおける企業サイドの問題である。

　高学習製品の場合であれば，流動性の段階が長く，製品の改良やそのための革新が中心的な対応になることはすでに述べた通りであるが，低学習製品の場合（あるいは高学習製品であればその学習が一応の終りを見たとき）には，特定性への移行が急速に進むわけで，その場合には工程カイゼンを中心とした製造戦略が，コスト・リーダシップ獲得のために重要な意味を持ってくる。つまりここでのポイントは，製造戦略上どのような考慮要因があるかということに他ならない。

　一つは，どのようなときに経験効果を活用できるかということである。プロダクティブ・ユニットの検討の際に得られた理解からは，コア・コンセプトの成立を一つの目安にするということが重要なポイントである。さらに，ここでの高学習製品 / 低学習製品概念によって，より積極的な展開が可能になる。す

なわち，低学習製品であるとすれば，導入から成長への局面は急速に展開することになるから，その場合には，早く工程の方へ力点を移行していくことが得策である。そして，経験効果の戦略上の含意が示すように，早く累積生産量を高めてコスト・リーダシップを獲得することが重要である。

コア・コンセプトは，「多様な機能上の要請に対して一定の方向性を与える」ものであり，「このコア・コンセプトの選択が他のすべての選択を支配するのであり，それはコア・コンセプトに具体化された技術上の解決策がそれ自体一組の与件となって，他の解決策はこの与件に基づいて決定されるからである。」（アバナシー 1984, 46頁）すなわち，製品のデザイン・コンセプトを規定し，その変更の方向をも規定するのがコア・コンセプトである。

デザイン・コンセプトは，そもそも「製品の基本を成す機能上の要件や対市場適性などを考慮したもの」（アバナシー 1984, 45頁）であるが，これがコア・コンセプトを中心に形成されていくようになる。そして，自動車のように多様な部品（部品もまた一つの製品でありプロダクティブ・ユニットによって把握される）によって構成される複合製品は，そうしたコア・コンセプト自体を各構成部品ごとに主要なものと従属的なものとに分けながら，製品全体としての「ドミナント・デザイン」を確立していく。各部品段階，さらにはそれが組み合わされたより高い集計レベルで，コア・コンセプトがいわば求心力として働き，それまでの不確実性と相互学習とを吸収していくのである。そしてこの段階からさらに，「このような序列の確立により，それまで分散していた革新の動きが結晶し，二次的な機能上のパラメータおよび属性に及んでいくようになる。」（アバナシー 1984, 47頁）

この過程は，もちろんあらゆるプロダクティブ・ユニットで平行的に進行するわけではなく，タイム・ラグを伴いながら生じる。しかし，重要な点は，製造工程のあらゆる局面においてこうした中心的なデザイン・コンセプトへの収斂が見られるということである。しかもこの変化の方向は，「それを逆行させることは困難である（Abernathy 1978, p.167）」という強制力を持っている。

大きさにしろ性能にしろ，製品開発にとっての物理的な限界——たとえば，

これ以上は小さくしてもかえって使い勝手が悪くなるとか，現行の技術ではこれ以上の処理速度はかなえられないといった——が壁として立ちはだかっているとすれば，漸進的な改良を重ねながらそうした「壁」に向かって突き進んでいくという強制力が働くのである。

この強制力の古典的かつ典型的な例が，T型フォードであろう。フォードは，「顧客への奉仕」をモットーに，製造工程を合理化して同じ製品を造り続けることでコストを下げ，当時高級品であった自動車の価格を庶民に手の届く価格へと引き下げていった。しかも，故障の際にはいつでも部品を交換し，それによって永く乗り続けることのできる自動車にした。4気筒20馬力のフォードのモデルTは，生産には標準化と流れ作業方式を採用し，1914年にその導入を完了した。これによって価格を，市場に初めて登場した1908年の$850から1925年には$290（最も安いモデル）へと，17年間で実に$560も安くした。

コア・コンセプトが固まってきた後で，ドミナント・デザインは必ずしも一つに落ち着くとは限らない。コンセプトを具体的なものにする技術や製品形態の部分での競争が続き，併存するということが起こりうることを補足しておかなければならない。

高学習であれ低学習であれ，その経過時間の違いはあっても，デザインに関するコンセンサスが市場において次第に形成され，それに伴って「特定のコア・コンセプトに基づくデザインの序列」が確立していくというプロセスは同じである。たとえば，いつでもどこでも音楽を楽しむことができるというコンセプトに対して，携帯できるミュージック・プレイヤーが登場し，その記録媒体としてテープ，MD，CD，ハードディスク，フラッシュメモリ，といった記録媒体が登場した。それらと長時間の屋外使用を可能にするバッテリーの進化とが組み合わされていくつものデザインが市場で競い合い，長時間持続するバッテリーにフラッシュメモリを使った一定のドミナントなデザインが定まっていく。これと同様のプロセスが，さまざまな製品デザインにおいて繰り返されていくのである。

古典的な例ではあるが，VHSとベータとの戦い以来，長い間ビデオ業界に

第5章：プロダクティブ・ユニット・サイクルとドミナント・デザイン　145

は単一の業界標準は成立しなかった。ビデオという基本技術については，ベータに対しVHSが，VHSに対しては8ミリビデオが，8ミリに対してはCムービーが，といったように，それぞれ異なった方式の製品が，市場において顧客機能の優秀性を競い合った。各方式には一長一短があるために，いずれも完全なドミナント・デザインにはなり得なかった。

やがてデジタル・ビデオによってパソコンでの編集が可能となり，デジタル情報の処理・編集というかたちでドミナントな顧客機能が形成されつつある。ただし，記憶媒体については，テープからDVD，ハードディスク，SDと，ここでもドミナント・デザインをめぐっての競争が続いている。パソコンで編集してオリジナルの映像作品を作るということをコア・コンセプトと考えると，ハードディスク方式が，よりデザイン・コンセプトとしては優れていると言えるかもしれない。

ビデオに関する一連の技術について，それがどのような事業の定義にもとづいて顧客機能の翻訳を託されたデザインであったのかという問いをたててみると，問題はかなり異なった様相を帯びる。

たとえば，ビデオ事業を定義しなおした場合，どのようなコア・コンセプトが考えられただろうか。そして，そうしたコンセプトにとって，どのような技術がドミナント・デザインとなりえたであろうか。事実，VHSとβとの戦いは，このコア・コンセプトの違いにあったというように考えることもできる。

β方式のソニーは，留守番録画という「タイムシフト」をコンセプトにし，VHS方式のビクターは，「ホームビデオ」というコンセプトに立って，ビデオ・デッキではなくビデオカメラを中心とするデザイン・コンセプトを展開した。VHS方式が市場におけるデファクト・スタンダード（したがってドミナント・デザイン）になっていった理由としては，他メーカーへの積極的な技術供与やOEM生産の展開などによって普及を図り，こうして数の優位性を持ったVHS方式に対して映画などのビデオソフトが増えていったというように，「ネットワークの外部性」が働いたということが確かに大きな理由ではあるが，上記のような，コア・コンセプトの違いによる初期スタート時における競争展開の相

違も，見逃されてはならないだろう。以後，8ミリ・ビデオやCムービーなどのデザイン・コンセプトは，この「ホームビデオ」というデザイン・コンセプトの延長上にあった。

　この「ホームビデオ」というコンセプトを，さらに「個人の映像記録」というように定義し直したとき，どのようなことが考えられるだろうか。

　「個人の映像記録」ということでいえば，半世紀以上も前になるが，まずは8ミリカメラがあった。簡便性を狙ったカメラ業界の競争は今日のビデオカメラと何ら変わるところはない。フィルムの装着の際の手間や間違いをなくすためにマガジンに入れたフィルムを使った8ミリカメラは，その後のテープと全く同じ役割を果たし，操作を著しく簡単にした。「わたしにも映せます」という広告コピーは，それをよく表わしたものとして広告史の中で，今も例として語られている（深川 1991）。しかし，それもビデオカメラの登場によって急速に姿を消していった。個人映像の記録という需要に対して，新しい技術が答えたのである。

　今日では，もっと多くの選択肢が存在している。たとえば，多くのデジタル・カメラはムービー機能を備えるようになってきている。他方，デジタル・ビデオカメラも，スチル機能を備えるようになってきている。いずれもデジタル化された記録であるから，パソコンで容易に加工したり整理したりすることができる。インターネット上では，YouTubeや「ニコニコ動画」のような個人の映像作品を投稿するサイトが増えてきている。そうしたサイトへのアップロードであれば，デジタル・カメラの動画機能で撮った，画素数は落ちるがタイムリーに撮ることができる映像の方が，ビデオカメラより優れているかもしれない。また，そうした短い動画をつなぎ合わせて，ビデオカメラで撮ったものと変わりなく楽しむこともできる。

　このように，「個人の映像の記録」という定義にはすでにあてはまらないくらい多様なニーズとその充足が可能になってきている。コア・コンセプトそのものを，「個人の映像記録と編集」とか，あるいはPod-castingやYouTubeのように「個人の映像記録の発信」と定義し直す必要も出てくるだろう。そう

第5章：プロダクティブ・ユニット・サイクルとドミナント・デザイン

した場合には，パソコンに取り込んでの編集のしやすさやインターネットへのアップの容易さという使用コンテキストがニーズとして生まれてくる。

まとめよう。ここで述べたかったことは，
- 一つのコア・コンセプトを実現する手段は多様であり，したがって，
- ニーズの顧客機能への翻訳も多様であり得るということ，
- 一定の顧客機能の提供は，それ自体がニーズを拡大し新たなコンセプトを待つような新たな展開を示して動いていくということ，

である。

ドミナント・デザインの確立は，工程カイゼンへの力点の移動を可能にし，コスト・リーダシップを追求していく重要なターニングポイントではあるが，コンセプトの実現は他の技術やデザインでも可能であり，引き続き流動的な部分を抱え続けるということを念頭に置きながら，コスト・リーダシップへの舵取りをしていくことが必要である。

第6章：ドミナント・デザインの確立と
コスト・リーダシップ戦略

1. プロダクティブ・ユニット概念と経験曲線効果

　コア・コンセプトの確立は，それを契機に基本戦略のウェイトをコスト・リーダシップへと切り替えるためのみきわめになる。

　すでに見たように，プロダクティブ・ユニット・サイクルは，流動性からより特定的でよりコスト志向の合理化されたものへと移行していく。しかもこれは，逆行させるのが困難であるような必然的な動きである。この動きは，ドミナント・デザインの確立とともに一挙にコスト志向の意思決定へと移行し，しかも組織的な努力を通じて加速されていく。この局面においては，コスト・リーダシップ戦略が普遍的な妥当性を持っているといえる。

　こうした流動性から特定性への移行は，個別部品レベルやモジュール・レベルにも生じる。これらの部品やモジュールごとに見た場合の移行には，ズレや逆行があり得るし，それによってドミナント・デザインの再形成が必要となることも起こりうる。たとえば，ハードディスクの小型化大容量化は，パソコンの記憶装置としてパソコン本体の小型軽量化に貢献したが，さらに小型化が進むことによって，パソコンのいっそうの小型化が可能となるだけでなく，別の製品の主要メモリーとしても使われ，その製品の顧客機能を著しく変えるということも起こる。50円玉大のハードディスクが，携帯電話や携帯音楽プレーヤーに使われ，さらにフラッシュメモリの大容量化によって，ハードディスクを利用した音楽プレーヤーは，フラッシュメモリを使ってさらなる小型軽量化を実現する。また，回転を伴わない記憶装置であるため，激しい運動にも音

飛びしないだけでなく，データが飛ぶなどの支障も発生しない。これによって，Nike と共同で iPod ナノをトレーニング用のディバイスとして利用するという新しい使用コンテキストが可能になった。フラッシュメモリの大容量化は，パソコンの主記憶装置として利用されるようになり，パソコンのドミナント・デザインを変えようとしている。さらにまた，新しい方式の記憶媒体が開発され，これを使った新たな製品も含め，さまざまなデザイン・コンセプトの製品化が多発していくだろう。

これらの例は，コア・コンセプトの確立後も単線的にドミナント・デザインが成立するわけではなく，コンセプト自体も変化し別のものになりうることを示しており，しかもこうしたことは，製品本体としてみればより下位のプロダクティブ・ユニットであるモジュール・レベルの変化によって起こされていることに注意しなければならない。

しかしながら，こうした流動性への戻りを含みながらも，量産化へのドライブがかかるのは，やはりこのコア・コンセプトが形成されそれが安定化するまさにその時である。プロダクティブ・ユニット発展の初期の不確実性が減少し，企業は集約的な生産へと突き進んでいくことが可能になる。カイゼンも，初期の製品中心から工程中心へと，しかも漸進的なものへと移行し，革新的デザインよりは複数製品ラインの形成へとその力点が移行していく。

工程中心へと移行するということは，標準化が図られていくということであり，標準化が可能になるということは，コア・コンセプトの下でドミナント・デザインという形での機能の序列が安定化していくことを意味している。こうしてドミナント・デザインは，その分野の関連技術の進化を「封じ込め」安定させる。そして，デザインの安定化は，生産工程への力点の移行を加速する。経験曲線効果は，まさにこの局面において効果を発揮するのである。

2. 経験効果とその戦略上の含意

1970 年代から 80 年代にかけて，PPM（Product Portfolio Management），市

場魅力度‐事業地位評価マトリックスなど，幾つかの重要な戦略策定ツールが開発された。ここで取り上げる経験曲線効果（experience curve effect）ないし経験効果（experience effect）もその一つである。

経験曲線効果の意味するところはきわめて単純であり，その効果を最大限に引き出す「シェア拡大」という基本命題は，PIMS（the Profit Impact of Marketing Strategy）プロジェクトによってその重要性が証明されている（Buzzell, Gale & Sultan 1975）。すなわち，「多くの製品（ほとんどの製品といわないまでも）のコストは，その製品を製造，販売する経験量が倍増するごとに10〜30％ずつ減少する。(Abell & Hammond 1979, p.104, 邦訳137頁)」したがってここから引き出される戦略上の含意は，有利なコスト・ポジションを確保するためには「シェアを拡大せよ」ということである。シェアの拡大は，それによって累積生産量（すなわち経験量）を増大させ，ますます有利なコスト・ポジションを確立することを可能にする。そして，こうした有利なコスト・ポジションを背景に有利な価格（低価格）を設定し，ますますシェアを拡大することができるという因果連鎖が成立する。

経験曲線は，縦軸に単位当たりコスト，横軸に累積生産量をとって描かれ，初期に急速な下降が見られ，やがて下降がゆるやかになるという特徴を持ったグラフとなるが（図6‐1），縦軸横軸とも対数目盛に直され，直線として描かれる（図6‐2）のが普通である。そして，この直線の傾斜を知れば，「戦略の成果が読める（ヘンダーソン1981, 31頁)」というわけである。

経験曲線効果によって推定されるコストは，次のような公式によって得られる（Hax & Majluf 1982, p.52）。

$$C_t = C_0 \left(\frac{P_t}{P_o}\right)^{-a}$$

ここで，
C_o, C_t は，それぞれ o 時点 t 時点での単位コスト
P_o, P_t は，それぞれ o 時点 t 時点での累積生産量

152

図 6-1　典型的な経験曲線（85％）

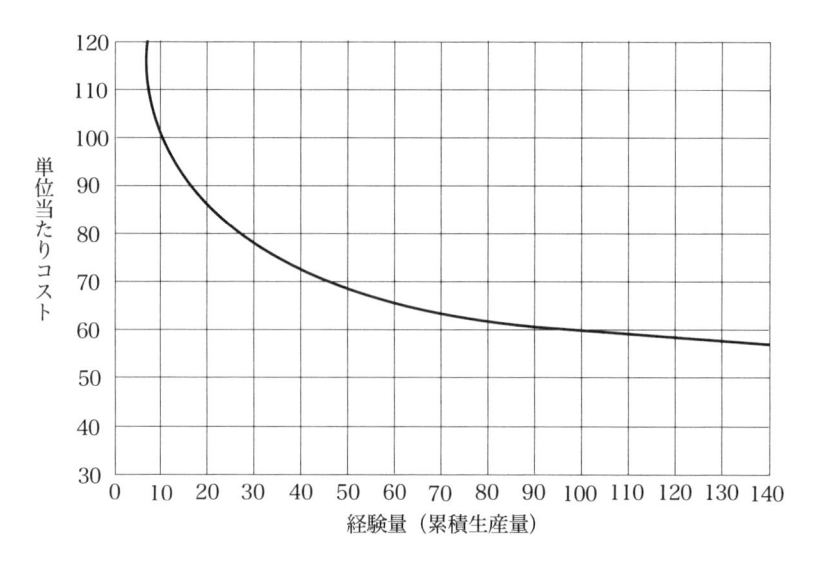

図 6-2　対数 - 対数グラフに描き直された 85％の経験曲線

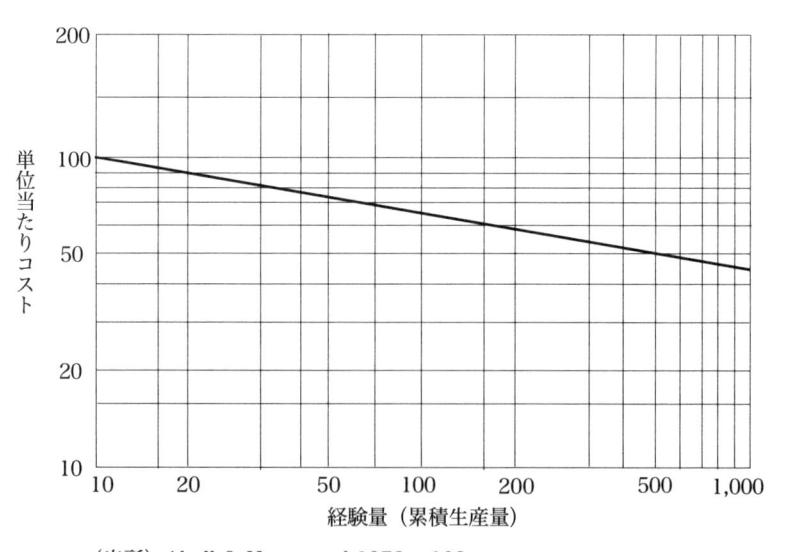

（出所）Abell & Hammond 1976, p.109

a は定数で,累積生産量に対する単位コストの弾力性を示し,習熟率 (learning rate) によって決まってくる (Abell & Hammond 1979, p.108, 邦訳 144 頁)。

つまり,ある時点における累積生産量 (P_o) と別のある時点における累積生産量 (P_t) との比率 $\left(\frac{P_t}{P_o}\right)$ がコスト削減の決定要因であり,習熟率を得るには,「ちょうど経験量(累積生産量)の比率が 2 対 1 になるような任意の 2 点についてコストを比較して,その比率をとればよい (Abell & Hammond 1979, p.108, 邦訳 144 頁)」。たとえば,85% 曲線の場合,a は累積生産量が 2 倍になるとコストが当初の 85% に低下するわけであるから,

$$\frac{C_t}{C_o} = 0.85 \; ; \frac{P_t}{P_o} = 2 \quad \text{として,}$$

$0.85 = 2^{-a}$ したがって,

 $a = 0.234$ となる。

経験曲線のスロープは産業によって異なる。70% 〜 90% の曲線とその時の定数 a の値を示したものが図 6 - 3 である (Hax & Majluf 1982, p.52)。

たとえば,「80% の経験曲線は,累積生産量が 10 倍になると,単位コストが 100 から 47.6 下がることを示している。(Hax & Majluf 1982, p.52)」また,このときの定数 a は 0.322 である。

コスト削減効果は,経験が蓄積される速度にも規定される。この速度は,通常,市場成長率によって測られる。表 6 - 1 は,各経験曲線と市場成長率(年間の)の組み合わせごとに,コスト削減率がどのように変わるかを示したものである。

これによって,業界における潜在的なコスト削減力は,強力な経験曲線効果を持ち,急速に成長する市場で最も大きくなることが明らかであろう。したがって,経験曲線効果が期待できる業界でしかも市場の急成長が見込まれる場合には,「成長初期に経験を蓄積せよ」ということになる。もっとも,以上のことは,経験曲線効果が業界全体の累積生産量で測られることから来る命題であることに注意しなければならない。どの単位(集計レベル)で経験曲線効果を見るかも,

154

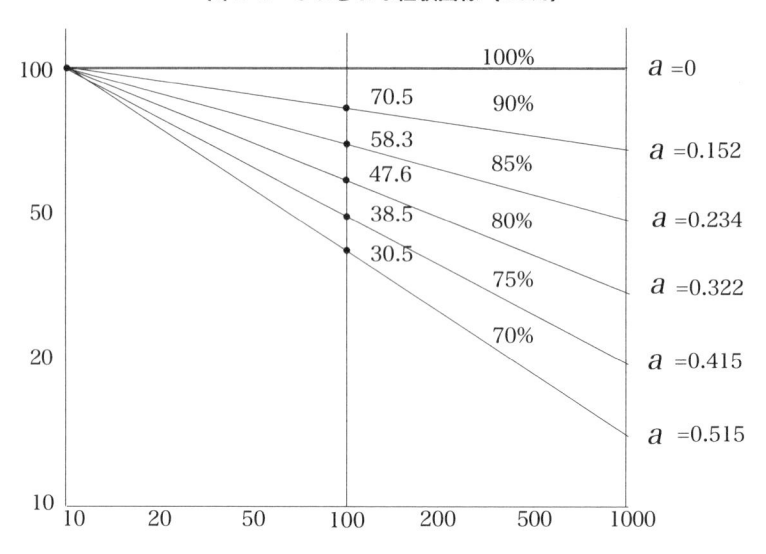

図6-3 さまざまな経験曲線 (85%)

```
100 ●
       ● 70.5      100%      a =0
       ● 58.3      90%
       ● 47.6      85%       a =0.152
 50    ● 38.5      80%       a =0.234
       ● 30.5      75%       a =0.322
                   70%       a =0.415
 20                           a =0.515

 10
   10  20  50  100  200  500  1000
```

**表6-1 各経験曲線のスロープとさまざまな年間市場
成長率の組み合わせによって得られる年間の
コスト削減率**

経験曲線の スロープ	年間の市場成長率					
	2%	5%	10%	20%	30%
90%	0.3	0.7	1.4	2.7	3.9
80%	0.6	1.6	3.0	5.7	8.1
70%	1.0	2.5	4.8	9.0	12.6
60%	1.4	3.5	6.8	12.6	17.6

製品ライフサイクル同様,議論の分かれるところである (Day & Montgomery 1983)。

このように,経験曲線効果が戦略策定に対して持つ意味は単純である。「総コストの重要部分が規模の増大あるいは経験の蓄積によって低減できる業界においては,通常,競合他社よりも早く経験を蓄積できるような戦略を追求することによって,重要なコスト上の優位性を確保できる。」しかもそうした優位性にもとづく「リーダシップは,経験量がいち早く倍増する初期(たとえば

20番目から2000番目の製品を生産するまでに経験量は100倍になるが，2000番目から4000番目の製品を造るまでに，経験量は2倍にしかならない）に確保するのが最も得策である。そうすることによって，他社がなかなか崩しがたいコスト優位性と，同時に価格リーダシップを獲得することができる。(Abell & Hammond 1979, pp.155–156, 邦訳 116–117頁)」したがって，「最も重要な要因の一つは市場の成長率」であり，「急成長市場では，積極的な行動が要求される」ことになる。

3.「経験」概念の検討

　経験曲線効果は，直接には習熟曲線 (learning curve) から導き出された。両者を区別する決定的な違いは，後者が労働時間を直接の計測対象としたのに対して，前者がすべての付加価値コストを対象にした点である。したがって，前者では総コストが単位となったのに対し，後者では労働時間が単位となっている。
　習熟曲線現象から経験曲線効果への概念の転換は，いくつかの調査をもとにBCG (Boston Consulting Group) が行ったものである。1960年代にBCGが明らかにしたのは累積生産量と総コストとの関係で，ここには「製造コストの他に一般管理費，販売費，マーケティング費，流通費などの諸費用が含まれる。(ヘンダーソン 1981, 31頁)」総コストを構成する各コスト構成要素がそれぞれの減少率を持ちながら「全体として"合成された習熟曲線"に従って一定率の減少を示す (Conley 1978, p.225)」と考えられたわけである。こうして経験曲線は，一つには対象とするコストをほぼすべての企業活動に伴うコストへと拡大した点に，労働時間のみに着目した習熟曲線との根本的な違いを持っている。つまり，コストの減少を合成習熟曲線 (composite "learning" curve) による効果と考えるのである。したがって，原材料の変更によって得られるコスト削減も「習熟」として考えられることになる。
　「経験」という概念には，累積生産量という明確な意味が含まれている。しかし，それによって減少する単位当たりコストの内容は多様であり，原因もま

図6-4 付加価値の各段階における経験曲線

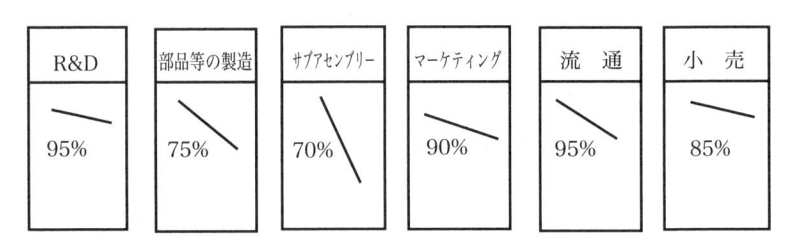

R&D	部品等の製造	サブアセンブリー	マーケティング	流　通	小　売
95%	75%	70%	90%	95%	85%

た多様である。つまり，単に生産量が増加しただけでこれらのコストが下がるわけではなく，また，一律に下がるわけでもない。図6-4で示したように，色々な要素がさまざまな率で下がり，結果として10%なりのコスト低減をもたらすと考えられる。「合成習熟曲線」と呼ばれた所以である。

　このことは，「経験」ないし「経験量」なる概念は，実は単なる生産量の累積を意味するのではなく，生産の進行の中で，さまざまなかたちでのコスト低減努力がなされ，実現されていくことを意味しているはずである。だからこそ，累積される生産とともに各所で蓄積されていく単なる生産量の蓄積以上のものを示唆するために，「経験」という語が用いられたのである。

　生産量の累積は時間の経過とともに生じるものであり，そもそも「経験」という言葉自体が時間なくしては成立しない。しかも，経験は知識の源泉であり，したがってそこには単なる量的な蓄積にとどまらない質的な蓄積が含まれてくる。事実，経験曲線概念の直接の契機となった習熟曲線は，労働者の学習という経験的知識の蓄積によって得られるコスト低下を明らかにしたものであった。

a. 経験曲線効果の源泉

　経験（累積生産量）によって一定率のコスト削減が見られるとするならば，そうした効果（経験曲線効果）は何によって引き起こされるのであろうか。
　アバナシーは，フォードのT型モデルの生産システムの編成の推移を，コスト削減戦略の典型的な事例と見て，そこでどのような努力が払われたかを，製品，生産工程，課業特性と工程構造，規模，原材料調達，労働の6つの側

面についてまとめている。これをもとに他の何人かの研究者の分類（Abell & Hammond 1979；Hax & Majluf 1982；エイベル 1995, 179-182頁）とを合わせてまとめると，おおむね次のような要因が経験効果の源泉になるものと考えられている。

①労働者の能率向上（古くから知られていた労働者の習熟度による）
②作業の専門化と方法の改善
③新しい生産工程（生産技術の改善）
④生産設備の能率向上
⑤活用資源ミックスの変更（労働力から自動機械への変更など）
⑥製品の標準化
⑦製品設計
⑧規模の経済性
⑨組織の意欲向上（tune-up）

デイ（Day）は，経験効果のこれら多様な源泉を，大きくつぎの3つにまとめている。

①習熟によるもの
②技術的改良によるもの
③規模効果によるもの

もっとも古くから指摘されていたのは，すでに述べたように①の労働者の習熟によるものである。②については，先に挙げたエイベルやハックスのリストのほとんどの部分を含んでいるかなり包括的な内容を持ったものである。また③は，経験曲線効果理解に当たって，概念的に重要な意味を持っている。ここでは，以下，このデイの分類に従いながら，①労働，③規模，②技術，の順で検討を加え，「経験」概念の明確化を試みることにする。

b. 習熟曲線の検討

習熟曲線（Learning Curve）の精緻化と適用上の問題の検討は，必然的に経験曲線的考え方や発想へと，それ自体を変化させていった。その当初から労働

以外のコストへの着目とその適用上の扱いが検討され, 労働コスト以外への適用可能性が示唆されていたのである。

習熟曲線の基本にある理論は,「労働者は労働を通じて学ぶ」ということである。したがって習熟曲線は, 直接労働投入量の減少に着目し, 累積生産量と労働時間との関係で習熟曲線効果を理論化する。

製造活動における習熟パターンは, 1925 年, オハイオのライト - パターソン (Wright-Patterson) 空軍基地の司令官によって観察されたとされている。航空機の機体組み立てにおいて, 一定率で労働時間が短縮されていくことが観察されたのである (Hirschmann 1964)。こうした発見によって「軍がこれに関心を示し, スタンフォード研究所 (Stanford Research Institute) に依頼して, 第 2 次大戦中に生産されたほぼすべての航空機について, 直接労働投入量の統計的研究を行わせた。—— その結果, 一連の習熟曲線が作成された。このとき発見されたのが 80% 曲線で, 「生産数量が 2 倍になると 20% の労働時間の減少が見られた (Andress 1954)」。

c. 規模の効果と経験曲線効果

一般に, 規模の効果は経験の源泉の一つとしてあげられている。その意味では, 経験概念に包摂されるものと考えられている。

規模の経済性 (規模効果) は,「大規模な操業によって小規模な操業よりも低い単位あたりコストを得ることができる」ことを意味している。また,「規模の経済性は, 企業が外部から調達する原材料や製品輸送業務などの財やサービスについてもあてはまる。大量購入による割引や, 貨車単位の大量輸送に伴う料金割引はその例である。」また, 規模の経済性には「長期的なものと短期的なもの」の 2 つがあり,「これは, 経済学者が呼ぶ長期費用曲線および短期費用曲線に対応する。」前者については,「より大規模でより効率的な工場の建設」などが, 後者については既存能力のより十分な活用」がその源泉となる。(Abell & Hammond 1979, p.105, 邦訳 139-140 頁)

ペシミア (Pessemier) は, 静的規模効果 (static scale effects) と時間の経過

を通じて得られる動態的規模効果(dynamic scale effects)とに区別している(Day & Montgomery 1983, p.47)。静的な規模効果は，短期あるいは一定時点における量的な大きさによって得られるもので，競争上の差は，単に競争相手より規模が大きいかどうか（格差）によって左右され，質的発展の側面は問わない。それに対し長期的効果については，技術革新や設備の更新を初め，規模効果を促進するさまざまな要素が入ってくる。長期という概念は，既存の費用曲線の変更を含んでいる。

経験曲線効果と規模効果とが類似した概念であるのは確かである。実際，先に挙げたように，経験曲線効果の源泉の中に規模効果を含めて考えている場合が多く（Hax, Day, Abernthy），また，分けて考えている場合でも，その源泉のいくつかは，直接間接に規模拡大によって可能となり，作業の専門化，生産設備の能率向上，製品の標準化，活用資源ミックスの変更など，規模効果に密接に関係するものと考えられるものが多く含まれている。

規模効果には，ある一定の生産条件のもとでの操業規模の拡大（単一の費用曲線上での下方への動き）と，生産条件そのものを固定しない将来時点での異なった費用曲線のもとでの規模の拡大（さまざまな費用曲線によって示されるさまざまな生産条件の選択と，それによる費用曲線の右下方へのシフト）との二通りの考え方があるようである。

しかし，いずれの場合も，生産条件の静的な固定化をその本質としている。つまり，現時点と将来時点での静止画的性格を持ち，長期については，シフトそのものがどのように起こったかについては事後的にしか語らない。短期的にも長期的にも，操業規模の拡大と費用との関係が関心の対象となっている。

「経験」概念によって示そうとしたことは，単なる操業規模の差ではない。それ以上のものが，累積生産量の変化と単位あたりコストの変化の間には含まれているはずであるという認識にもとづくものである。

習熟曲線において組織的コスト削減努力が重要であったように，経験曲線効果の源泉のリストは，「経験にもとづくコストの低減が自然発生するものでは決してなく，むしろコスト低減を目指した強力な努力と圧力との結果であるこ

とを如実に物語っている。(Abell & Hammond 1979, p.113, 邦訳 150 頁)」経験は単なる生産量の累積だけを意味するものではない。むしろ，経験曲線効果の意味するところは，規模も含めたどのようなコスト低減策を選択するかという戦略的意思決定の問題として考えられなければならない。その結果として得られるのがコストの低下なのである。

経験を累積生産量とするということの意味は，ここでの「経験」という概念が，労働における習熟だけでなく，時間の経過の中で，したがって生産の蓄積の過程で行われるさまざまな改善や変更を通じて達成されるコスト削減を説明するための，「代理指標」として用いられているということである。単なる生産量の積み重ねがそのまま，経験とはならないからである。

時間の経過とともに単位当たりコストが下がっていくという普遍的な事実を説明するために，累積生産量と単位当たりコストの変化を見ることで，そこに見られる右下がりのスロープを割り出し，その関係を経験曲線効果と呼んだ。累積生産量とコスト・ビヘイビアとの関係を説明する媒介項に，労働者の習熟だけでなく，販売や物流，仕入価格など多様な要素が考えられ，こうした媒介項を総称する概念として「経験」が用いられたのである。

ポーター（Porter 1980, pp.15-16）もまた規模と経験の両者の重なりを認めながらも区別している。彼は，参入障壁という点で，規模の経済と経験とは非常に異なった特性を持っているとしている。

業界の状況が変わらないかぎり規模の違いというものは，常に歴然とした差をもたらす。大規模企業は小規模企業に対して，常に優位性を持ち，規模の違いは，最も明確な参入障壁となる。これに対して経験は，それがその企業独自のものとして企業内に蓄積されてきたものであるかぎり，模倣しにくい。マンスフィールドが，「プロセス・テクノロジーは製品イノベーションよりもゆっくりと漏れる」と言ったのは，まさに，企業が蓄積してきたノウハウや組織文化といったものは，簡単に移植することができないからである。

ノウハウや組織文化といった技能的なものは，QC サークル活動の導入などのように，組織内で時間をかけて醸成していくことは可能であるが，それが

技術に置き換えられたとき模倣可能性は高まる。技術の論理は移転することの難しい経験的なものや技能的なものを機械に置き換えることであった。そして，そのように機械的なものに置き換えられることでそれらが企業独自の（proprietary）ものではなくなったとき，新規参入者は最新の技術を購入したり最新の方法を獲得して参入し，先行していた企業を凌駕することができるのである。

　経験曲線効果も規模効果も「長期」を含む概念であるが，「経験」には単なる量的な拡大ではない質的な拡大が包含されているということ，さらに，そうした拡大が組織的な努力の結果として，また，いずれのコスト削減手段を選ぶかという選択の問題としてあるということである。これら二つの意味が「経験」という概念には明示的にも暗示的にも含まれているがゆえに，この概念の他の類似概念に対する独自性があるといえよう。したがって，そのかぎりこの概念は尊重されなければならない。経験曲線効果とは，戦略的な政策課題とその実現を内に含んだ概念なのである。

　規模効果は，現時点であれ将来時点であれ，その時点その時点での生産設備，生産技術，工程といった固定的部分をベースに，可変的要素の投入によって得られる効果で，そこで得られる生産量には，その時点までに各要素内に蓄積された経験が反映される。これに対し，経験曲線効果には，生産設備や工程，生産技術の更新はもちろんのこと，労働者内にも個人的あるいは集団的（QCサークルやZD運動など）に経験が蓄積されていくことが考えられており，しかも，それらのどの部分における経験や規模に主眼をおくかは，事業主体の選択に依存するという性格を持っている。そしてこの後者の側面にこそ「経験曲線効果」概念の本質がある。繰り返せば，経験曲線効果は単に結果として発生するのではなく，むしろ戦略的選択の結果として得られるという側面にこそ，本質的な意義があるのである。

d. 技術的改良と経験

　「技術的改良」という経験曲線効果の源泉は，「特に資本集約的産業における

新しい生産工程，労働のオートメーションによる代替などの資源ミックスの変更，工程および製品の変更，製品の標準化やモジュール化などの再デザイン化 (Day & Montgomery 1983)」によるもので，先に挙げた経験曲線効果の源泉のうち，習熟と規模を除くほとんどすべてのものがこの分類に含まれてくる。これらの要因における「経験」こそ，これまで見たように，戦略上重要な意味を持ってくるのである。

4. 経験曲線の適用限界と「右の壁」
―生産性のジレンマ

　経験曲線が永久に下降曲線を辿るとしても，現実には，これ以上は無理であるという物理的な壁が曲線の右側に存在するであろう。「経験」の中には，人間の習熟，工程の改良，部品の変更，モジュール化，調達の合理化，物流の合理化，等々さまざまな改善努力が含まれているが，生産量が2倍さらにその2倍と累積されていくにつれて経験曲線が限りなくx軸に漸近していくのを見れば，単位当たりコストをさらに追加的に引き下げていくためには，初期の頃とは比べものにならない生産量を積み重ねていかなければならないことは自明である。カイゼンの対象は多様に存在しうるとしても，やがて限界を迎えることは容易に理解できるであろう。

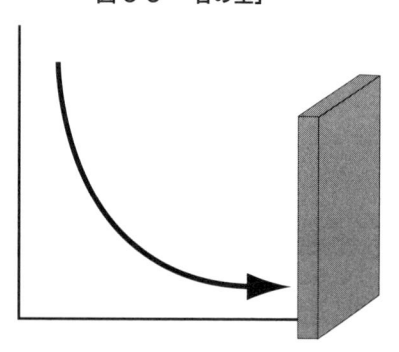

図6-5　「右の壁」

あるいはまた，経験効果の源泉を使い果たす前に，もっと現実的な限界がやってくる。単一モデルであるT型フォードに対してGMの多様なモデルが市場で受け入れられやがてT型に取って代わっていったように，製品に対する市場需要そのものが変化することで，企業は自ら経験曲線のスロープを断ち切らなければならなくなる。T型を一貫した流れ作業によって効率よく造るために建設されたリバー・ルージュ工場の悲劇は，その象徴的な出来事である。[1]

経験曲線効果という競争ルールにおいても，その適用限界が次のような場合に起こりうる。まず，コスト削減効果が「経験（累積生産量）」よりも「規模」に左右される場合には，相対的コスト・ポジションにとって「経験」は問題にならない。[2] またさらに，異なった経験曲線を持つ技術によって参入してくるものにとって，既存企業の累積生産量（経験）は問題にならない（図6-6）。競合他社や新規参入者が，テクノロジー・トランスファーによって同じスロープでも最初からリーダー企業に対して同等のポジションからスタートできる場合（図6-7）も，既存企業の経験(累積生産量)とその曲線はそのコスト競争力を失う。

このような現実的な適用限界は，経験曲線効果を享受していた企業にとっては競争上重要な意味を持っている。それは，アバナシーによって「生産性のジレンマ」として知られるようになった命題にかかわるからである。「製品革新はコスト効率性の敵であり，その逆もまた真である。(Abernathy & Wayne 1974, p.118)」経験曲線効果によってコスト・リーダシップを享受すればするほど工程改善への努力が加えられ，一層の固定費の増大を生みだす。そして，

---

[1] 1909年に，それまでのいくつかのモデルを一本化してT型フォードが生まれた。フォードの固定費は，1913年には11%，1922年には20%，1926年には33%，さらに1927年には81%と急増した。シェアは1925年の41%を最後に急落し，1927年には，鉄鉱石を投入すると車が出てくると言われた巨大な一貫生産工場であるRiver Rouge工場を完全に閉鎖し，A型で再出発するためにほぼ1年を必要とした。黒以外の色やクローズドボディで乗り心地の良い車を求めていた消費者需要に応えることなく，一貫して安い車を作るために，大量生産のための生産工程を作り続けたのである。(アバナシー 1984, 91頁)

[2] 先に見たように，この点からも「規模効果」と「経験効果」とは，重なり合う部分を多く持つとはいえ，区別しておく必要がある。

164

図6-6

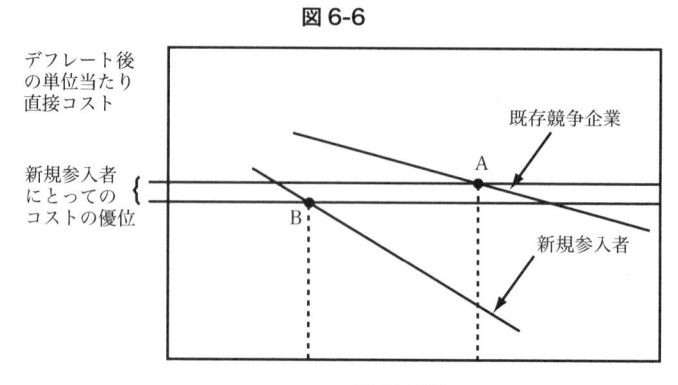

デフレート後の単位当たり直接コスト

既存競争企業

新規参入者にとってのコストの優位

A

B

新規参入者

累積生産量

(出所) Hax and Majlut, "Competitive Cost Dynamics : the Experience Curve", *Interfaces*, vol.12,No.5(1982)p.165.

図6-7

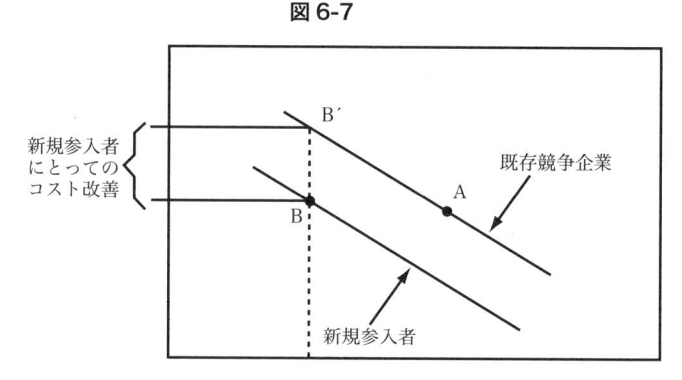

B′

新規参入者にとってのコスト改善

既存競争企業

A

B

新規参入者

累積生産量

(出所) Hax and Majlut, "Competitive Cost Dynamics : the Experience Curve", *Interfaces*, vol.12,No.5(1982)p.165.

そうした成功の傾向を断ち切るような製品革新に対するインセンティブを弱める。成功しているがゆえにその成功の道を離れることに対するさまざまな抵抗が働く。成功は，変わることへの「歯止め効果（ratchet effect）」を持つのである。[3]

　下降を辿る経験曲線がどこまで続くかという前に，現実上の限界が先にやっ

3　歯止め効果は，経験曲線効果の追求という場面以外にも，さまざまな選択の局面に働く。今ある成功の道筋からの逸脱を阻む「慣性」の力と言うことができる。

てくる。この限界は，「コスト削減手段を使い果たしたからではなく，むしろ，製品変更に対する市場需要，その産業内での技術革新の度合い，製品性能を競争手段として利用する競争者の能力，などによって決定される（Abernathy & Wayne 1974, p.118)」。

5.「右の壁」と歯止め効果

ここで，コア・コンセプトおよびドミナント・デザインと経験効果との関係をまとめておこう。

①コア・コンセプトからさらにドミナント・デザインの確立によって市場での不確実性が減少し，それによって革新の性格を，製品革新から工程革新へと切り替えることが可能になる。

②コア・コンセプトからさらにドミナント・デザインの確立によってプロダクティブ・ユニットが安定化したときに経験効果はその効力を発揮する。

③特定性への移行に伴って生じる工程革新や製品の漸進的な改良が，経験効果の源泉の一つである「技術的改良」の内容をなす。

④プロダクティブ・ユニット・サイクルの中間段階では，製品面・工程面の技術開発がいずれも活発で，市場は依然流動的な面を持っているが，この局面において積極的に工程革新を追求することでコスト優位を獲得することができる。

⑤ひとたび製造技術が標準化されると，「経験は設備の中に体現される。労働の中でも組織の中でもない。かくして，そのすべてを移転させることが可能になる。」(Ayres 1984, p.91) これは，技術というものの必然的な帰結である。こうして移転可能となった技術によって，先の図6-6, 図6-7で見たように，後発の参入企業が経験効果において有利な条件で参入することが可能になる。また，標準化によって，部品やモジュールの外注が可能になる。OEM（Original Equipment Manufacturer: 相手先ブランド製品の製造会社）やEMS（Electronic Manufacturing Service: 電子機器受託製造サービス）は，こうした外注の引受先で

ある。

⑥一つのプロダクティブ・ユニットはより下位のプロダクティブ・ユニットから構成されていると考えることができるが，このことは，各下位プロダクティブ・ユニットについて個別に経験曲線を考えることができることをも意味している。しかしながら，ドミナント・デザインはより下位のデザインコンセプトを方向付け規定するから，下位のプロダクティブ・ユニットについても早晩コア・コンセプトが確立され，経験曲線の適用局面が生み出されることになる。こうして，いわば不可抗力的に工程合理化と経験曲線効果の追求が製品全体について行われ，特定性の状態へと移行していく。

⑦このような移行の過程で生じる製品変更の性格は，必然的に大きな工程変更の伴わないものになっていくであろう。モジュール化やFMS (Flexible Manufacturing System) などによって，工程への影響を最小限度にとどめながら，範囲の経済を追求し，コストと差別化との折り合いをつけていくことになる。製品の多様性を高めるマス・カスタマイゼーションや，オーダー・エントリー・システムは，そのための手法である。いずれにしろ，特定性への移行過程は，不可避的に変更の性質を，こうした副次的で細かいものに変えていく。根本的な製品革新が生じて別のプロダクティブ・ユニットのサイクルが開始されるまで，こうしてプロダクティブ・ユニットは，全体としても下位プロダクティブ・ユニットとしても，一種の（右の）壁へと向かって進んでいくことになる。

⑧プロダクティブ・ユニット安定化の魅力は，コスト・リーダシップ追求の魅力である。流動性への戻りは，コストの上昇とともに不確実性の上昇をも意味する。このことは，個々の企業だけでなく，業界レベルでも革新を妨げる一種の共謀を暗黙裏に生みやすい。とりわけ少数の大規模企業によって支配される寡占業界において形成される可能性がある。しかしながら，今日のようなグローバルな競争環境の下では，外国の企業の参入によってこうしたことは打破されるであろう。

第7章：モジュラー化の意味と
アーキテクチャ概念

1. モジュール概念とモジュラー化

a. プロダクティブ・ユニット概念とモジュール概念

すでに見たように，プロダクティブ・ユニット概念は，製品を単に全体として見るのではなく，複数のプロダクティブ・ユニットから成り立っていると考える。個々の部品や構成単位もプロダクティブ・ユニットと考えることができ，それによって全体としての製品が構成されていると考えるのである。

ある程度まとまった部品群を一つの単位として，それを独立の集合的部品として考えるのがモジュールという考え方である。「モジュールとは，その構造上の諸要素が相互に強力に結合された1つのユニットであり，また他のユニットの諸要素とは相対的に弱く結合されている。」また，各ユニットをモジュールとして設計することで，「業務をそれぞれの工程へ，あるいは比較的互いに独立した工程群へと分解するすべを提供する。」（ガワー＆クスマノ 2002，5頁）

このようにモジュールは，分解と統合という技術の論理の下で設計され活用される「部分」であり，概念としてはプロダクティブ・ユニットと同じと考えることができる。したがって，プロダクティブ・ユニットもモジュールも，それをどのように全体の製品に組み込み相互に関連づけるかを決めるアーキテクチャが重要になる。

アバナシーは，製品をプロダクティブ・ユニットのポートフォリオとして考えることで製品の脱成熟を考えた。製品を複数のプロダクティブ・ユニットから構成されるものと捉えることによって，製品全体ではなく一つないし

複数のプロダクティブ・ユニットに改善を加え，製品の差別化を図っていくことができると考えたのである。こうした発想によって，全体のコストをコントロールしながら新しい特徴を製品に付加していくことが可能になり，新製品をつぎつぎに導入しながら同時にコスト削減をも実現する。消費者の新たな需要を喚起する一方で，価格を「消費者の手の届く範囲内に保っておく」(Day & Montgomery 1983, p.48)」ことが可能になるのである。ポーターは，差別化とコスト・リーダシップとを相互に排他的な基本戦略としたが，プロダクティブ・ユニットやモジュール発想によって，差別化とコスト・リーダシップとを同時に追求することは可能である。マス・カスタマイゼーションは，まさにこのような考え方の延長上にある。

　このように，プロダクティブ・ユニットという考え方は，一つの製品を相対的に独立し標準化された部品やモジュールに分けることを可能にし，それによって，本来的にはコスト・リーダシップを切り崩すかもしれない性格を持つ差別化対応を，競争的に図っていくことを可能にする。競争への対応を，こうした部分について行っていくことで，「変化のインパクトを局所化する」(Hax & Majlut 1982, p.56) ことができるからである。

　ガワーとクスマノは，同様の考えを，モジュールという概念に立って次のように表現している。すなわち，「イノベーションは，製品の各モジュールにおいて，システム全体に影響を与えることなく（したがってシステム全体の統合度を脅かすことなく），起こりうる（ガワーとクスマノ 2002, 6頁）」と。

　彼らは，プラットフォームというアーキテクチャの構成要素としてモジュールを考えているのであるが，考え方はアバナシーと同じである。両者の違いは，プラットフォームをベースに複数製品が関連し合い，それが全体として提供するベネフィットを一つの「商品」と捉え，その構成要素である複数製品をモジュールと呼ぶか，自動車のような一つの製品について，それが複数のプロダクティブ・ユニットから構成されていると考えるか，にすぎない。つまり，システム製品とそのシステムを構成する部分という関係で見るか，一つの製品とそれを構成する部分（文字通り部品ないし部品群）というように見るかである。

もっとも，内燃機関の爆発から生まれるエネルギーを回転運動に変換する自動車という製品も，それ自体システム製品でもあると言えるのではあるが。
　しかしながら，この両者の違いは，見た目以上の違いを持っている。前者はその事業展開において，プラットフォームをベースに発展性を持った外向きの開かれた方向性を持っているのに対し，後者は，一つの製品の完成度を高めたりせいぜいの所そのバリエーションを増やすことができるという，いわば内向きの志向性を持っている。たとえば，iTune というソフトウェア技術をプラットフォームとする iPod が，さまざまなメーカーの関連製品開発を通じて次々とその使用のシーンを拡大しているのと自動車とを比較してみれば，このことは明らかであろう。この点については，事業の定義とプラットフォーム概念について述べる次章で再度取り上げる。いずれにしろ，プロダクティブ・ユニットとモジュールとは，同じ内容を持つ概念である。

b.　価値連鎖とモジュール概念

　原材料調達から販売までの事業活動を価値連鎖 (Value Chain)，および複数企業からなる価値連鎖システム[1]として捉えたポーターの考え方も，プロダクティブ・ユニットおよびモジュールと同型の発想のもとで位置づけることができる。
　原材料の調達にまで遡って，そこから生産，流通さらには消費者までをも含む全過程は，さまざまな要素からなる価値の連鎖として捉えることができ，そのさまざまな要素を通じて差別化とコスト・リーダシップとを追求することができる。このように考えることによって，差別化は（コスト・リーダシップももちろんのこと），企業家の創意工夫によっていかようにも創出することができる。また，その組み合わせによって，価値の連鎖をいかようにも作りかえることができる。
　「競争優位は，会社を全体として観察することによっては理解できない。競争優位は，会社がその製品を設計し，製造し，マーケティングをやり，流通チャ

---

[1]　さしあたり価値連鎖でこの２つの概念を代表させる。

ネルに送り出し，各種のサービスをやる，といった多くの活動から生まれてくるのである」「したがって，会社が行うこれらすべての活動とその相互関係を体系的に検討する方法こそが，競争優位の源泉を分析するのに必要」であり，その基礎概念が「価値連鎖」である（ポーター 1982，45 頁）。

価値連鎖の基本単位は次の図の通りである。

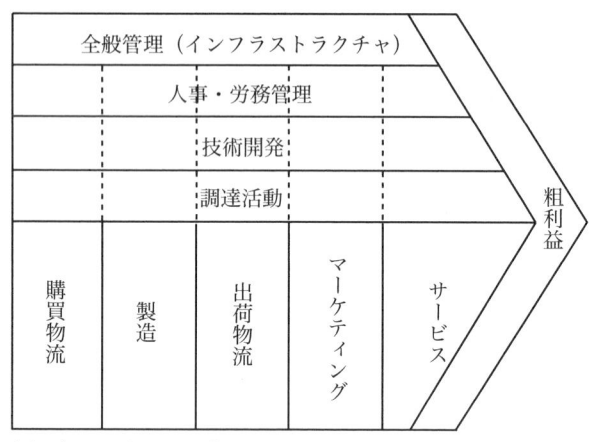

図 7-1　価値連鎖

全般管理（インフラストラクチャ）	粗利益
人事・労務管理	
技術開発	
調達活動	
購買物流 / 製造 / 出荷物流 / マーケティング / サービス	

（出所）M. ポーター『競争優位の戦略』

図の全体が会社によって創りだされる価値の総体であり，そこからその価値を創りだすために行われた活動の全て（コスト）を引いたものがマージンすなわち粗利益になるということをこの図は示している。

価値を創る活動は，大きく，主活動（Primary Activities）と支援活動（Suport Activities）の２つに分けられる。「主活動」とは，製品の物理的創造，それを買い手に販売し輸送する活動，さらに販売後の援助サービス等である。どのような会社であっても主活動は，購買物流，製造，出荷物流，販売・マーケティング，アフターサービスという，５つの一般項目に分類することができる（ポーター，52-56 頁）。

これらの活動のおのおのについて，コストと差別化の両面において分析することができる。それぞれの活動が，どの程度会社の相対的コスト地位に貢献し

たり，どの程度差別化の基礎を創造するもとになっているかを体系的に把握することを可能にし，それによって，会社を，コスト面あるいは差別化面あるいはその両方において，競争優位に導くことができる。

「支援活動」は，資材調達技術，人的資源，各種の全社的機能を果たすことで主活動のそれぞれを支援する。点線は，調達，技術開発，人事労務管理が，ここの主活動と関連し，全連鎖を支援する事実を示している。全般管理(infrastructure) は，個々の活動には関連なく全連鎖を支援する。

さらに重要なことは，この価値連鎖は一種のビルディング・ブロックであって，それ自体が鎖の一つとして，より大きな価値システムの中に組み入れられているということである。

図7-2では，「単一業種の会社」が示されているが，基本的な考え方は多様な事業内容を持つ企業であっても同じである。

図7-2　価値連鎖システム

供給業者の価値連鎖 → 当該会社の価値連鎖 → チャネルの価値連鎖 → 買い手の価値連鎖

（出所）ポーター『競争優位の戦略』

価値連鎖のシステムという考え方が示すことは，どのような製品であれ，原材料から始まって最終的には消費者の手によって消費されるまでのすべての過程を，それぞれに結びあった鎖のように考えることができるし，そうしなければならないということである。そうであれば，企業が価値システムのどの段階にあるとしても，その段階の自分の会社の価値連鎖だけを見るだけでは不十分であることは容易に理解できよう。自社がどの段階にいるとしても，この全価値システムの中で考えなければならないし，特に，自分の会社にとっての価値ではなく最終消費者にとっての価値という視点から考え，それを今どう創りだしているのか，これからどう創っていこうとするのか，を考えることが必要である。

2. モジュラー化の意味

a. モジュール概念と技術の論理

モジュールという発想は，分割と統合とを特徴としている。システム全体を内部相互依存性の高いサブシステムに「分割」して，サブシステム間の相互作用を事前ルールによって規定して「統合」する設計上の戦略をモジュール化もしくはモジュラー化と呼んでいる。(青島・武石 2006, 207 頁)

また，モジュラー化は，部分を事後に擦り合わせるのではなく，あらかじめ統合のルールを設定し（事前ルール）それによって部分と部分の調整を処理する方法である。「モジュラー化とは，構成要素間の相互関係を効果的に限定することによって，設計上の問題をなるべく事前のルールで処理しようとする戦略である。」つまり，システムを構成するいくつかの要素をモジュール（サブシステム）に格納することで，システムを相対的に独立の構成要素の集合体とする。これに対して統合化は，構成要素間の関係を事後的にかつ継続的に処理していく方法で，その結果，「システムは構成要素が複雑に絡み合った総体として認識される。」(青島・武石 2006, 212-13 頁)

プロダクティブ・ユニットという考え方や，そうしたユニットを積極的にモジュールとして考えるという発想のベースにあるのは，ある働きの全体を機能として分解しそれを再統合していくという機械化を基本とする「技術の論理」(中岡 1970, 1971a, 1971b) である。

機械化のプロセスは，労働を連続する一連の作業に分解し，分解された作業部分を，非熟練労働や機械に置き換え（つまり，誰でも肩代わりできる部分として切り分け）それを再統合することを本質的な特徴として持っている。このことは，労働の分解と統合の繰り返しと共に，非熟練労働へと分解された部分労働の機械への置き換えを意味する。そして，その中間形態で活用されているのが，パーツ化された派遣やアルバイトなどのパート労働力である。

「技能は，言葉で人に伝えられるようにはできていない。経験と結びつけて，

事がおこった時にでなければ伝えることはできない形をもっている。だが，それを系統的に一定の因果関係の連鎖としてとり出すことができなければ機械化された工程の設計は不可能なのだ。」この点について，菓子作りの量産化プロセスが参考になる。(技術の論理については，中岡 1970, 32頁)

まず，ケーキ作りのプロセスの職人的表現を見てみよう。

「材料を正確に配合してミキサーでうまく立ててやれば生地は一定の状態に立つ。それをある時間放置してやれば生地は死ぬ。それを焼くと，うまく浮いたり浮かないで失敗したりする。それを適当に放置してやればもどってケーキのうまさが出てくる。」

「浮く」とか「死ぬ」といった独特の表現で表されるプロセスはまた，生地をオーブンで焼く前後の状況やタイミング，季節ごとの温度の違いによる「死に方」の微妙な変化に対応して，さらには，「立ち方」の違いに対応した焼き方の違いの中で，それ自体が微妙な変化を示す。そうした「立ち方」や「浮き方」に対する判断の修得に，技能の修得や熟練の特徴を見ることができる。パン生地の発酵時間も，夏の暑い時期と冬とでは異なっており，同じ作業場でもその時々の気温や湿度によって作業のタイミングを変えなければならない（パン職人談）。

では，このような技能のプロセスがどのように機械化のプロセスの中に移し変えられていったのであろうか。

上記のような技能的特色をもったプロセス——卵を割って砂糖と混ぜ，さらに油脂類と合わせて乳化し粉を入れるという生地作りの一連のプロセスは，冷凍卵（割る卵が何万個という数にのぼるため）の使用とプレッシャーミキサーの使用に置き換えられた。それによって生じた「浮き」の悪さは，乳化剤（脂肪酸エステル）の添加によって克服された。しかも，乳化剤を入れた生地は，死に方も倍以上ゆるやかになった。(中岡 1970, 35頁)

これは，菓子作りのプロセスのなかのほんの一部についての例に過ぎないが，ここで生じたことは，菓子職人が長年培ってきた，「卵だけでいかにしてうまく立てるか」という熟練を不要にし，それを，薬剤の利用によって機械化のプ

ロセスの中に取り込んでいったということである。

　自動車の生産工程における熟練工による熔接や塗装の作業は，今日，コンピュータのプログラムの中に移し変えられ，それぞれロボットによって，彼らの熟練そのままに，正確に行われている。このことによって危険度の高い，健康に悪影響をもたらす作業から人間が解放されたことは大いに評価されねばならないが，同時に，そうした人々の熟練が，やがて消えていくこともまた事実である。

　こうしたプロセスは，なにも生産労働にのみ起こるわけではない。事務労働にも，あるいは，医療のような知的労働においてもおこりうる。中岡は，その著書（中岡 1971）の中の「事務労働の分析」の章において，事務労働が生産労働と同様に単純作業への分割が可能であることを明らかにし，「知的労働の組織化」の章では，外科手術についての同様の分析を行っている。たとえば，役所の証明書発行業務の流れを作業の分解と統合によってチャート化できれば，それらの作業の一部ないしすべてを，電子計算機によって機械化することができる。「作業の発生する時間間隔の不規則性，その間にはさまれる適当なおしゃべりや息抜き，あるいはためておいて一挙に仕事を片づける可能性等々，つまり技術者が非能率因子と考える一切のことがらが，事務労働を人々にゆとりのあるましな作業と印象づけている要素なのである。」（中岡 1971, 152 頁）

　このように，技術は，熟練や技能という，人間の創意や工夫及びその蓄積によってその人の中に統合された形で身についている能力を，機械ないし非熟練労働によって代替しうるように，分解し，統合化していくという一連のプロセスを本質としている。しかもこうしたプロセスは，全工程の中でも，そうしたことが容易に実施できる部分から適用されていく。したがって，一定程度の熟練を要する作業部分は残っていくが，その部分といえども，この技術の論理の適用が可能となる技術的・経済的条件が整うに伴って，同様の分解-統合のプロセスが適用される（中岡 1970, 145-146 頁）。擦り合わせという考え方も同様である。分解と統合が容易に実施できない部分について，モジュラー化は進まず擦り合わせ方式が残る。

ハウザーらが日本の自動車産業における事例を「ハウス・オブ・クオリティ」（ハウザー & クロウジング 1988）として紹介した QFD（Quality Function Deployment）という手法もまた，同じ技術化の論理によっている。この手法の場合には，顧客のニーズに関する感覚的な表現，たとえば，「もっとどっしりとした感じのドアの閉まり方がいい」といった表現を，ドアの重さやヒンジのモーメントとして捉え直したり，さらにそうした感覚的な嗜好を製作可能な数値に落とし込むことで，顧客の求めるドアの閉まり具合を実現する。中岡が示した「技術の論理」は，職人の技能という目に見えないものを目に見える仕組みに置き換えることであった。

ボールドウィンらが言うモジュール・アーキテクチャも，同様の分解と統合によって，見えないものを可視化する方法であり論理である。認知限界を持つ人間が複雑なシステムとしての人工物を構築するには，このような細部（モジュール）への分割と，それら細部間の同時並行的進化と，そのような展開をコントロールする上位ルールによる階層化と総合化があって初めて可能となる。

「設計とは，特定の機能を発揮する「物事」（つまり「人工物（artifacts）」：二瓶）を創造するプロセス，である。」（ボールドウィン & クラーク 2004, 2頁）要するに「技術の論理」に他ならない。

インテグラル（擦り合わせ型（藤本 2002））な製造の極限が職人的技能であるとすれば，その要素を分解し，機械化や単純作業に置き換えていくのがモジュール・アーキテクチャの論理である。その過程で置き換えられない部分が多ければ多いほど，擦り合わせが必要になってくる。つまり，技術化の論理においては，インテグラルもモジュールもともに同じスペクトルの上にあるといってよく，より技術の論理を適用しやすいかどうかによって違いが生まれてくるだけである。

また，あえてそうした違いを残すことで，事業としての独自性を出していくかどうかは，事業の定義次第である。モジュラー化を図って量産化した車を中心に価格を抑えて展開するのではなく，受注生産的に擦り合わせ的技能をベースに展開するという選択肢もある。自動車産業でいえば，後者のケース

は，ホンダがアルミ・モノコック・ボディのスポーツカーの生産でとった方法や，イタリアのスーパーカー・メーカーの製造方法がそうであり，ソニーのQUALIA[2] もまたそうした発想に立つものであった。

　相互依存性は，複雑性の程度を決める。モジュラー化は相互依存性を構造的に階層化し，こうして複雑性を縮減するのに役立つ。「相互依存性とは，システムを記述する，ある設計パラメータの変化が別のパラメータの変化を要請する程度」であると定義される。この相互依存性がシステムの複雑性の源泉である。(青島・武石 2006, 214頁) したがって，こうした複雑性を縮減する工夫が，設計に反映される。システム全体を，相対的に相互依存性の高い構成要素群ごとに複数のグループ（モジュール）に分解して複雑性を縮減し，次にモジュール間の相互依存関係を上位のモジュール間インターフェースの問題に集約するという階層化がとられる。こうして，全体としての相互依存性，複雑性を縮減する。

　複雑性がモジュラー化を促した例としては，コンピュータ・ソフトウェア（青島・武石 2006, 226-227頁）がある。「ソフトウェアがさまざまな機能を盛り込み急速に複雑性を増していくと，——多くの人々が共同して作れるような仕組みが必要になった。こうした状況に対応して出てきたのが，機能配分の単純化，オブジェクト指向プログラミング[3]，データ・フォーマットとネットワーク・

---

2 「技術力の低下」「商品開発力の低下」を防ぐため，2003年6月10日，「モノづくり」復活を掲げて QUALIA プロジェクトが発表された。QUALIA は「感覚の質感」を意味する AV 機器の高級ブランド。(Wikipedia) 開発の主旨は，ホームページでは次のように述べられていた。
　"人がこれまでに体験したことのない未知なるクオリア（感動，人を惹きつけるもの，驚きや愉しみ）を生み出す会社であり続けることを目指す。人の感性に触れ，感動価値を創造する開発・製造からマーケティング，サービスまでの全ての"モノづくり"を通じて，"QUALIA ムーブメント"を具現化していく。"
3 「オブジェクト指向プログラミング」とは，プログラムを作成する際の手法の事で，プログラムをオブジェクト(クラス)という独立した単位(モジュール)で作成し，データとふるまいを定義する。
　たとえば車を例に取って考えると，その車の属性とふるまいは次のようになる。
　[車というクラス]

プロトコルの標準化，さらにソフトウェアIC[4]といった一連のモジュラー化の動きであった。」(青島・武石 2006, 227頁)

モジュラー化はオープン化を促進するが，インターフェース情報を非公開にすることもできる (青島・武石 2006, 213頁)。つまり，モジュラー・アーキテクチャであれば必ずオープン化が伴うというわけではない。モジュラー・アーキテクチャをとったIBMのシステム360は，インターフェース・ルールが非公開であるクローズドなシステムであった。(青島・武石 2006, 213頁)

しかしながら，システム (アーキテクチャー) がモジュールによって構成されれば，業務の一部を外注によって置き換える (アウトソーシングする) ことができる。(野村総合研究所 2002, 23頁) また，その「部分」を提供するアウトソース先の企業の方は，範囲の経済を狙ってモジュールを他企業に向けても供給するようになる。こうして，モジュラー化は必然的にアウトソーシングを活発化させ，差別化を中和していく。

b. インテグラルとモジュラー化

インテグラルかモジュラー化かという「製品アーキテクチャの変化の本質は，

　　属性：色，燃料，走行距離
　　ふるまい：走る，停止する，給油
　このようにクラスでデータとそれに対するふるまいを定義してデータのアクセスを制限することによってクラスはカプセル化される。そうすればクラスを利用する場合は内部構造まで知らなくてもそのインターフェースだけを知ればそのオブジェクトを操作することが出来る。これをブラックボックス化と呼ぶ。また，データとふるまいを併せて独立させ作成することにより，それを部品として扱うことができ再利用することが出来る。これによって，生産効率の向上が可能になる。(Object Oriented Programing :OOP ; www.site-cooler.com 2007年2月26日閲覧加筆)

4　ソフトウェア・コンポーネントのことで，ソフトウェアをコンポーネント化するという考え方である。ハードウェアの電子部品 (electronic component) からの発想であり，モジュールの互換性と信頼性に立脚している。そうしたコンポーネントを，Stepstone社のBrad Coxは「ソフトウェアIC」と呼んだ。(WIKI 2007年2月26日閲覧)

その製品から得られる成果の「専有可能性（appropriability）[5]」が変化することである。」（榊原 2005, 56-57頁）と言うことができる。藤本らの「製品アーキテクチャの分類にもとづいて言えば，インテグラルでクローズドなアーキテクチャの下では，ここでの「専有可能性」はもっとも高い。例としては自動車を挙げることができよう。逆に，オープンでモジュラー化されたアーキテクチャの下では最も低くなる。後者の典型例はパソコンである。

　オープン・アーキテクチャとモジュラー化は，モジュール提供者に範囲の経済の追求を促し，それが基幹的なモジュールであればあるほど，業界全体のコモディティ化を促進する。ただし，プロダクティブ・ユニットをどのように捉えるかによって，このコモディティ化の程度は異なるだろう。パーソナル・コンピュータのように，ほとんどの主要モジュールにおいて標準化が実現していれば，最終の商品の差別性は縮小していく。実際，今日では，自分でPCを組み立てる消費者も多い。また，自動車などの組立産業では，外部から調達できる部品[6]や，協力企業からのモジュールの納入[7]によって，コストダウンが実現している。

　もっとも，キャノン（J.T.Canon）が言っていたように，そのモジュール部分に対する技術的な把握や技術における優位性を発注元である企業が持ち続けないと，それが重要な部分であれば，その企業の弱体化・空洞化をもたらす。[8] また，アップルのように，しっかりとしたデザインコンセプトのもとにアーキテクチャを構築できれば，主導権を失うことはない。

　また，ホイットニーは，「自動車や航空機ではモジュラー化は限定的にしか

5　appropriable は，「私用にできる」ということ。これによって，利益をより多くとれるということである。
6　調達できる部品から製品化（日本経済新聞2001年8月1日）
7　モジュール部分のアウトソーシング（日本経済新聞2002年1月16日）；マツダのモジュール化（日本経済新聞2001年7月16日）
8　J.T. キャノンは，（モジュールにしろ部品にしろ）アウトソーシングにあたっては，自社内でも，アウトソーシングする部品ないしモジュールを内製できるだけの技術を持っている必要があると言っている。（Canon 1984）

進まず，設計合理化にとどまるだろう」と予測している。[9]

　インターネットの世界で急速にモジュラー化が進展したのはインターフェース情報が単純化されたことにあるが，自動車や航空機では限定的にしか進まないとするのは，「自動車などの製造業の部品を相互に組み合わせるためには，三次元の空間座標のみならず，素材の質や重さなど，きわめて複雑な多次元の情報をコーディネートしなければならない」からである（池田 2002，113 頁）。つまり，単純にモジュールをくっつけることはできないというわけである。しかし，フォルックスワーゲン（VW）は，ここ数年，車種間の部品共有化を徐々に進めてきたが，現在（2012 年）「レゴ方式」とよぶ「モジュール・アーキテクチャ」による生産方法をとっている。エンジンなど主要部品をさまざまに組み合わせ，大きさ，用途，地域に合う車を作っている。高馬力の車も普通車もエンジンは小型のものでできるだけ済ませ，ターボチャージャー（過給器）をつけることで小型エンジンの燃費の良さを残しながら高出力化を図ったりしている（日本経済新聞，2012 年 3 月 18 日）。たとえば，TSI というエンジンは，1400CC という小型車のエンジンでありながら，120 馬力から 170 馬力という高出力を可能にしている。

　またモジュラー化は，生産面での合理化手段としてであって，自動車業界においては，オープンに展開する融通性は少ないであろう（藤本 2002）。

　モジュラー化によって「変化のインパクトを局所化する」ということは，すでに述べたように，一つにはモジュールの改良による製品性能のアップをインクリメンタル（一つ一つ加算的）に図っていくことができることを意味している。また第二には，変化のない部分については，共有部品や共有モジュールによって引き続きコスト削減を図っていくことができることを意味している。すなわち，範囲の経済の追求が可能であるということであり漸進的成長の持続が可能であるということである。

---

[9] D.E.Whitney, 1996, "Why Mechanical Design Cannot Be Like VSLI Design," web.mit.edu. /ctpid/ www/ Whitney/ morepapers/ design.pdj (2001.4.9 にボールドウィンによる読み取り（ボールドウィン 2002, 91 頁）

このように，変化によって置き換えられるプロダクティブ・ユニット（部品ないしモジュール）から生じるであろう「経験曲線の描き直し」によるコスト効率追求面でのダメージを，全体として最小に抑えることができるのである。それが，「変化のインパクトを局所化する」ということの意味である。

同じことをより積極的な展開として考えるならば，このようなモジュラー化を行うことで，注文生産における多様なニーズに対応しながら，同時にコスト削減にも対応が可能となるということである。（パイン 1999）

このように，すべてのプロダクティブ・ユニットが成熟しきってしまわない限り，サブ・プロダクティブ・ユニットに改良が加えられ続け，それによって脱成熟が保たれるということは可能である。また，市場から求められ続ける限り，成熟しきることはないとも言える。このように，コスト・リーダシップと脱成熟との同時追求が，モジュール・アーキテクチャのねらいの一つである。

3. モジュラー化がもたらすもの

a. モジュール・アーキテクチャのメリットとディメリット

しかしながら，モジュール・アーキテクチャが想定する競争の時間軸は，どちらかといえば静学的な「短期」に収まるものである。そこでは，競争の場としての既存市場における付加的で対抗的な競争が想定されている。

このように，競争の場そのものを変えてしまうような革新でない限り，プロダクティブ・ユニットは，経験曲線効果の右の壁へと突き進んでいくことになるだろう。

モジュラー化のメリットとディメリットをまとめておこう。（青島・武石 2006, 217-221 頁）

メリット：
1. 構成要素間の調整コストを削減する。
2. 各モジュール設計における統合活動やイノベーションの促進。
3. 分業による経済性（各モジュールがそれぞれ市場を形成）。

4. システムの効率的な進化・発展に寄与。
   システムに対する変化をモジュールレベルに局所化（吸収）。
   システムの一部を変えることで機能レベルを向上できる（つまり，他の部分は使える）。
5. モジュラー化の努力はシステムに関する学習を進める。
6. インターフェース・ルールが汎用性を持つようになると，システムの範囲を拡大する。
7. 従来分離されていたシステムの新たな連結による拡大を可能にする（標準化されたコンテナによって，それまで分離されていた陸海空の輸送モードを連結したシステムへと構築することを可能にしたように）。
8. 複数の製品群を一つのシステムとして扱うことができる（IBMシステム360シリーズのように，ファミリーとしての扱いができる）。

ディメリット：
1. 事前のルール設定に多くの時間とコストがかかる。
2. 汎用インターフェースであるために，冗長性を持つ。個々の構成要素に最適化されたインターフェースとは限らないからである。

統合化のメリット，ディメリットは，モジュラー化のメリット・ディメリットと表裏である。

次のような図7-3，①，②，③を使ってモジュール・アーキテクチャの特徴をまとめておこう。①はすべてが擦り合わせ技術によって製品が造られている場合で，②は，徐々にモジュールが取り入れられ，③ではそのほとんどがモジュールによって組み立てられている製品を，それぞれ簡略化して描いたものである。③については，パソコンや，よく分解された写真などを目にするようになったiPhoneやiPadを思い浮かべてもらえれば分かりやすいであろう。ここでの図は，著しくコモディティ化が進んだ液晶テレビをイメージ化したものである。

ハードウェアだけでなくソフトウェアもそうなのであるが，完成品の全体は，さまざまな部分の組み合わせで成り立っている。相互依存するそれぞれの部分

を「擦り合わせ」によってつなぎ組み立てられている（①）

　やがて，相互依存性のより高い部分がまとめられてモジュールが作られる（②）。モジュールは，独立性を高めることで独自の発達を遂げることができると同時に，全体としての複雑性をこうした階層化によって分散縮減しながら，より複雑な全体システムを構築していくことを可能にする（②→③）。

　また，モジュールをつなぐ部分については，インターフェースの変更や擦り合わせの必要性が残る（③）。独自発展しうるモジュール内の変化は，新たな擦り合わせを必要とするが，こうして，複雑なシステムがモジュールの組み合わせによって構造化されていく。

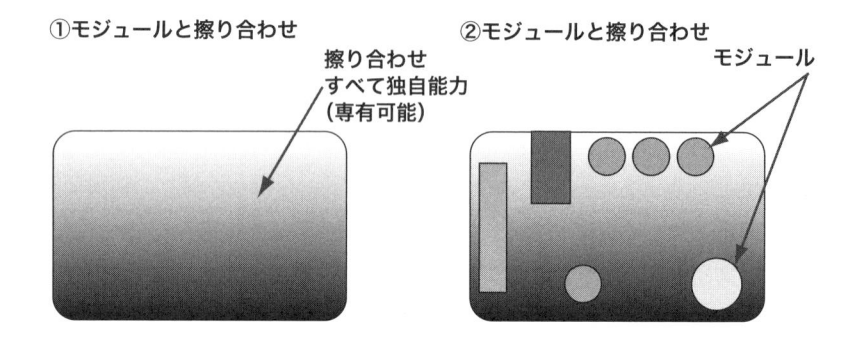

図7-3　モジュールと擦り合わせ

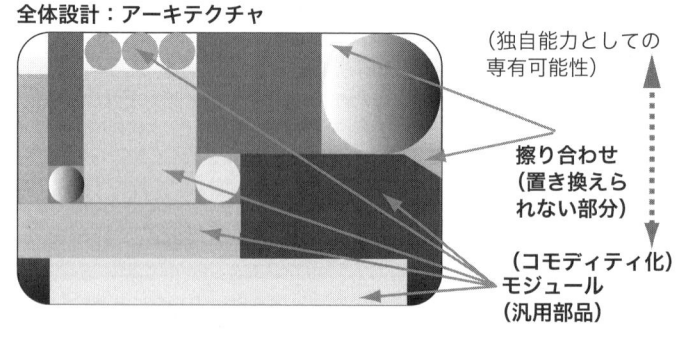

①モジュールと擦り合わせ
擦り合わせ
すべて独自能力
（専有可能）

②モジュールと擦り合わせ
モジュール

③モジュールと擦り合わせ
全体設計：アーキテクチャ

（独自能力としての専有可能性）
擦り合わせ
（置き換えられない部分）
（コモディティ化）
モジュール
（汎用部品）

（アウトソーシング可能，同時並行開発可能）

まさに「技術化の論理」の洗練された姿である。

b. モジュラー化と産業クラスター

自動車産業におけるモジュラー化（青島・武石 2006, 229–230頁）にもとづく分割と統合を見ると，モジュール内は統合化することができることが分かる。

部品をこれまでよりも大きな単位でくくり，サブアセンブリーする。こうして，複雑な部品と車体との関係は，モジュールと車体との関係に集約される。モジュール生産を外部のサプライヤーに任せれば，モジュール内の部品間調整は，モジュール・メーカーに隠蔽される。このことは，モジュール・メーカーおいては，さらにサブ・モジュールを使っているとしても統合化されていることを意味している。このことから，先のJ.T.キャノンが，make or buyの意思決定においてbuyすることにするとしても，自社でmakeしうるだけの技術を持っていなければならないと言ったのは，こうした隠蔽(カプセル化)によってコントロールがきかなくなることを危惧したものである。インテルは，中核技術を押さえてインターフェースを公開するという形で，強い影響力を業界の中に及ぼし続けた。日本の自動車産業における部品メーカーが自立（脱下請）によって成長していった（高橋 2001）ことは，モジュールメーカーとしての自立を意味している。

「モジュラー化は「複合部品化」であり，モジュール内のアーキテクチャの統合化に他ならない。」つまり，モジュラー化が行われるより上位の製品全体から見れば分割であるが，モジュール内は統合化である。

ある意味でこうしたことは特別なことではなく，技術化の論理である分割と統合とが，全プロダクティブ・ユニットを原理として貫かれていることを示しているに他ならない。

このように，さまざまなプロダクティブ・ユニット・レベルに分割と統合の原理が働くことによって，プロダクティブ・ユニットごとのあるいは製品全体の産業クラスターが形成される。トヨタなどの大企業を中心とする企業城下町

は比較的タイトな相互関係を保った産業クラスターであり、シリコン・バレーなどは自由なカップリングで形成される産業クラスターである。

「モジュール・オプションは分権化の遺伝子を持っている。デザイン・ルールの制定者（モジュール・システムの設計者）は、モジュール・オプションが試されるのにいちいち許可を出さなくともよい。これはきわめて効率的だが、他方で、モジュール・システムを所有し、支配し、利益を得ようとするために開発しようとする企業にとってはきわめて危険なものでもある。

モジュラー化は、価値を創造する。しかし、その価値を獲得することは難しい。モジュラー化の実験を伴う相互作用の中において、モジュラー化は原動力として人を駆り立て、驚くべき成果を生むとともに危険でもある。」（ボールドウィン 2002, 89頁）

事実、「IBM のエンジニアは会社を去り、システム /360 や /370 との「プラグ互換」モジュールを供給する新規企業に加わった。同じように、Xerox のパロアルト研究所の技術者もスピンアウトした。Intel はこうしたスピンアウトを、ベンチャー支援を通じて促進し、ガワーとクスマノの言うプラットフォーム・ビジネスをガイドしリードすることで今日の隆盛を築いた。

青木によって「シリコンバレー・モデル」（青木 2002, 22頁）と呼ばれた産業クラスターは、今日のようなインターネットを通じてグローバルに結びつく時代においては、空間的、物理的に特定地域にクラスターが形成される必然性は薄い。実際アップルは、世界中から部品を調達し組み立ても海外で行っている。

また、こうした広がりと、オープンであることの意味については、リーナス・トーバルスがコーディネートする LINUX の開発が一つの方向性を示している。モジュラー化することと LINUX のようにソースコードをオープンにすることは、開発を活発にし、開発者の創意工夫を高度に引き出す。iPhone や Android スマートフォン用のアプリ開発も、出来上がって商品（としてのアプリ）への品質管理上のチェックのあるなしという違いはあれ、ともにオープンな製品開発である。他方、榊原の言う専有可能性問題を生み出す。

レイモンド（Eric S. Raymond）は，LINUX のオープンソースによる開発を，UNIX のコモディティ化という概念で表現している。彼が考えるコモディティ化とは，LINUX という使いやすく優れた OS を，広くいろいろな人々が利用できるようにする（一般商品化する）ことを意味している。(Raymond 2000) プロプライアタリ専有可能性問題とは対極にある，徹底したオープン化を求めているのである。

レイモンドを初めとするアンチ・マイクロソフトの人々――オープン・ソースやフリーソフトウェア運動の人々――が使う「コモディティ」という概念は，IBM-PC が結果として大量の互換機を生むことでパソコンの普及が進んだように，良質のソフトウェアを広く一般の「共有物（コモディティ）」として使えるようにすべきであるという理念の下に考えられている概念である。この場合には，ソフトウェアはコモンズ（共有地）における良質の知識の共有資産という意味で「コモディティ」であるべきであると考えられているのである。戦略論やマーケティングで言われているコモディティ化も現象としては同じであるが，専有可能性という概念からは真反対の評価内容を持っていることは指摘しておかなければならない。

このように，モジュールは分権化の遺伝子を持っていると同時に，オープンソース運動に見られるように，企業にとってはコントロールしにくい状況を生み出す可能性も持っている。インテルのやり方をモデルにチェスブロウ(2004)やガワーとクスマノら (2005) が提示した「プラットフォーム」という考えは，こうしたモジュールの分権化の志向性を，インターフェースのコントロールや中核技術のカプセル化，産業発展の方向性の設定などによってつなぎ止め，価値ネットワーク（Value Network）（クリステンセン 2001）や産業生態系（エコシステム）（ガワーとクスマノ 2005），産業クラスター（青木 2002），モジュール・クラスター（ボールドウィンとクラーク 2004）という形で発展させるという方法である。

戦略的には，クラスター全体が活発な発展を実現するためにはオープンソース的な自由闊達な企業の研究開発が必要であり，それらをベースにプラット

フォームを維持しそれをもとにした事業活動をリードしていくためには，それらの自由闊達さを（アーキテクチャによって）方向付けなければならないということである。

モジュール・アーキテクチャやプラットフォーム，価値ネットワーク，これらはいずれもモジュラー化を発想のベースにおいている。そして，シリコン・バレーという産業クラスターに見られるように，「コンピュータ産業を現在のクラスター構造に発展させた根源は，コンピュータ設計におけるモジュラー化である。」（ボールドウィン 2002，70頁）

「モジュール型コンピュータ設計の進化の受け皿となった企業と（財，労働および資本の）市場の一群」をボールドウィンは「モジュール・クラスター」（ボールドウィン & クラーク 2004，414頁）と呼んでいる。これは，コンピュータ設計がモジュラー化されたことによって，相互に独立して各モジュールを開発する一群の企業が，コンピュータのアーキテクチャを通じて関連し合った産業を形づくったことを意味している。具体的なイメージとしては，シリコンバレー（青木）であるが，それにとどまらない。すでに述べたように，今日ではインターネットによって世界中に広がる調達網が構築可能であり，それらすべてのモジュール・メーカーからなる企業群が，ここで呼ばれる「クラスター」である。

ボールドウィンや青木の場合には，コンピュータという中核製品を構成する部品やモジュールを供給する企業群をモジュール・クラスターと呼んでいるのであるが，こうした産業クラスターは，クスマノらの概念でいえば，コンピュータをプラットフォームとする「産業生態系（エコ・システム）」と呼ぶこともできる。スティーブ・ジョブスは，好んでこの言葉をよく使った。また，クリステンセンの概念によれば，価値ネットワークと呼ぶこともできる。価値連鎖を構成する顕在的潜在的企業群をこのように呼ぶのである。ここでは，ネットワークという言葉によって一定地域に限定されないグローバルな調達網が含意されている。

シリコンバレーを形づくった多くの企業は「スピンオフによる起業」（安藤 2002，131頁）であり，このことの本質はモジュールの自立である。インテル

が（起業を促す）インキュベーションのための投資や助成を行っているのはそのためであり，ゼロックスのパロアルト研究所から生まれたネットワーク技術や光ファイバー技術，印刷技術などの先端的な研究成果が結局はスピンアウトによって実用化されたのも，そうしたモジュールの自立によるものである。

以上の，相互に類似した概念の背後に共通して存在しているのは，いずれもモジュラー化であり，モジュラー化を前提としたアーキテクチャという考え方である。

c. モジュラー化とオープン化

モジュラー化とオープン化の意味を，整理しておこう。

アーキテクチャを定めモジュラー化を図ることによって，各モジュールは互いに独立に設計され製造されることが可能になる。したがって，設計と製造のタスクをグループごとに分担させ，独立に作業させることができる。こうしてモジュラー化は，モジュールの同時並行開発を可能にする。

また，モジュラー化はオープン化戦略の重要な要素であり（青島・武石2006, 234頁），オープン化を推し進める原動力になる。製品設計をモジュラー化する事で，その部分を外部から購入する事が可能になるからである。こうしてモジュラー化は，生産の市場化を可能にする（沼上2006, 7頁）。もちろん部品レベルでも外注する事はできるが，モジュールとすることで一定のまとまった機能部分を外に出し，市場から購入することを可能にする。

すでに述べたように，モジュラー化は，まとまった働きをする一つのシステムを，互いに独立した部分に分割することを可能にする。そして，部分を再統合して一つのまとまったシステムに再構築する設計がアーキテクチャである。したがって，アーキテクチャは，どれをモジュールにするかを定め，モジュールが再統合される際のインターフェースを定める。

モジュールは，全体としては一緒に機能する大きなシステム内の異なる部分であるが，「同一企業内」の分業である必要はない。その代表的な例が，コンピュータ・システムである。「クラスター内での大半の企業は，コンピュータ・

システム全体の設計や製造を行わない。その代わりに、大きなシステムの一部分であるモジュールの設計または製造を行っている」(ボールドウィン 2002, 70頁) のである。

H.A. サイモンの限定された合理性という考え (bounded rationality) にもとづく人工物の考えに見られるように、モジュール・アーキテクチャは、複雑性を管理可能なものとする方法でもある。

コンピュータ産業において、あらゆる部分がモジュールとして互換性を持ったことが、今日のモジュラー化の特徴であり (池田 2002, 103頁)、CPU やメモリ、OS といった中核的な機能がモジュールとして独立し、コンピュータのハードウェア、ソフトウェアのすべての部品が交換可能となるという状況が成立した。

また、「モジュールの境界は企業の境界と一致する必要はない」(池田 2002, 116頁) から、モジュラー化は、アーキテクチャのオープン化によって一挙にコモディティ化を促進する。1981年に IBM が発表した IBM-PC は、「本体は最初から最小限度の部品しか装備しない代わり、拡張スロットを設け、ビデオ・カードやシリアル・ポートまで外部で作ることを前提にした「オープン・アーキテクチャ」を採用した。特に、システムの中核となる OS と CPU を外注し、その仕様が公開されたため、BIOS (基本入出力装置) さえあれば、本体のクローンは誰でも作れるようになった。」(池田 2002, 115–116頁)

アーキテクチャをオープンにし、構成部品をモジュラー化することで、誰もが参入することができるようになったのである。こうして、大量の互換機が市場に投入され価格競争を行った。そのため、多くのアプリケーションが開発されるなどネットワークの外部性が働き、IBM-PC およびその互換機が市場を支配するに至ったが、必ずしも IBM の業績には結びつかず、PC もコモディティ化してしまった。(池田 2002, 115–116頁) 液晶テレビもまた、モジュラー化によって急速なコモディティ化を起こしていった。

このように、オープン・アーキテクチャとモジュラー化は、急速な普及を可能にする一方、コモディティ化を促進し、榊原の言う専有可能性問題をも

たらす。ここから、「脱コモディティ化」が重要なテーマとなってくる（楠木 2006）。

d. モジュラー化のジレンマ

「市場が求める性能水準が技術進歩に対して相対的に低位に安定しているような状況ではモジュラー化が優位な戦略となる。一般に、製品がコモディティ化する過程でこのような状況が生じる。(青島・武石 2006, 225 頁)」モジュラー化は、各プロダクティブ・ユニット・レベルでも成熟化が進み、脱成熟が困難になっているような製品、したがって、市場においてはプライス・テイカーとして価格競争にさらされる製品にとって有利であり、また多く採用される方法である。ただし、大胆な投資を伴うコスト・リーダシップ戦略によってであり、SAMSUNG はそうした投資によって、液晶テレビでソニーやシャープ、パナソニックなどの日本企業を凌駕した。

このことは、次のようなことも意味している。すなわち、モジュラー化はコモディティ化する市場で有利であるのだが、同時に、コモディティ化を推し進める。そしてこの方向へのモーメントは、脱コモディティ化に対する歯止め効果を持つ。"モジュラー化はコモディティ化を進め、コモディティ化もまたモジュラー化を進める。"これは、モジュラー化のジレンマであり、いわゆる「右の壁」に向かう漸進的な進化プロセスの末に現れる現象に他ならない。

確かにモジュラー化は、柔軟な対応を可能にする側面も持っている。たとえば、「プロプライアタリな（自社単独の：二瓶）統合システムで複雑な業務を一貫して処理しようとすること」には困難が伴う。「要するに統合されたシステムでは、利用可能な IT や顧客のニーズが変化するに従って修正ないし改善する必要に迫られても、ある部分がボトルネックになって容易に対応できず、結果的に全体のパーフォマンスに影響が及んでしまう。しかし、部分がモジュラー化されていると、そのモジュールを取り替えるだけで、他の部分にあまり影響を与えずに変化を取り込むことが可能になる」からである。したがって、統合型のシステムでは歯止め効果（ratchet）が働きやすく、モジュラー化によって

オープン化することで自由度や選択肢が増し，外部の変動を局所で吸収することができる。(野村総合研究所 2002, 104-105 頁) しかしながら，やはり，全体としてのコモディティ化は，右の壁に向かって企業の自由度を減じていく。

e. アーキテクチャにおける「統合化の罠」と「モジュラー化の罠」

楠木とチェスブロウは，「企業の組織戦略は，その企業が追求する技術のタイプに適合していなくてはならない」として，製品や技術のアーキテクチャが，市場との関連でインテグラルなものからモジュラーへと移行し，またそこからインテグラルなものへの揺り戻しが起こるとき，組織がその振れに対応できずに不適合を起こすことを，それぞれ「統合化の罠」と「モジュラー化の罠」と呼んだ。

前者の統合化の罠は，モジュラー・アーキテクチャへの移行が必要であるにもかかわらず，組織がそれにふさわしい対応ができずに不適合を起こすことを言い，逆にモジュラー化から統合化への揺り戻しが起こっているときに，組織がそれに対応できないとき，モジュラー化の罠にはまるとしたのである。ここでは革新に対する組織対応が中心のテーマではないので，アバナシーの理論との関連で ── したがって製品カイゼンと工程カイゼンとの関連において ── このアーキテクチャ上の2つの罠の問題を取り上げる。

製品のライフサイクルだけではなく，その製品を生産する製造工程のサイクル(変化)に着目したのはヘイズとウィールライト(Hayes & Wheelwright)であったが，その両方を統合し，プロダクティブ・ユニットという単位で製品カイゼンと工程カイゼンとを見ていくことを提唱したのはアバナシーであった（第3章参照）。

楠木とチェスブロウの理論はアバナシーとアターバックの理論と構造的にはほぼパラレルな内容を持つが，彼らは，製品とそれを作り出す技術のアーキテクチャの変化に着目した。アバナシーらは，意思決定がコスト・リーダシップに向けての工程カイゼンへと傾斜していき，コスト削減へのドライブを逆転させるような製品カイゼンに向かうことをさまたげる抗しがたい圧力を「生産性

のジレンマ」として示した。生産性を求めコスト・リーダシップを実現してきたそれまでの成功経験それ自体が，製品カイゼンへの重点の移行を妨げる歯止め（ratchet）の役割を果たすことになることを，「生産性のジレンマ」としたのである。

　アバナシー理論の骨子は，支配的デザインの確立をメルクマールとして流動性から特定性への移行というカイゼンの変化を認識することにあるが，別の表現をとるならば，市場が一定のデザインを支配的であると判断した時点で，市場のニーズを探り対応を図るいわゆる「擦り合わせ」型の製品カイゼンの必要が徐々になくなり，むしろ量産化を可能にする標準化にむけてのカイゼン（工程カイゼン）に比重を移していく必要があるということを示唆している。また，工程カイゼンを進めていくという生産性追求の企業体制は，外部で新たな革新が起こったとき，その企業が新たな製品カイゼンと市場との相互学習過程を再スタートさせる上での歯止めとなる。生産性追求の短期的利益の追求と，新たな製品ライフサイクルのスタートを早期に見極め，それに対する対応をとることを躊躇させるという意味で，「生産性のジレンマ」なのである。

　これに対し，楠木とチェスブロウは，たとえば，組織をモジュラー化にふさわしい形態へと移行させなければならないときに，それまでのインテグラルな生産に有効であった組織自体が，そうした移行への歯止めとして働き組織の不適合を引き起こすということを示した。また，逆の移行つまり，モジュラー化からインテグラルへの移行に際しても同様の不適合が生じ，それぞれの成功経験それ自体が変化への枷になるこということ，すなわち，組織の「慣性（inertia）」（楠木・チェスブロウ 2006, 278, 291 頁）が変革を妨げる歯止めとして働くことを示したのである。

　インテグラルなカイゼンは，アバナシーの理論で言えば流動性の段階における製品カイゼンに対応し，市場ニーズへの対応に部品間の擦り合わせ的対応が求められる段階でのカイゼンのあり方を示したものであり，モジュラー型への移行は，モジュールの外部調達を含め市場化によるコスト削減を主眼とする工程カイゼンを中心にした特定性の段階に対応する。

楠木とチェスブロウは、アバナシーの理論におけるアーキテクチャの変化が一方向的なものであるとしている（楠木・チェスブロウ 2006, 291 頁）。確かに流動性から特定性への移行は不可逆的でありその限り一方向的であるが、それが新たな革新に対して即座に対応できないような歯止め効果を産むことを指摘したのであり、そこには、アーキテクチャの根本的なシフトが想定されている。そうした対応ができにくいのは、それまでのアーキテクチャの下での工程革新への傾斜が強く、わかっていても対応できないというジレンマを産むからである。アバナシーの場合、「脱成熟」によってそのサイクルを逆転させることが可能であることが示唆された。もちろん、そうしたプロダクティブ・ユニット・サイクルのシフトも起こりうるが、多くの場合、「右の壁」への漸近という大きな流れに抗することは難しい。したがって、一方向的というよりも、特定性へと向かう傾向の強さとそれを逆転させたりジャンプしたりシフトさせることの困難を指摘したものと解すべきであろう。

流動性から特定性への移行と同様、インテグラルからモジュラー化へのアーキテクチャの移行は、「差別化」から「コスト・リーダシップ追求」への力点の移行でもある。そして、モジュールをプロダクティブ・ユニットと考えるならば、それぞれのモジュール内で、同じような流動性から特定性への移行が生じる。そしてそれらも、「差別化」から「コスト・リーダシップ追求」への力点の移行を含んでいる。プロダクティブ・ユニットあるいはモジュールという考え方は、製品およびその構成要素を重層的に捉えなければならないことを示している。

図 7-4, 図 7-5 は、ここでの議論をふまえて楠木・チェスブロウの図を描き直したものである。図 7-4 で I からスタートして T-a → M → T-b と進むべきところ、太い矢印で示したような歯止め（罠）が働くのである。また、図 7-5 の矢印に添えられた逆方向の矢印は、図 7-4 の太矢印と同じ「歯止め (ratchet)」効果である。

製品アーキテクチャが安定的にモジュラー化の段階になる特定性の段階では、企業はそれぞれの構成要素（つまりモジュール）内部の技術的革新に集中するよ

図7-4 イノベーションの機会・源泉に対する事前期待と事後的な実現形態

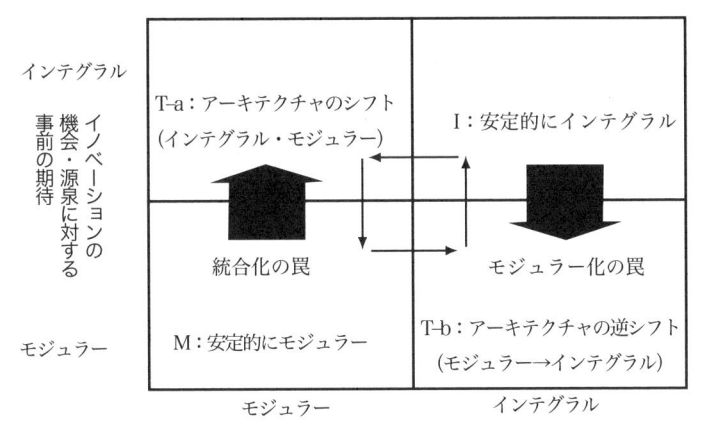

```
                  イノベーションの事後的な実現形態
                  モジュラー            インテグラル

インテグラル  │ T-a：アーキテクチャのシフト │ I：安定的にインテグラル
             │ （インテグラル→モジュラー） │
             │                             │
             │      ↑                      │   ↓
             │   統合化の罠                │ モジュラー化の罠
             │                             │
モジュラー   │ M：安定的にモジュラー       │ T-b：アーキテクチャの逆シフト
             │                             │ （モジュラー→インテグラル）
```

図7-5 製品のアーキテクチャのシフト

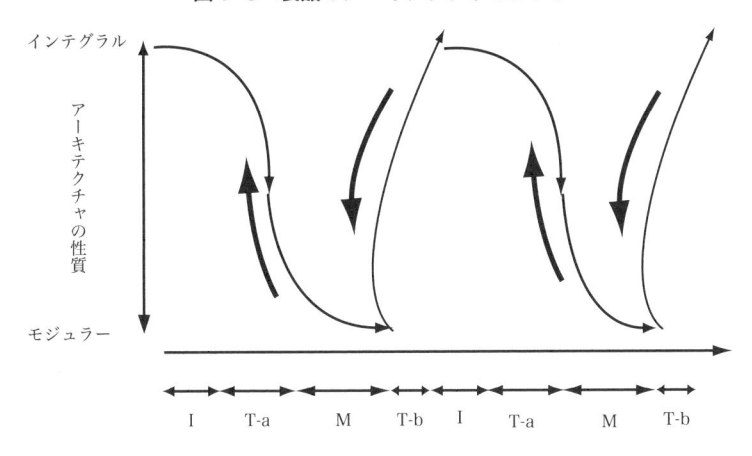

縦軸：アーキテクチャの性質（インテグラル ⇔ モジュラー）

I　T-a　M　T-b　I　T-a　M　T-b

うになる。いわば漸進的進化のプロセスに入ることになるわけである。こうして，モジュラー内の技術の深耕によってモジュラー・アーキテクチャとしての製品性能が向上すると同時に，それ自体が次の製品イノベーションを用意する可能性も生まれる。たとえば，ハードディスクの記憶方式をディスクの面から縦への記録に変えるイノベーションによって同じサイズのハードディスクの記

憶容量が飛躍的に増大することになる。これによって、たとえば携帯電話と携帯ミュージックプレーヤーとの競争のあり方が変わってくるかもしれない。

あるいはまた、同じように、バッテリーの持続時間の革新が、この2つの製品の競争場を大きく変えるかもしれない。現時点での携帯ミュージックプレーヤーは携帯電話より大きな記憶容量を持ってそれだけ多くの曲を持ち運びできるが、その点での差別性が薄れることになるし、携帯電話をミュージックプレーヤーとしても利用するとすれば、バッテリーの消費量が増え、肝心なときに本来の携帯電話としての機能を使えないということも起こりうる。バッテリー持続時間が長くなれば（たとえば、両機能を使っても丸一日は持つバッテリーが開発されれば）、それだけで決定的な差別化になると同時に、両機能を十分に（互いの機能を犠牲にすることなく）利用できるとすれば、それだけで独自の商品領域を切り開くと言っても過言ではない。

小型で記憶容量の大きなハードディスク、長時間持続するバッテリー、といったモジュールの革新が上記のような大きな飛躍を「商品」全体にもたらすことになるとすれば、これは、「破壊的なモジュラー・イノベーション」(楠木・チェスブロウ 2006, 279 頁) と呼ぶにふさわしいであろう。

このようなモジュールの革新は内部的にも起こるが、多くの場合外部から引き起こされる。このような革新が起こったとき、モジュール間の組み直しや新たな擦り合わせが必要となり、インテグラル・イノベーションへとスイングバックするというわけである。

こうしたことのケースとして、楠木とチェスブロウは、ハードディスクにおける薄膜ヘッドのイノベーションをあげている。

HDD (Hard Disk Drive) は、磁気ヘッドによって読み書きされ、その技術の延長としてフェライト・ヘッドが使用されるようになり、モジュラーとしてその性能の改良が進められていった。やがて、IBM によって薄膜ヘッドが開発され、これは、飛躍的に HDD の性能を向上させる可能性を持っていたが、そのポテンシャルを引き出すためには、それ以外のコンポーネントや要素技術の変更も必要であった。こうして、「薄膜ヘッドのイノベーションは、それ自

体はモジュラー・イノベーションとして起こったが,事後的な実現形態としてはインテグラル・イノベーションであることを必要とした。」まったく同じことが,薄膜ヘッドから MR (Magnet Resistance) ヘッドへの移行時にも生じた(楠木・チェスブロウ 2006, 283 頁, 285 頁)。新しい技術が生まれたときにモジュラー化からインテグラルへの移行をスムーズに行えなかった企業は,いずれの場合も HDD 事業で苦戦を強いられていった。

　モジュールの分散独自開発は,脱成熟以上の革新を生むかもしれない。モジュラー化によって,それが独自の研究開発を許容するが故に,新たなオプションを生み出す。こうした発展性が,ボールドウィンらの言う「モジュール・クラスター」という産業クラスターを生み出すわけであるが,同時に,こうしたオプションの活発な展開によって,脱成熟が可能になり,それらオプションの取捨選択を通じて,全体としてのシステムのパーフォマンスの向上が可能になる。たとえば,パソコンの記憶装置というモジュールにハードディスクを使うかフラッシュメモリを使うかといったオプションであり,そのいずれを選択するかは,製品のパーフォマンスだけでなく,製品の性格を変え,使用コンテキストをも変えてしまうことになる。また,そうした変化の中には,新たなライフサイクルをスタートさせる革新的製品を生むような,真のイノベーションと呼ぶに相応しいものもあるだろう。

第8章：機能の目的的編成としての
アーキテクチャと事業の定義

1. モジュラー化とアーキテクチャを規定する事業の定義

　モジュラー化は，製品を部分へと分解しそれを統合するという技術化の論理を実現する考え方である。モジュールは，複数の部品から構成され，その他の部分と独立した振る舞いをする単位（プロダクティブ・ユニット）である。

　その構成の仕方は自由なカップリングによる。したがって，携帯電話のレンズ・ユニットのように比較的小さなモジュールもあれば，自動車のエンジンのような大きなモジュールもある。これは，見た目の大きさというよりも，どこまでの部品をまとめるかというアーキテクチャにもとづく。

　したがって，モジュールの中にモジュールが組み込まれることもあり得る。モジュラー化にしろインテグラルにしろ，その基本となるのは，製品を最終的にどのようなものにするかを決めるアーキテクチャである。

　アーキテクチャの本質は，それをモジュラー化するのかインテグラルにするのかということではない。把握した顧客機能を具体的なものにするにあたって，どのような技術で対応し（需要-技術のサイクル）どのような製品形態にするのかということが本質であり，そのためにモジュラー化なのかインテグラルなのかが製造戦略として重要になってくるのであってその逆ではない。

　モジュラー化とインテグラルとは一種のスペクトルであって，製品のどの部分をモジュラー化するか，どこをインテグラルで対応するかという問題である。そうした設計をするのも，やはり，どのような製品を構想するかにかかっているのであって，その製品は，一定の具体的市場を対象とし，そこに向けて何を

提供するかという事業の定義にかかわっている。

そもそも，どの市場の誰に何をどのように提供するのかが明確に構想されて初めて，そのために何をどのように設計するかということを論じる意義も生まれる。

モジュラー化がもたらすもう一つの意義は，オープン化であり生産の市場化である。しっかりとしたアーキテクチャの下でこそ，部分（モジュール）を外部に依存することができる。そのことによって，コストダウンを図ることができる。また，自社にない技術を取り入れることができる。

モジュールを提供する側の企業にとっては，汎用性の高いモジュールであれば複数の他の企業にも提供することで，規模の経済や範囲の経済を実現することができる。その点からも，コストの削減が可能になる。ただしここでは，経験曲線効果で見た右の壁に向かっての漸進的進化のモーメントが働くことは忘れてはならない。

このように，技術化の論理の延長で考えられるモジュラー化の意義は，コスト優位をもたらす。しかし，モジュール独自の発展やそれに伴う製品の機能上の飛躍や，場合によってはアーキテクチャそのものの変更を迫る発展の可能性は，モジュールがオープンになることで生まれる。モジュールを事業の定義にもとづいて自由に目的的に編成することで，新たな事業が生まれ，量的成長の壁を越えていくイノベーションをもたらすことになる。

モジュラー化は，このように二重の可能性と意義を持った設計思想であると言えるのである。

2. 問題点の整理

ボールドウィンとクラーク（2004）が『デザイン・ルール』で示したことは，この本の原タイトルである *The Power of Modularity* が示すように，壮大なコンピュータ・システム（IBMの大型のコンピュータのOS）の設計におけるモジュラー化の威力である。そして，モジュラー化というシステムの分解のプロセス

をつなぎ止め，壮大な構築物（「伽藍」）をまとめ上げるためのアーキテクチャの重要性である。

モジュール化とアーキテクチャを，オープンなものにするかクローズドなものにするかについては，オープンソースとの関連で重要な問題が存在している。それは，エリック・レイモンド（Eric Raymond 1998）の「伽藍とバザール」が提起した問題で，この論文以降，「伽藍方式」と「バザール方式」として，対比され論じられている開発方式である。この場合にはコンピュータ・ソフトウェアの開発が議論の対象であるが，要は開発を，クローズドなものにするかオープンなものにするかという問題である。[1]

しかしながら，ソフトウェアについてであれハードウェアについてであれ，いずれの開発方式も，モジュラー化を前提としている。伽藍方式はIBMコンピュータのOS開発を代表例としており[2]，それに対する批判的手法として提起されたのがオープンソース方式によるものである。それをレイモンドが，バザール方式と名付けたという経緯からして，オープンソース方式はそもそも，モジュラー化の世界から生まれた方式であった。

バザール方式はリナックス（Linux）の開発に代表される。Linuxは，ソースコードを公開し，世界中に分散する開発者のコミュニティが，集合的にLinuxというUNIXベースのオペレーティング・システム（OS）に改良を加

---

[1] ソフト開発にあたって，モジュールを集めてまとまったシステム（たとえばOS）を作るのは，伽藍方式であろうとバザール方式であろうと同じである。しかし，参加メンバーが多くなりすぎると「メンバー間のコミュニケーションがボトルネックになって効率的ではなくなり，コミュニケーション・コストがアップする。また，デザインコンセプトの統一性が失われる。(Frederic Brooks Jr.『人月の神話』pp.90-91)」

[2] 藤本らは，「製品アーキテクチャの分類」で，日本の自動車産業における製品開発方式をインテグラルなアーキテクチャとして対比させて，オープン・クローズ問題を論じた（藤本2002）。下請け（協力企業）との関係のあり方を，コース／ウイリアムソン（Coase / Williamson）による企業か市場か（オープン／クローズ）の概念で分類したのである。したがって，藤本らの「オープン」概念は，オープンソースなどとは異なった意味合いを持っており，むしろ，「市場」か「企業」か，「スポット」か「関係性」かといった対比を論じたものである。

えたり不具合のチェックや調整を行ったりして改良を加え続けているOSである。[3]

したがって，アーキテクチャをクローズドなものにするかオープンなものにするかというように言い換えた方がよいかもしれない。つまり，アーキテクチャがインテグラルであるかモジュラーであるかに加えて，モジュラー・アーキテクチャがオープンであるかクローズドであるかが重要な意味を持っていることを示している。

インテグラルは，その本性においてクローズドである。それは，インテグラルとモジュラー化が，流動性と特定性とに対応するからであり，流動性段階においては，製品についての改良（製品カイゼン）が中心であって，したがって「擦り合わせ」が中心にならざるをえないからである。

楠木・チェスブロウは，インテグラルとモジュラーとの関係を次のようにまとめている。

「産業のごく初期（つまり流動性：二瓶）の段階では，製品アーキテクチャはインテグラルであるのが普通である。ここでは，製品システムを構成する要素技術がどのように組み合わさって動くのかが明確に定義できず，要素間の相互依存や相互作用も十分に理解されていない。この状況では，技術的なイノベーションが製品の機能やコストを飛躍的に改善する可能性があっても，それを製品の市場化に結びつけるためにはさまざまな構成要素との相互依存や相互作用の問題を解決しなければならない。この逆がモジュラー・アーキテクチャである。アーキテクチャがモジュラー化されていれば，構成要素レベルのイノベーションを容易に既存のアーキテクチャに組み込むことができる。」（楠木・チェスブロウ 2006, 272頁）

一般的に，「ドミナント・デザイン（支配的デザイン）」の成立に向けて，製品アーキテクチャは次第にモジュラー化し，部品やモジュールおよびそれら製品システムの構成要素間の相互作用や相互依存が標準化されていく。

---

3 壮麗な構築物である大寺院（伽藍）と，無数の小店舗がたちならぶ市場（バザール）をイメージしている。

こうした製造工程の変化にはアーキテクチャの変化を伴うのであるが，そうしたアーキテクチャの変化はそれにふさわしい組織形態を必要とする。そして，それにふさわしい組織形態を積極的に採っていくことの必要性とその難しさを説いたのが，楠木・チェスブロウの言う「統合化の罠」と「モジュラー化の罠」という二種類の罠であった。すなわち，流動性から特定性に向かっていく過程で，流動性にふさわしいインテグラル・アーキテクチャから特定性段階にふさわしいモジュール・アーキテクチャに切り替えていかなければならないにもかかわらず，組織がモジュール型の組織になかなか変われないという慣性(inertia) が働く。これを「統合化の罠」と呼んだ。「モジュラー化の罠」は，これとちょうど逆である。

前者のモジュラー化への移行のメルクマールになるのが，「ドミナント・デザイン」の成立である。これを見越して，モジュラー・アーキテクチャへの移行を積極的に図っていくことが，ここでの組織課題になっている。(もちろん，統合化の場合は逆である。)

3. アーキテクチャ概念

アーキテクチャはどのように概念されているであろうか。

アーキテクチャは，元来，建築における設計術あるいは建築様式を表していたのが，転じて，コンピュータ用語として用いられるようになり，ハードウェア，OS，ネットワーク，アプリケーション・ソフトなどの基本設計や設計思想のことを指すようになった。

さらに，製品については次のように考えられている。「事業を構成する製品（サービス）には普通複数の機能がある。その複数の機能を，製品の中の特定の構成部分に割り当てる方法を「製品アーキテクチャ」と呼ぶ。(榊原 2005, 55頁)」

しかしながら，以上のように，製品とその製造という面を中心にのみ考えるのではなく，アーキテクチャは，もっと広く事業そのもののデザインという観

点から捉えることができる。

　製品は事業の中核であり，売るべき何かがなければおよそ事業（ビジネス）というものは成立しない。また，事業を構成するものを，製品だけではなく，さまざまな役割（機能）であると捉え直せば，（流通機能や金融機能のように）それらの組み合わせ（システム）によって成立する事業構成をも「アーキテクチャ」と呼ぶことができる。つまり，その売るべき何かが単に物理的製品にとどまらず，さまざまなサービスや便宜という無形の価値の提供であれば，当然にそうした最終価値を成立させるための事業の仕組み（ビジネス・モデル）としてのアーキテクチャが必要になってくるのは当然である。要するに，アーキテクチャは，どのような事業をどのように提供するかについての事業設計に他ならない。

　このように，「アーキテクチャは，製品，サービス，生産工程，流通などのシステムを企業が設計する際の基本的な枠組みを提供する。」（青島・武石2006, 208頁）そして，「設計の基本枠組み」であるアーキテクチャにもとづいて，そこにかかわってくる個々の部品やモジュールが，システムであれば製品やサービスが，設計され組み込まれていくのである。

　アーキテクチャは，個別の製品からシステムとしての製品，さらには最終提供物を生み出すための仕組み（価値連鎖）までも含む「事業の設計」のことである。

a. アーキテクチャがオープンであることの意味

　あるシステム（ハードウェアに体化されたものに限定されず，サービスを提供するプロセスなどの広義の「ソフトウェア」も含む）が，オープンであるということは，全体が，ハードウェアまたはソフトウェアの「基本設計概念」であるアーキテクチャの下に明確で相互依存性の低い機能的部分（モジュール）に分解され，その部分間のインターフェースの仕様（たとえば，データのやりとりのプロトコルなど）が公開されており，だれでも利用可能な状態にあることをさす。その結果，モジュールごとの競争が展開されることになる。（野村総合研究所2002, 22頁）

　「オープン・アーキテクチャ戦略とは，本来複雑な機能を持つ製品やビジネ

ス・プロセスをある設計思想(アーキテクチャ)に基づいて独立性の高い単位(モジュール)に分解し,モジュール間を社会的に共有されたオープンなインターフェースでつなぐことによって汎用性を持たせ,多様な主体の発信する情報を結合させて価値の増大をはかる企業戦略のことである。」(國領 2006, 242頁)

ここで,製品だけでなく「ビジネス・プロセス」ないし事業システムを含めた点に注目しておこう。今日では情報技術の発達によって,製造業だけでなく流通業においても,製造から流通さらには消費にまたがる価値連鎖のシステムを構築することが容易になった。こうして,アーキテクチャをビジネス・プロセスと関連づけて捉えることで,今日の多様な事業の存在理由を読み解いていく視点が与えられる。[4]

たとえばアマゾンのやっていることは,大量の情報に接したり処理することができるようになった顧客と,そうした顧客間の情報交換や彼/彼女らが発信する情報,ブログ(blog)や顧客による製品評価サイトやくちコミなどのいわゆる CGM(Consumer Generated Media),これらを組み込んで,本の書評やCDの評価などの消費者からの情報を集約して載せたり,そこからアマゾンでの購入を可能にしたり(アフィリエイト),過去の購買履歴だけでなく,その他の類似する購買履歴の人の購入「商品」を基に推奨[5]という情報提供を行ったり,顧客にとっての購買代理業者[6]となるという事業を展開していると言うこ

---

[4] たとえば,流通業(國領 2006)や金融業への適用(野村総合研究所 2002),小川の「ディマンド・チェーン」(小川 2001)という考え方も,顧客ニーズに対してシステムでそれを満たす仕組みを考えるという考え方を示しており,情報技術はそのことを容易にした。

[5] リードルとコンスタン(John Riedl & Joseph Konstan)(2002)は Word of Mouse の中でさらに,購買履歴から同じような購買パターンを示す人を見つけ出し,それをドッペルゲンガー(doppelganger)と呼んだ。そして,いわゆる関連商品の推奨ではなく,その人が思いもかけない一見無関連な商品を推奨するというアイデアを示している。例えば,AとBとはほとんど同じ購買パターンを持っているとする。Aが購入したあるものは,Bがまだ購入していないだけでなく購入を考えてもいないものである。しかし,ほとんど同じ購買パターンを示している人は同じものを購入する確率は高いと考えるのである。

[6] 購買代理業者は,本来,商業者特に卸が担うべき役割である。

とができる。

　ネットワーク化は標準化をベースとしており，それが標準化や業際化をさらに推し進め，一層のオープン・アーキテクチャ化を可能にする。

　まとまった機能を持った製品やシステムを独立した機能を果たす単位に分解しこれらを再統合するにあたっての設計思想がアーキテクチャである。たとえば，マーケティング活動を細かく機能に分け分類することができるが，これら分類された機能は，分類それ自体に意味を求めるべきではなく，それらの機能を，だれがどこまで負担するかの意思決定に組み込もうとするときに初めて意味を持つ。

　機能として抽出できるということの意味は，文字通り，ある社会的な目的（流通であれば交換の実現という目的）のために果たす相対的に独立した役割として認識できるということである。そして，その一つ一つの機能をそれぞれ別個の主体が担うこともできれば，一つの主体が複数の機能を担うこともできる。流通過程における「機能代置」の意味はそこにある。

　どの役割（したがってどの機能）を，誰がどこまで担うのかということを巡って，歴史的に生産者と商業者による価値実現を目指しての主導権争いが行われて来たのであり，こうした主導権争いの過程で，中間商人（が担う機能）を排除するというメーカーや小売の機能代置・再編の動きが生まれた。

　つまり，機能という視点からモジュールを再定義すると，「独立性の高い単位（モジュール）」とは，ある最終の「商品」に対して，一定の相対的に独立した機能を果たす単位であるということができる。このような機能単位が，分解された後，一定のコンセプト（つまり設計思想）にもとづいて新たに組み合わせられるためには，インターフェースが重要になってくるわけであるが，それまでのつながりを超えて再統合されうるためには，インターフェースはオープンでなければならない。[7]

---

[7] もちろん一社でシステム構築が可能であればこの限りではない。花王は独自の情報システムを作り，ライオンはプラネットのシステムに入った。しかし，現在では花王も，プラネットを利用している。

流通でいえば，受発注のフォームを統一したり，取引相手相互のプロトコル（伝票などの手続きなどのやり方やフォーム）を変換することで共同の受発注システムを作るといった，VAN（付加価値ネットワーク）などのインフラ作り[8]によって，機能の再編集が可能になるのである。さらに，POSシステムやそれにもとづく受発注システム，EDIといった仕組みによって，たとえばP&Gとウォルマート（Wal-Mart）や花王とジャスコのように，メーカーと小売業が直接結びつくということが可能になる。そこでは卸の機能は，メーカーか小売業者あるいはその両方によって担われることになる（機能の代置）。

あるいはまた，オープン・アーキテクチャとしてSCM（Supply Chain Management）を考えることもできる。ただし，重要なのは，何のためのSCMなのかという設計に対する考え方であり，どのような事業にするかという事業定義の問題である。市場の需要にタイムリーに対応していくという意味で，サプライ・チェーンというよりむしろ「ディマンド・チェーン」（小川 2001）として考えるべきであろう。それは，顧客の抱える問題を解決するためにさまざまな情報を組み合わせたり具体的に問題解決をするといった「ソリューション・ビジネス」と言うこともできる。

要するに，既存のビジネス・プロセスをモジュールという要素に分解し，それを新たに組み替えることで新たなビジネス・モデルを作り上げる，その設計図がアーキテクチャであり，ビジネス・プロセス自体が多くの企業主体が果たす機能によって成立しているとすれば，それらの機能が入れ替わったり組み替えられたりするためにはアーキテクチャはオープンでなければならず，部分の組み合わせがスムーズであるためには，それらを連結するインターフェースも

---

8 たとえば，プラネットなどがそうである。
　プラネットは，日用品化粧品業界の流通システム化のための業界共通インフラ構築を目的として，通信事業の規制緩和を契機に，メーカー8社（ライオン，ユニ・チャーム，資生堂，サンスター，ジョンソン，十條キンバリー（現 日本製紙クレシア），エステー化学，牛乳石鹸共進社）の合意の下，1985年に設立された。共通インフラ構築にはインテックがあたっている。(http://www.planet-van.co.jp/index.html　2007年3月6日閲覧）

またオープンでなければならないし標準化されていなければならないということである。伝票の書式一つ異なっていれば，そのような連結には障害になる。プロトコル変換という形で，相互に情報のやりとりをスムーズにするという付加価値（Value added）を提供するネットワークがVAN（付加価値通信網）と呼ばれる所以である。

b. アーキテクチャのオープンとクローズ

　これまでは，オープンなアーキテクチャを前提に述べてきたが，このことは，アーキテクチャ概念にとって必須の要件ではない。アーキテクチャはクローズドであることもあるし，事実モジュール・アーキテクチャをとったIBMの大型コンピュータの開発は，「基本的には企業内で行われたもので，大型機の部品は半導体メモリや磁気ディスクに至るまで内製化され，全盛期のIBMは世界最大の半導体メーカーであった。（池田 2002, 115-116頁)」

　「企業戦略」であるからには，一定の企業主体がシステムの中心としてアーキテクチャを設計する必要がある。したがって，アーキテクチャの設計は元来クローズドである。部品を供給するいわゆる協力会社（下請け）やグループ企業によって構成される自動車業界を考えればよい。オープンであることはアーキテクチャにとっての必須条件ではないことは容易に理解できる。オープンであるかどうかということは，事業展開そのものを，自社以外の企業を巻き込む形でオープンなものにするかどうかということである。このような考え方が，次に取り上げる「プラットフォーム」概念である。

　ある中核製品ないし中核モジュールをプラットフォーム製品とすれば，それを中心とした事業の展開（設計）をクローズドにするかオープンにするかという問題である。そして，当然のことながら，そのシステムをクローズドに設計することをクローズドなアーキテクチャと呼ぼう。モジュールがクローズドなシステムでも活用可能であるように，プラットフォームもまた，クローズなものもあり，ある意味で，これが従来のシステム商品といえる。たとえば，「ピピン＠アットマーク」や「PSP2」などをクローズドな例として挙げることが

できよう。

「ピピン＠アットマーク」は，株式会社バンダイ・デジタル・エンタテインメントによって1996年6月に販売されたゲーム機で，アップルのマッキントッシュ（Macintosh）をベースに，モデムを標準搭載することでインターネット接続できる「世界初の家庭用ゲーム機」であった。さらにフロッピーユニット，キーボード，メモリーカードなどを付け加えていくことで，電子メールや文章入力，絵の入力といったパソコンとしての利用を可能にするものであった。しかしながら，今日とは比べものにならないほど通信速度が遅かったなど，インフラの不備と，機器を接続していくことでゲーム機を単体のPCにするだけであったため，その煩わしさと発展性の乏しさなどから売上も伸びず，1998年，バンダイはこの事業から正式撤退した。[9]

PSP（Play Station Potable）は，ゲームだけでなく，インターネットや，音楽，動画，写真を楽しむことができ，それに小型カメラを付けることでカメラとしても，GPSレシーバーを付けることでGPS機能を使ったゲームを楽しんだり，カー・ナビゲーションとしても使うことができる。また，ダウンロードで頻繁にシステムやソフトをアップデートできるようにしている。さまざまな使い方ができることを示すために「I do□！PSP」をキャッチフレーズとして多様な提案を行った。[10]

これら二つの商品も，その発展可能性は，プラットフォームを持つ企業の事業定義によって境界設定されることになる。このように，クローズドなアーキテクチャによるシステム製品は，企業によって計算された発展性によって拡がるとともに，そこまでの広がりで境界が限定されてしまうことにもなる。

---

9 (Wikipedia: http://ja.wikipedia.org/wiki/ はてなダイアリー http://d.hatena.ne.jp/keyword 2007年3月8日閲覧）
10 http://www.jp.playstation.com/psworld/ad/ido/viewer.html 参照（2007年3月8日閲覧）

208

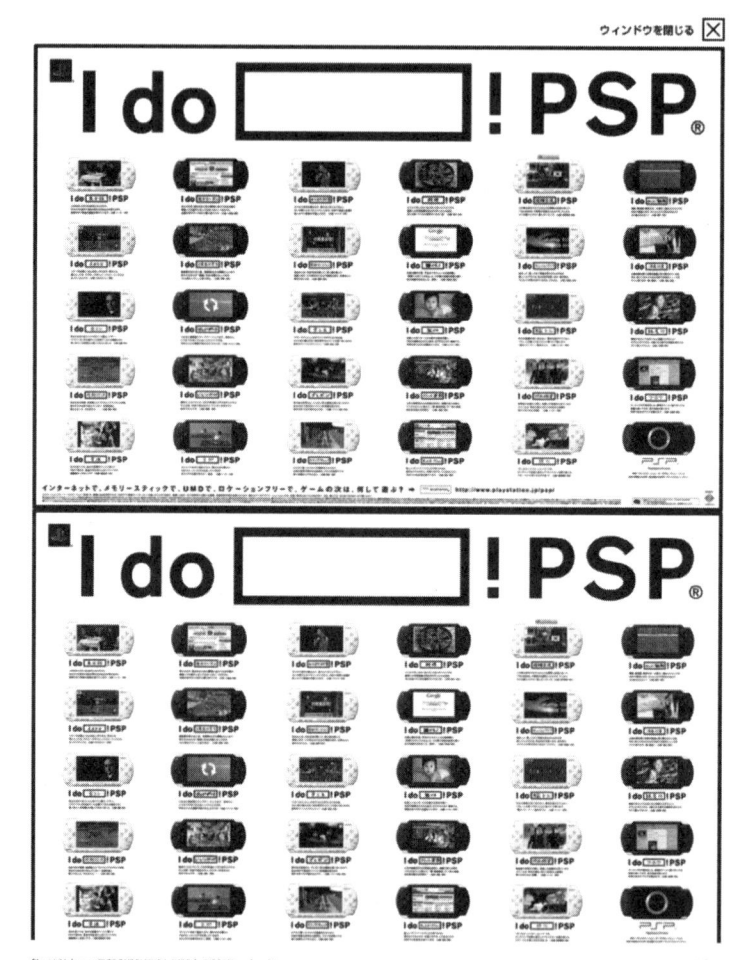

c. オープン・アーキテクチャとモジュラー化

クスマノは,パーソナル・コンピュータのアーキテクチャについて次のように述べている。「アーキテクチャとは,システムが領域ごとに特定部品に分割され,それらがあるインターフェースを通じて機能的にも物理的にも相互に関連づけられている状態をいう。アーキテクチャが定まれば,部品の機能デザインが決まり,続いてそれらがどのように関連づけられるかが決まる。(ガワー & クスマノ 2002, 21頁)」(アンダーライン二瓶)

分割された特定部品がモジュールであり,分割と統合(ここでは関連づけ)という技術の論理のために,まさにモジュラー化が前提されている。この定義では初めからモジュラー・アーキテクチャについてのみ考えられていると言って良いだろう。

すでに見てきたように,モジュラー・アーキテクチャはコンピュータの世界で生まれてきた。OSにしろアプリケーション・ソフトウェアにしろ,一人の人間がすべてをプログラムすることは可能である。しかし,プログラムを,一定の役割を持った部分に分割し,それぞれを分担してプログラミングすることによって同時並行で開発ができるし,担当者の誤りを最小にすることもできる。また,同じような処理を行うプログラム部分については他のソフトにも転用できる。そうした独立してプログラムされた部分(モジュール)を組み合わせる設計プランさえ明確であれば,全体として複雑なプログラムを誤り少なく作り上げることができるし,バグのチェックもしやすくなる。汎用性を高めればモジュールそのものの機能において冗長性[11]が生まれる可能性もあるが,こう

---

11 冗長性を國領は,「無駄を前提とするシステム」と表現している。また,クラークとフジモトは,「統合度(integrity):システム設計をする上で各部位間の設計が他に及ぼす影響の大きさ」で説明している。つまり,システムに無駄がないということは,そのシステムを構成する各部位の相互依存性が高いということである。(Clark and Fujimoto p.249) あるいはまた,モジュールの一部に不具合が生じてもモジュールそのものを交換することになるという意味でも無駄が生じうる。基板(モジュール)内の一部分の不具合によって故障が生じているにもかかわらず,基板全体を交換するといった今日の電気製品の修理方法を思い浮かべれば,この冗長性は理解しやすい。

したモジュラー化によって，モジュールごとの独立した開発とその統合という作り方が可能になる。このように，モジュラー化は，オープン・アーキテクチャと結びついて一層の効力を発揮するということができる。

モジュラー化によって人間の認知能力の限界を克服することができるが，インターフェースの社会的公開は，製品の差別性にとっては逆の効果，つまりコモディティ化をもたらす。モジュラー化は標準化をベースとしており標準化はさらにモジュラー化を推し進める。標準化によってさまざまなモジュールを調達するということの行き着く先には，アップルのような，世界中から部品を調達し海外で製品を組み立てるという工場を持たない製品開発や，シスコシステムズのようなA＆Dという発想が必然的に生まれてくる。

A&Dは，Acquisition and Developmentの略である。1984年創業からルーター分野で急成長を遂げ2000年3月には時価総額5,554億ドルと世界最大を記録したシスコシステムズは，自社開発を行わず，最先端の開発成果を技術開発したチームを含めていわばモジュールごと外部から購入する。「R&Dのモジュール化」であり，企業単位で行われる分散と統合の考え方である。この場合には，買収される企業自体がモジュールであり，統合のベースになるのがシステム（プラットフォーム）である。シスコシステムズは，93年以降，70社を超える企業買収を行ってきている。このように, Researchを買収（Aquisition）によって調達することから，A&Dと呼ばれているわけであるが，モジュール化は，このようなことを可能にする。（安藤 2006, 99頁）

d. システム設計としてのアーキテクチャ

事業戦略におけるアーキテクチャは，事業を具体的にどのように設計するかに関わっている。「われわれが何を一つの製品システムとして認識するか，その結果，何が独立した製品として市場を形成するのかは，潜在的に相互依存関係にある要素間をどのように連結したり分離したりするかに依存している。これがアーキテクチャを規定するという作業である。」（青島・武石 2006, 210頁）

アーキテクチャとは，各要素をどうつなぎ合わせて全体のシステム（として

の製品）を作るかを決める設計方針であり，それは，何と何をどうつなげて何を提供するかによって左右される。アーキテクチャとは，事業（すなわち，最終の提供物）をどのように定義するかにかかわっているのである。したがって，「アーキテクチャの変化は，製品やサービスなど対象とするシステムの境界の変化」をもたらす。そして，それが「新たな市場の形成」につながる。「逆に言えば，新たな市場の構想を持った人は，戦略的にアーキテクチャの変革を促すことによって，構想を実現することができる。」「従来常識的に考えられていたシステムの境界が再定義されて，新しいビジネスの形態が生まれる。」（青島・武石 2006, 236 頁）

　宅急便は，物ではなく書類やカタログなどを送ることで郵便事業と対峙するようになった。送るものが手紙（信書）であるかないかを法的に規制する[12]ことで，かろうじてお互いの境界線を引いている。

　このように，アーキテクチャは事業の定義にかかわる。むしろ，定義にもとづいてアーキテクチャが作られる。こうして，アーキテクチャの選択が，新たなビジネス（事業）や新たな市場の可能性に関する「構想」すなわち事業の定義と結びつくとき，企業戦略とアーキテクチャとの関係が最も重要な意味を持ってくる。

　アーキテクチャの中味は，事業の定義そのものであると言っても良いが，字義的にはアーキテクチャはあくまで設計にかかわるものであるから，事業定義のもとでそれをどう設計するかが重要である。事業定義が先行ししかる後にアーキテクチャが構想されるべきと考えた方が良いだろう。しかしながら，事業を定義するということは，その構想する事業をどのように実現するかということと分けることはできないわけであるから，事業を定義し構想するということは，ようするにアーキテクチャを構想することでもあるのである。

　いずれにしろ，｛事業定義→アーキテクチャ｝という論理ステップが必要だろう。まず，どのような事業を展開するかの着想があって，それをどう実現す

---

[12] 郵便法5条では、信書を送達することも、またこれを委託することも禁じており、76条1項に罰則規定がある。

るかの構想ないし設計としてのアーキテクチャが考えられ,そして,そのプロセスの中で,当初の事業の定義との行きつ戻りつがあり,その過程でアーキテクチャは,より具体的なものへと作り上げられていくのである。

e. アーキテクチャは目的的システムの設計

事業の定義という視点からアーキテクチャを考えることが持つ重要な意義は,アーキテクチャというものが,事業目的にとっての目的的システムの設計・編成であるということである。既存のシステムを捉えなおし,「システムの境界に関する常識的な理解を疑う」(青島・武石 2006, 237頁)ことは,事業目的というシステム再編成のための課題があって初めてできることである。そもそも,何のために対象を捉え直そうとするのかという,アーキテクチャの視点を持つための強い意図がなくてはならないからである。新たな事業を構想し,そのために既存のシステムを捉え直し,分解し,再編成することによってその新たな事業を現実のものにしていくプロセスで,既存のシステムの境界は揺らぎ変化する。そうした,システムの新たな目的的再編成の設計がアーキテクチャなのである。「アーキテクチャが,「世の中に存在する構成要素の間に「人為的」に設けられた境界線によって形作られている」(青島・武石 2006, 237頁)ということは,そういう意味である。その意味で,アーキテクチャとは,ビジネス・モデルの構築であると言えよう。

4. モジュラー・アーキテクチャとプラットフォーム概念

a. イノベーションの外部化 ― オープン・イノベーション

ここでは,オープンであることの意味とアーキテクチャについて,プラットフォームという概念から検討を加える。

チェスブロウは,アイデアというものが会社の内・外を問わず生まれるわけであるから,それら企業内部と外部のアイデアを有機的に結合させて価値を創造する,オープン・イノベーションという考え方を提示した。(チェスブロウ

2004, 8頁) オープン・イノベーションという考え方の下では，アイデアは社内，社外を問わず生まれ，そのアイデアが社内，社外を問わずマーケットに出て行く。」(チェスブロウ 2004, 58頁)

　従来，アイデアから製品化までの研究開発プロセスは，自社独自の技術によることを前提していた。企業内で基礎的な研究から応用研究までが行われ，商品化されるというパターンであった。AT&Tのベル研究所やXeroxのパロアルト (Palo Alto) 研究所など，多くの中央研究所が象徴するように，大企業は，基礎研究を行う自前の研究所を持ち，そこで，実際その後の業界発展に大きく寄与する技術が多く生み出された。

　AT&Tでは，LINUXなどにつながるような大きな影響力を持ったOS (UNIX) が生まれたし，XeroxのPalo Alto研究所 (PARC) は，今日のAppleマッキントッシュやしたがってWindowsにつながる，アイコンやマウス，GUI (Graphical User Interface)，ビットマップによるスクリーン，プルダウン・メニュー，Ethernet，高速ネットワーク・プロトコル，フォント制御プログラムであるPostScript，文書管理ソフトウェア，Web検索，オンライン会議に関するテクノロジー，レーザープリンタ開発への貢献，などなど，今日われわれが当たり前のように使っているパーソナル・コンピュータの機能やユーザー・インターフェースを生み出した。

　しかしながら，このように「PARCの開発したテクノロジーは後の社会に大いに役立ったとしても，親会社であるXeroxには利益をもたらさなかった」(チェスブロウ 2004, 21-22頁)。PARCで開発された技術は，Xerox内で活用されるより，外部で活用されたのである。PARCに来たスティーブ・ジョブス (Steve Jobs) らApple社の一行が，PARCで開発されていた一連の技術に魅了され，それを彼らのマッキントッシュに取り入れることで，パーソナル・コンピュータのいわば革命を行ったのはよく知られた話である。

　では，なぜ自社内の優れた研究開発成果を活用することができなかったのであろうか。

　自社内の優れたイノベーションを自社で活用することができなかった理由と

して，次のいくつかを挙げることができる。
- ・自社の事業展開と関わりが薄かった。
- ・基礎研究へ資金を振り向ける余裕が，競争の激化や新製品投入サイクルの短縮，先発者優位（first mover advantage）などのスピードが大切という考え方が，裾野を広げる基礎研究を許容しなくなっていった。
- ・基礎研究であって製品化に繋がるような応用研究ではなかった。
- ・研究所での研究を会社として十分把握していなかった。[13]

以上は研究開発管理にかかわる問題であるが，さらに，
- ・必要と考える他のプロジェクトに資金が回らなかった。
- ・クリステンセン（Christensen）が指摘する「イノベーターのジレンマ」が作用した。

たとえば，ベル研究所がトランジスタを作り出したときに，RCAは，真空管技術への投資を強化しそれに対抗した。Xeroxは，光ケーブル上でEthernetの高速バージョンを利用するという技術を，この技術が時期尚早であると判断し，自らが商品化するという選択を行わなかった。その結果，技術者がスピンアウトしてSynOptics社が生まれた。（チェスブロウ 2004, 26頁）

ゼロックスのケースを見ると，PARCの研究者たちは，Xeroxからスピンアウトして新たにベンチャー企業をスタートさせた。それによって，他社製品の上でも動作するように製品システムを再構築することになり，それがそれらの技術を普及させた。（チェスブロウ 2004, 23頁）

クローズド・イノベーションが行き詰まってきた理由としてはさらに，つぎのようなことを挙げることができる。（チェスブロウ 2004, 49-54頁）
1) 優秀な技術者の増加と流動化によって，知識が企業内研究所のみに保有されている状態から，サプライヤーや顧客，大学，ベンチャー企業，コンサルタントなどへ，幅広く広がった。
2) ベンチャー・キャピタルの登場(1980年以降)によって，起業が促進された。

---

13 埋もれた特許の発掘や管理（キヤノン）などを見ると，自社内技術をすべて把握しているわけではない。

3) こうして，採用されなかった技術と技術者のスピンアウトがしやすくなった。
4) 外部サプライヤーの増加によって内製する必要性が低下した。標準化，モジュール化は，この傾向を加速する。

オープン・イノベーションという考え方は，研究開発を自社内でやるのではなく外部から調達するというものであるが，それは，活用したいイノベーションが，内部だけでは十分ではないからである。したがって，自社内での開発を待っていたのではタイミングを失する危険性がある。

このように，自社内の技術が想定している顧客機能の具体化に対して（時間的にも，タイミング的にも，またコスト的にも）調達できない場合，外部の技術を求めるのは当然の選択である。主要部品レベルや製品レベルでのOEM供給は，そうした選択の結果である。

このような，事業のために，社内外に必要な知識や技術を求め，それらを組み合わせるという開発姿勢がオープン・イノベーションである。

"研究には時間がかかるし，ビジネスに必要な知識が社内に蓄積されているとは限らない。また，タイムリーに生み出されるとも限らない。しかも，ビジネス環境はめまぐるしく変化している。このような環境下においては，必要な知識は社内外を問わずアクセスすべきである。"と考えるのである。（チェスブロウ 2004, 65頁）

P&Gは，社外の革新的なアイデアを採用する必要性を理解して，それまでの社内のみに依存していた研究開発プロセスを社外にも拡大した。そして，社内で開発したアイデアのうち，商品化しなかったものについては，3年後に，競合相手を含めた他企業に売却してもよいこととした（チェスブロウ 2004, 11頁）。このような特許管理と自社内技術を積極的に外部へ販売するという方法は，日本ではキヤノンが積極的である。また，Xeroxも，社内のテクノロジーを積極的に他社に対してライセンス供与することで利益を上げた。（チェスブロウ 2004, 24頁）

このように，オープン・イノベーションとは「イノベーション（技術）に市

場を持ち込む」ということに他ならない。技術者の流動性が高まりベンチャー・キャピタルが増えるということは，技術開発の場が企業内から市場へと移行していくことを意味している。このように外部のイノベーションを利用するためには，アーキテクチャはインテグレート型ではなくモジュラー型でなければならないし，インタフェースが公開されている必要があるのである。

　このように，最終商品（end product）は，システムないし複合技術として，｛コア製品＋周辺技術｝から構成される。このコア製品ないしそれを中心に構成されるシステムおよびその両方を指す概念として「プラットフォーム」が用いられるようになった。そして，このように個別企業を超えて構成されるプラットフォームに参加してくる企業群は，「産業クラスター」ないし，「エコ・システム」と呼ばれるようになり，それぞれがモジュールとして，製品開発の単位になる。こうして，最終の提供物のために，外部で開発された技術を積極的に活用するのが，プラットフォームというビジネス・モデルである。そして，このような外部活用を自らの事業のために積極的に行うだけでなく，全体としての方向性を設定し，プラットフォームおよびそれを構成する企業群——産業クラスターでありエコ・システムであり価値ネットワークである——をリードして共存共栄を図っていくのが，プラットフォーム・リーダーである。そして，こうしたエコ・システムの編成原理となるのが，どのようなビジネスを目論むのか（"What business are you going to be in?"）という事業の定義である。

b.　プラットフォーム・リーダシップとビジネス・モデル

　イノベーションを市場化（オープン・イノベーション）し，モジュラー・アーキテクチャを用いたプラットフォームという考え方を積極的に推し進めたとされるのは，インテルである。

　「インテルは社内では研究開発をほとんど行わず，社外のテクノロジーをビジネスに導入することにより成長してきた。そのために，外部のアカデミックな研究を慎重にモニタリングし，ベンチャー・キャピタルとしてベンチャー企業への出資を行った」（チェスブロウ 2004, 15頁）　こうして，チェスブロウの

いう価値ネットワークを構築していったのである。

インテルは，価値連鎖に沿って次のような自社内研究所を持ち，そこと外部との協働を通じて，外部の技術・知識を統合するアーキテクチャを社内で開発している。(チェスブロウ 2004, 127-129頁)

- CRL (Components Research Lab)：マイクロプロセッサを製造するための技術を研究し，大学やサプライヤーとのネットワークを作り，オペレーショナル・テクノロジーの発展に寄与。
- MRL (Microprocessor Research Lab)：将来のマイクロプロセッサのアーキテクチャの研究，外部の知識を積極的に導入。
- IAL (Intel Architecture Lab)：将来のコンピュータのアーキテクチャの研究，サードパーティのネットワーク作りも行っている。

また，外部の研究所などとのネットワーク作りのために，「テクノロジー・カンファレンスを主催したり，外部の研究所や大学の研究員を多数集めたり，フォーラムやセミナーを開き，研究成果の交換を行っている。」(チェスブロウ 2004, 129頁)

「社内研究所の第一の役割は，インテルと外部の研究者とがネットワークを作ること」であると位置づけられている。

また，「インテル・キャピタル」というベンチャー・キャピタルを立ち上げ，「周辺のベンチャー企業とのネットワークを作った。」

リーダーとして，自社のプラットフォームのための程よい「市場」としての産業クラスター，エコ・システムないし価値ネットワークを作ることが，リーダシップにとって重要である。プラットフォームに対してリーダシップを発揮するということは，イノベーションを市場化して外部調達に切り替えると同時に，全面的に市場メカニズムにゆだねるのではなく，エコ・システムないし産業クラスターとしてそれを緩やかに編成しておくことで，外部を準市場化ないし準企業化し，「企業内調達」のメリットを確保することに他ならない。

準市場化のメリットは，日本の自動車産業における「承認図方式」に象徴される協力企業（下請）との関係（浅沼 1997, 高橋 2001）に象徴される。家電業

界における流通の系列化（二瓶 1986）ほどのタイトな関係ではないにしても，エコ・システム（産業クラスター）は，内部の外部化であると同時に外部の内部化でもあるのである。

　価値の提案を具体化するのが価値連鎖である。どのような価値連鎖を編成するかによって連鎖全体で提供する最終商品がどのようなものになるかが決まってくる。さらに，価値連鎖の構成が明確になればコスト構造も明確になり，コストとマージンの見積もりも可能になる。

　価値連鎖の外には，サードパーティを含む価値ネットワークを構築する。これは，モジュラー化の下では，部品調達（したがって技術調達）の市場化ないし「準・市場化」が生まれるから，プラットフォームをベースにそれを編集していくというリーダシップを発揮することが可能になることを意味している。

　こうして，事業の定義のもとに，スピンアウトしたベンチャーによってプラットフォームと産業クラスターが形成される。

5. 各概念の相互関係

　ここでは，モジュール，アーキテクチャ，事業定義などの諸概念を，それぞれに関連づけ，それらが相互にどのような関係に立っているかを示すことにする。

　富士通の技術研究所のマネジャーは，MR（Magnet Resistance）ヘッドの開発をしているとき，それだけに目がいっていたわけではなかった。むしろ「まったく新しい将来のHDD」を作り出すことであったと言っている。「われわれの仕事は一見コンポーネント・レベルの先行エンジニアリングに見えるかもしれないけれども，実質はHDD事業部の製品開発と明確に線引きできるものではない。（ただし，）われわれはかなり先のHDDを考えているし，事業部の連中は次に市場化するモデルのことを考えて仕事をしている。」（楠木・チェスブロウ 2006, 294頁）

　この技術者が，将来のHDDをよりよくするという方向性の中でMRヘッド

の研究開発を行っていたというのは，ある意味で言わずもがなのことであるかもしれない。MRヘッドは他ならぬHDDに使うものなのだから。しかし，ここからさらに，MRヘッドを用いたHDDがどのように「商品」の中に組み入れられ使われるのかという視点を事業部と共有すれば，つまり，「次の市場化するモデル」と「かなり先のHDD」との擦り合わせができれば，より良い開発が可能であろう。このような考え方から，部分（モジュール）は最終「商品」から作り込んでいく必要があるということが見えてくる。部分（モジュール）のデザインは事業定義（商品コンセプト）から規定を受けるし，またそうでなければならないのである。

アーキテクチャは，技術と組織のあり方の両方にかかわりそれらを規定する。「企業の組織戦略は，その企業が追求する技術のタイプに適合していなくてはならない」。したがって，「技術は組織のあり方を規定する。」どのようなアーキテクチャを採るかは，どのような技術をどのように組み合わせるかを明確にすることであり，そうした開発に適合的な組織を作ることである。

モジュラー・アーキテクチャの選択は，汎用的なインターフェースで組み合わされるために「付加価値が生じにくい」。これに対し，自動車のようなインテグラル型製品は，部品やモジュールをつなげるために独自に統合する擦り合わせの技術を必要とするため，「完成品メーカーに付加価値が生じる。」したがって，擦り合わせ型は差別化戦略を，モジュラー型はコスト・リーダシップ戦略を，それぞれ志向していると言うことができる。したがって，アーキテクチャの選択は，まず，そのもっとも基本的なところでは，企業の「基本戦略」の選択に対応すると言えるのである。

以上の関係を整理すると，次のようになるであろう。

・アーキテクチャは戦略に従う（戦略→アーキテクチャ）
・組織はアーキテクチャに従う（アーキテクチャ→組織）
・組織は戦略に従う（戦略 → 組織）
・戦略は事業の定義に従う（事業の定義→戦略）

・アーキテクチャは事業の定義に従う（事業の定義→アーキテクチャ）
　○事業の定義→ ｛戦略→アーキテクチャ→組織｝

　以上のような相互関係を整理すると，戦略，アーキテクチャ，組織は，いずれも事業定義に従うということことができ，このように，アーキテクチャは，事業の定義と戦略とを組織につなげる重要な役割を果たしている。

　こうして，事業の定義はアーキテクチャを規定し，アーキテクチャは技術化の論理の適用方法と適用形態を規定する。アーキテクチャ問題の根底には，事業をどう定義するかの問題があり，事業の定義はアーキテクチャを通じて技術の論理の適用方法と適用形態（製品形態）を規定するのである。

6. 機能の目的的編成としてのアーキテクチャ

　IT（情報技術）特にインターネットの発展は，それまでの事業のシステムを大きく変えた。特に大きな変化は，事業の境界がなくなり，多くの企業が，それまでの自社が拠り所としていた事業から外に出て，他の業界に属していた企業との間で競争関係に入るといった，いわゆる「業際化」（宮澤 1988）が起こったことと，それに加えて，事業活動そのものがモジュールへと分解し，ネットワークを介して自由に繋がることで，新しい事業が誕生するという事態が頻発していることである。[14] オークションなどの個人間の（C to C）取引は，インターネットの普及や宅急便の普及，コンビニエンス・ストアや Pay Pal のようなネットを通じての安全な決済手段の普及がなければ考えられない。BtoC や BtoB の取引においても，いわゆる商流,物流,情報流の自由な組み合わせによって，さまざまな事業が成立している。

　これらさまざまな流通における活発な事業展開は，機能概念によって把握し

---
14 身近な例としては，たとえばパーソナル・コンピュータのサポートを取り上げてみると，窓口となるコールセンターやサポート要員は別の会社によって担われており，しかも，コールセンターが北海道や沖縄さらには中国やインドにあるといったことは，ごく普通のことになってきている。

第 8 章：機能の目的的編成としてのアーキテクチャと事業の定義　*221*

理解することができる。市場における供給と需要のマッチングのために必要とされるさまざまな機能は，なくすことではなく誰かが代位することで遂行される。この流通についての考え方は，その他の経済活動についても適用することができる。

　モジュールやプラットフォーム概念による事業システムの構築は，さまざまなビジネスでそのやり方を変えている。流通の世界においては，流通の機能を誰がどの範囲で行うかによって，流通過程の競争・再編が起こってきた。

　このようにさまざまなビジネスが生まれている流通業は比較的分かりやすいが，今日では，銀行業ですら大きく変わりつつある。

　ネット銀行やコンビニエンス・ストアにおける収納代行業務から銀行業への進出などは，機能分化と IT 化によって可能になった事業展開である。

　銀行のキャッシュ・カードを用いるデビット・カードは，その機能からすれば，たとえばスーパーやコンビニエンス・ストアでの買い物の際に，それを使って当座必要とする現金を合わせて受け取る（キャッシュ・アウト・サービス）ことができる。[15] 皮肉なことに，スーパーやコンビニのレジが ATM 機能を果たすことになり，このネットワークを使えば，ATM 機を設置せずに一挙に ATM 網を全国に張り巡らすことができたはずであった。[16]

　モジュール化の進展で銀行という金融サービス企業は，垂直統合されたいわゆる「製造 - 販売業者」型から，モジュールのパッケージャないしアセンブラという立場へと変化する。(野村総合研究所 2002, 236 頁)。すべてを自社がカバーするのではなく，分割された諸機能のオーガナイザーとなるのであり，さらには，そうしたモジュールの組み合わせを自由に組み替えることによって，新たな金融商品を作ることができる。

15　ニュージーランドではデビット・カード（Eftpos）導入時から，全国どこでも小額決済に使え，「キャッシュ・アウト」という呼称で現金を受け取ることができるし，買い物の支払い時，例外なく現金が必要かどうかを聞かれる。この機能はイギリスでも同様に行われている。ニュージーランドについては 1998 年に自ら経験し，イギリスについては，在住者に確認した。

16　残念ながらデビット・カードの積極的な普及はなぜか今もって図られていない。

「パッケージャ」は，事業目的に対して，つまりは最終提供物のために，機能を目的的にシステム編成（たとえば価値連鎖システムを構築）する事業主体である。全体のシステムを機能に要素分解し，それらを事業目的のために再編成するというプロセスは，ケーキ職人の技能を要素分解してそれを機械に移し替えていったように，まさに技術化の論理に他ならない。

事業システムが何を最終の提供物と考えるのかという観点から，アーキテクチャを理解しなければならない。どのようなベネフィットをどのような顧客にどのような形態で提供するのかという事業の定義にもとづいて諸機能を編集する，そのためのアーキテクチャを考えるのである

一商品レベルでも考え方は同じである。たとえば人々は，ビデオやデジタル・カメラを単にビデオや写真を撮るために購入するわけではない。それは，子供の成長記録であったり，楽しいひと時の固定化や親しい人々との分かち合いということであろう。そうしたことを事業内容として定義したとき，そのことにとって必要な機能とは何か，を考えることが必要である。ビデオやデジカメだけでなく，銀塩カメラやインスタント・カメラ，カメラ付き携帯電話といったように，ハードはいろいろあるだろうが，定義にもとづいて，それをどのように実現するかを考えることが重要なのである。

「楽しいひとときの固定化」であれば，撮った記録をすぐにパソコンに取り込み，簡単に「楽しい」アルバムやムービーに仕上げることができるように，使いやすいソフトと組み合わせて売られる。また，楽しいひとときの分かち合いということであれば，カメラ付き携帯で撮った写真をその場でFacebookにアップするといったように，単に写真を撮るという機能から，さらにその価値を高める「商品」として，売られることになる。

最終交換対象物の市場における交換を実現する活動がマーケティングである。

最終の提供物から出発して，それがどのような流通経路を経て，広告を初めとするどのようなマーケティング活動を経て交換のその場にあるのかを，そこから遡って考えるという考え方がトランスベクション（Transvection）概念（二瓶

2004）である。したがって，このトランスベクションがマーケティングの具体的内容をなすものである。

　どのような交換対象物とするかは事業定義によるものであり，そのような交換対象物を「商品」概念でとらえる。また，トランスベクションの設計がアーキテクチャであり，単独の企業ではなく複数の企業間の連携として設計する場合に，その基盤となるのがプラットフォームである。

参考文献

エイベル,デレク・F.(小林 一,二瓶喜博訳)(1995)『デュアル・ストラテジー — 混迷の時代を生き抜く戦略』白桃書房 (Abell, Derek F.(1993), *Managing With Dual Strategy, —Mastering The Present Preempting The Future*, Free Press)

エイベル,デレク・F.(石井淳蔵訳)(1984)『事業の定義 — 戦略計画策定の出発点』千倉書房

Abell, Derek F. (1980), *Defining the Business —the starting point of strategic planning*, Prentice-Hall

Abernathy, William J., K.B.Clark(1985)"Innovation: Mapping the Winds of Creative Destruction," *Research Policy*, vol.14, p.8

アバナシー, W.(望月 嘉幸 訳)(1984)『インダストリアルルネサンス—脱成熟化時代へ』TBS ブリタニカ

青木昌彦,安藤晴彦編著(2002)『モジュール化 — 新しい産業アーキテクチャの本質』東洋経済新報社

青木昌彦(2002)「産業アーキテクチャのモジュール化 — 理論的イントロダクション」(青木昌彦他(2002)所収)

青島矢一,武石 彰 (2006)「アーキテクチャという考え方」(伊丹敬之他(2006)所収)

有賀 勝(1996)「統合型マーケティング・コミュニケーション(IMC)の実際」『DIAMOND ハーバード・ビジネス』ダイヤモンド社

浅羽 茂(2006)「競争戦略論と経済学の共進化」(伊丹敬之他(2006)所収)

ボールドウィン,カーリス・Y.(2002)「モジュール化のコストと価値」(青木昌彦他(2002)所収)

ボールドウィン,カーリス・Y & キム・B・クラーク(安藤晴彦訳)(2004)『デザイン・ルール—モジュール化パワー』東洋経済新報社

ボールドウィン,カーリス・Y & キム・B・クラーク(安藤晴彦訳)(2002)「モジュール化時代の経営」(青木 & 安藤,2002 所収)

ボールドウィン,カーリス・Y・(2002)「モジュール化のコストと価値」(青木 & 安藤,2002 所収)

チャンドラー, Jr., アルフレッド・D.(安部悦生,川辺信雄,工藤 章,西牟田祐二,日高千景,山口一臣訳)(1993)『スケール・アンド・スコープ— 経営力発展の国際比較』有斐閣

チャンドラー, Jr., アルフレッド D.(鳥羽欽一郎,小林袈裟治訳)(1979)『経営者の時代(上)』東洋経済新報社

チャンドラー, Jr., アルフレッド D.(1967)『経営戦略と組織—米国企業の事業部制成立史』実業之日本社

チェスブロウ, ヘンリー W.(大前恵一朗訳)(2004)『ハーバード流 イノベーション戦略のすべて』産業能率大学出版部
クリステンセン, クレイトン (玉田俊平太監修 / 伊豆原 弓訳)(2001)『イノベーションのジレンマ 増補改訂版』SE SHOEISHA
Day, George S., Allan D. Shocker(1976), Identifying Competitive Product-Market Boundaries; Strategic and Analytical Issues, August 1976, Report No.76-112, Marketing Science Institute, Cambridge, Massachusetts
Day, George S., Allan D. Shocker & Rajendra K. Srivastava (1979)"Customer Oriented To Identifying Product-Markets", *Journal of Marketing*, Fall 1979, Vol.43
エルドリッジ, N.(寺本 英監修, 高木浩一訳)(1992)『大進化—適応と種分化のダイナミクス』マグロウヒル
江崎玲於奈 (2007)『私の履歴書 14』日本経済新聞 2011.5.7
藤本隆宏 (2006)「組織能力と製品アーキテクチャ—下から見上げる戦略論」(伊丹敬之他 (2006) 所収)
藤本隆宏 (2002)「日本型サプライヤーシステムとモジュール化—自動車産業産業を事例として」(青木昌彦他 (2002) 所収)
深川 英雄 (1991)『キャッチフレーズの戦後史』岩波書店
ガワー, アナベル, マイケル・A. クスマノ (小林敏男監訳) (2005)『プラットフォームリーダシップ—イノベーションを導く新しい経営戦略』有斐閣
Gersick, Connie J.G.(1991) ,"Revolutionary Change Theories : A Multilevel Exploration of the Punctuated Equilibrium Paradigm", *Academy of Management Review*, 1991, Vol.16, No.1, pp.10-36
グールド, スティーヴン・J.(渡辺政隆訳)(2003)『フルハウス 生命の全容—四割打者の絶滅と進化の逆説』早川書房
グールド, スティーヴン・J.(渡辺政隆訳)(1998)『ワンダフル・ライフ—バージェス頁岩と生物進化の物語』ハヤカワ文庫
Gould, Stephen Jay and Niles Eldredge(1993), Punctuated Equilibrium Comes Of Age, *Nature* 366, 223-227
グールド, スティーヴン・J., 猪瀬 博 (1990)「進化は偶然のいたずら」『中央公論』1990 年 2 月号
ハウザー, ジョン R., ドン・クロウジング (1988) 「ニーズと製品開発を直結するハウス・オブ・クォリティ—見えざる顧客満足をビジュアライズして 」ダイヤモンド・ハーバード・ビジネス
ヘバート, リンク (池本正純, 宮本光晴訳)(1984)『企業者論の系譜』ホルト・サウンダース・ジャパン
ヒッペル, エリック・フォン (サイコム・インターナショナル監訳)(2006)『民主化するイノベーションの時代—メーカー主導からの脱皮』株式会社ファーストプレス
池田信夫 (2002)「ディジタル化とモジュール化」(青木昌彦他 (2002) 所収)

参考文献

池田信夫 (2001)「アーキテクチャーは戦略に従う—DRAM に学ぶデジタル家電への教訓」『NIKKEI BizTech No.004』

今井正明 (1991)『カイゼン』講談社

猪熊洋文 (1995)「株式会社ミスミにおけるオープン・ポリシー」日本広報学会第 1 回コミュニケーション・サロン (10 月 17 日) における講演。

石井淳蔵 (1988)「市場テークオフにおける使用コンテクストの意義」『同志社商学』第 40 巻 4 号

石崎悦史 (2001)『商品競争力の理論』白桃書房

伊丹敬之，藤本隆宏，岡崎哲二，伊藤秀史，沼上 幹 (2006)『リーディングス 日本の企業システム 第 II 期 第 3 巻 戦略とイノベーション』有斐閣

伊藤元重 (1993)「日本的取引慣行」伊丹敬之，加護野忠男，伊藤元重編『日本の企業システム 第 4 巻 企業と市場』

伊藤宗彦 (2005)『製品戦略マネジメントの構築—デジタル機器企業の競争戦略』有斐閣

伊藤元重 (1994)『挑戦する流通』講談社

加護野忠男 (1994)「進む「事業システム革命」」日本経済新聞，8 月 1 日

加藤俊彦 (2006)「技術システムの構造化理論—技術研究の前提の再検討」(伊丹敬之他 (2006) 所収)

『経済学大事典』東洋経済新報社

カーズナー，イスラエル M. (田島義博監訳)(1985)『競争と企業者精神 — ベンチャーの経済理論—』千倉書房

Kirzner, Israel M.(1973), *Competition And Entrepreneurship*, The University of Chicago

清成忠男 (1998)「編訳者による解説」『企業者とは何か』東洋経済新報社

國領二郎 (2006)「経営戦略としてのオープン・アーキテクチャ」(伊丹敬之他 (2006) 所収)

國領二郎監修，佐々木裕一，北山 聡 (2000)『Linux はいかにしてビジネスになったか—コミュニティ・アライアンス戦略』NTT 出版

國領二郎 (1999)『オープン・アーキテクチャ戦略 —ネットワーク時代の恊働モデル』ダイヤモンド社

Kotler, Philip(1994), *Marketing Management—Analysis, Planning, Implementation, and Control*, Eighth Edition,Prentice Hall

楠木 建 (2006)「次元の見えない差別化—脱コモディティ化の戦略を考える」『一橋 ビジネス・レビュー (2006 SPR)』

楠木 建，ヘンリー・W・チェスブロウ (2006)「モジュラー化の罠— 製品アーキテクチャのダイナミックス」(伊丹敬之他 (2006) 所収)

Levitt Levitt, Theodore(1980)"Marketing success through differentiation--of anything, *Harvard Business Review*, January-February, pp.83-91

レビット，T.(1972)「サービスに"生産ライン方式"を」ダイヤモンド・ハーバード・ビジネス ,9-10 月

Levitt, Theodore (1981), "Marketing intangible products and product intangibles",

Harvard Business Review, May-June , pp.94-102
Levitt, Theodore(1960)Marketing Myopia, *Harvard Business Review*, July-August
宮澤健一 (1988)『業際化と情報化―産業社会へのインパクト』有斐閣
水越 伸 (2007)『コミュナルなケータイ ―モバイル・メディア社会を編みかえる』岩波書店
水越 伸 (2005)「モバイル・メディアの文化とリテラシーの創出を目指した ソシオ・メディア研究 」, モバイル社会研究所ワーキングペーパー
森嶋通夫 (1984)『無資源国の経済学―新しい経済学入門』岩波書店
長沢伸也編 (2003)『感性商品開発の実践―商品要素へ感性の転換 』日本出版サービス
中岡哲郎 (1971a)『工場の哲学 ―組織と人間―』平凡社
中岡哲郎 (1971b)『技術の論理・人間の立場』筑摩書房
中岡哲郎 (1970)『人間と労働の未来 ―技術進歩は何をもたらすか』中公新書
ナーバー, J.C., R. サビット (片岡一郎, 小西滋人, 木村立夫訳)(1978)『マーケティング・エコノミー ―構造と行動の分析』マグロウヒル好学社
名和小太郎 (1990)『技術標準対知的所有権―技術開発と市場競争を支えるもの』中央公論社 (中公新書 960)
二瓶喜博 (2011) 書評：井上崇通, 村松潤一編著『サービス・ドミナント・ロジック―マーケティング研究への新たな視座―』亜細亜大学『経営論集』第 46 巻第 2 号
二瓶喜博 (2010)『マーケティング入門 第 4 版』五絃舎
二瓶喜博 (2008)「理念型としての「企業者」概念―シュムペーター的革新とカーズナー的革新―」亜細亜大学『経営論集』第 43 巻第 2 号
二瓶喜博 (2008)「革新と競争のマクロ的イメージとしての断続平衡説」亜細亜大学『経営論集』第 44 巻第 1 号
二瓶喜博 (2008)『製品戦略と製造戦略のダイナミックス』五絃舎
二瓶喜博 (2001)「トランスヴェクション概念への回帰―ECR の本質」『企業診断』Vol.48 No.9
二瓶喜博 (1996b) 「情報技術と transvection 概念 ― その理念型としての評価」『日本商業学会年報』日本商業学会
二瓶喜博 (1996a) 「流通における情報技術の発展と売手概念 , 商品概念の拡張― 延期－投機概念および交変系概念を手がかりに」『明大商學論叢』第 78 巻 1・2・ 3 号
二瓶喜博 (1995)『商品開発論』産能大学
二瓶喜博 (1989)「マーケティング情報と意思決定」三上富三郎編著『新現代マーケティング入門』(第 4 章) 実教出版
二瓶喜博 (1987)「事業定義と製品 / 市場概念の検討―Derek F. Abell の所論を中心に」亜細亜大学『経営論集』第 22 巻第 3 号
二瓶喜博 (1985)「書評 エーベル著 (石井淳蔵訳)『事業の定義』(千倉書房)」亜細亜大学『経営論集』第 20 巻第 2 号
二瓶喜博 (1984)「Total Product Concept and Differentiation of Marketing Mix」亜細亜大学『経営論集』第 20 巻第 1 号

二瓶喜博 (1979)「マーケティング論における機能主義—その技術的性格」日本経済短期大学紀要第9巻第2号
『日経ものづくり』 (2006.3)「特集 常識を疑え 常識1勝ちたいならブラックボックス技術を持て」
日本経済新聞 (2006.3.6)「特集記事 ネットと文明：試作品社会」
日本経済新聞 (2006.2.6)「メディア仕掛け人」
延岡健太郎 (2006)「マルチプロジェクト戦略—自動車の製品開発に於けるプラットフォーム・マネジメント」(伊丹敬之他 (2006) 所収)
野村総合研究所 (2002)『変貌する米銀—オープンアーキテクチャ化のインパクト』野村総合研究所
沼上 幹 (2006)「1990年代の経営戦略」(伊丹敬之他 (2006) 所収)
沼上 幹 (2006)「間接経営戦略への招待」(伊丹敬之他 (2006) 所収)
小川 進 (2006)「イノベーションと情報の粘着性—イノベーションとニーズ・プッシュとテクノロジー・プル」(伊丹敬之他 (2006) 所収)
小川 進，西川英彦 (2006)「ユビキタスネット社会における製品開発：ユーザー起動法と開発成果」『流通研究』第8巻第3号，日本商業学会
小川 進 (2001)『ディマンド・チェーン経営—流通業の新ビジネスモデル』有斐閣
小川 進 (2000)『イノベーションの発生論理—メーカー主導の開発体制を越えて』千倉書房
大久保宣夫 (2002)「自動車生産でのモジュール—モジュール化の実際」(青木昌彦他 (2002) に所収)
岡本博公 (1996)「製販統合と生産システム」，石原武政・石井淳蔵編『製販統合—変わる日本の商システム』日本経済新聞社
岡本博公 (1994b)「生産・販売統合システムの諸相 (2)」『同志社商学』第46巻第4号
岡本博公 (1994a)「生産・販売統合システムの諸相 (1)」『同志社商学』第46巻第3号
岡本博公 (1985b)「生産と販売のインターフェイス—自動車工業のオーダー・エントリ・システム (2)」『同志社商学』第37巻第2号
岡本博公 (1985a)「生産と販売のインターフェイス—自動車工業のオーダー・エントリ・システム (1)」『同志社商学』第37巻第1号
オライリー3世，チャールズ・A.(2004)「「双面型」組織の構築 既存事業と新規事業の並立を目指す (The Ambidextrous Organization)」DIAMOND ハーバード・ビジネス・レビュー 2004年12月
Park, Wham C.,Gerald Zaltman(1987), *Marketing Management*, The Dryden Press
ポーター，M.E.(土岐 坤他訳)(1985)『競争優位の戦略』ダイヤモンド社
ポーター，M.E.(土岐 坤他訳)(1982)『競争の戦略』ダイヤモンド社
Ratneshwar S., Allan D. Shocker (1991),"Substitution in Use and the Role of Usage Context in Product Category Structures", *Journal of Marketing Research*, Vol. XXVIII (August 1991) pp.281-295
Raymond, Eric S.(山形浩生訳)(1999)「ノウアスフィアの開墾 (Homesteading the

Noosphere)」原文 :http://cruel.org/freeware/noosphere.html
Raymond, Eric S.(山形浩生訳)(1998)「伽藍とバザール (The Cathedral and the Bazaar)」http://cruel.org/freeware/cathedral.html
Riedl, John and Joseph Konstan with Eric Vrooman(2002), *Word of Mouse—The Marketing Power of Collaborative Filtering*, Warner Books
佐伯 胖・佐々木正人 (1990) 『アクティブ・マインド　人間は動きの中で考える』東京大学出版会
榊原清則 (2005)『イノベーションの収益化―技術経営の課題と分析』有斐閣
島本 実 (2006)「資源の集中による間隙―ファインセラミックス産業の行為システム記述」(伊丹敬之他 (2006) 所収)
新宅純二郎 (2006)「第 4 章 技術革新にもとづく競争戦略の展開―機能向上とコスト低下による製品進歩のプロセス」(伊丹敬之他 (2006) 所収)
塩沢由典 (1990)『市場の秩序学―反均衡から複雑系へ』筑摩書房
シュムペーター，J.A.(清成忠男編訳)(1998)『企業者とは何か』東洋経済新報社
シュムペーター (塩野谷祐一，中山伊知郎，東畑精一訳)『経済発展の理論 ― 企業者利潤・資本・信用・利子および景気の回転に関する一研究』(1926 年出版の原著第二版より)岩波文庫
シュナース，スティーヴン・P. (恩蔵直人，嶋村和恵訳)(1996)『創造的模倣戦略―先発ブランドを超えた後発者たち 』有斐閣
嶋口充輝 (1994)『顧客満足型マーケティングの構図―新しい企業成長の論理を求めて』有斐閣
Somit, Albert and Steven A. Peterson eds.(1992), *The Dynamics of Evolution: The Punctuated Equilibrium Debate in the Natural and Social Sciences*, Cornell University Press, Ithaca
スタンレー，S.M.(養老孟司訳)(1992)『進化，連続か断続か』岩波書店
杉本栄一 (1981)『近代経済学の解明 上』岩波文庫
高橋伸夫編著 (2001)『超企業・組織論』有斐閣
玉野井芳郎 (1972) 「シュムペーターの今日的意味」玉野井芳郎監修『シュムペーター　社会科学の過去と未来』ダイヤモンド社
田村正紀 (1989)『現代の市場戦略』日本経済新聞社
Tellis, Gerard J. and C. Merle Crawford(1981),"An Evolutionary Approach to Product Growth Theory", *Journal of Marketing*, Vol. 45 No. 4 (Autumn, 1981), pp. 125-132
徳永 豊，D・マクラクラン，H・タムラ(1989)『詳解マーケティング辞典』同文舘
上野正樹 (2004)「モジュラー型製品の二面性― PC 産業における製品差異化の 戦略」『一橋ビジネスレビュー』(2004 10)
碓井 誠 (2004)「価値創出しパートナー連携を進化させるプラットフォーム経営のススメ 第 1 回 価値創出と差別化を生む新経営スタイルを提唱― 3 つの革新が基盤構 造の進化を引き起こす」『日経情報ストラテジー』(2004.9)

アッターバック，J.M.(大津 正和、小川 進訳)(1998)『イノベーション・ダイナミクス―事例から学ぶ技術戦略』有斐閣
フォン・ヒッペル，エリック(サイコム・インターナショナル監訳)(2006)『民主化するイノベーションの時代―ⅴメーカー主導からの脱皮』株式会社ファーストプレス
ワイク，カール E.(遠田雄志訳)(1997)『組織化の社会心理学』文眞堂
山田英夫 (2004)『デファクト・スタンダードの競争戦略』白桃書房
柳川隆，川濱昇編 (2006)『競争の戦略と政策』有斐閣
柳川範之 (2002)「ゲーム産業はいかにして成功したか―アーキテクチャ競争の役割」(青木昌彦他 (2002) に所収)
ザルトマン，ジェラルド(藤川佳則，阿久津聡訳)(2005)『心脳マーケティング― 顧客の無意識を解き明かす』ダイヤモンド社

索　引

(あ)

アーキテクチャ　　168, 187, 197, 201, 212, 209
アウトソーシング　　132, 177
アバナシー　　123
アフォーダブルな環境　　66
アフォーダンス　　70, 72, 80
R&Dのモジュール化　　210

(い)

EMS　　165
一般均衡の世界　　51
移動障壁　　89, 91
イノベーション・ダイナミックス・モデル　　126
イノベーターのジレンマ　　33
因果関係　　6
インテグラル　　132, 197

(う)

売上高　　101

(え)

AUモデル　　40
エコ・システム　　186
S-C-Pパラダイム　　16, 82
SD　　20
SBA(戦略事業領域)　　108
SBU(戦略事業単位)　　10, 108
X非効率　　23, 49, 50
X不効率　　49
FMS　　166

(お)

OEM　　165, 215
OEM生産　　145
オーダー・エントリー・システム　　166
オープン・アーキテクチャ　　188
オープン・イノベーション　　212, 215
オープンソース　　185, 186
オープンソース方式　　199

(か)

カーズナー　　46, 53
カーズナー的企業者　　51, 59, 60
カイゼン　　20, 23, 24, 51, 117, 129
外部の内部化　　32, 218
下位プロダクティブ・ユニット　　166
価格競争　　87
価格リーダシップ　　155
革新　　3, 4, 44, 126
革新的発展　　6
化石化　　97
価値実現　　204
価値ネットワーク　　186, 216
価値連鎖　　169, 202, 218
価値連鎖システム　　169, 171
カニバリゼーション　　106
伽藍とバザール　　199
環境　　69
慣性　　15
環世界　　69, 78, 79, 80
環世界概念　　66

（き）

企業家的機敏性　46
企業と市場との相互学習　53, 101, 124, 136, 142
企業者　43, 51, 58
企業者概念　47, 60
企業者精神　47
企業者的機会　51
技術化の論理　222
技術の論理　161, 167, 172, 175
機能代置　204
機能環　67
規模の経済性　158
基本戦略　81, 219
きめの粗さ　110
きめの細かさ　110
QFD(品質機能展開)　116, 118
業界　82
業際化　220
競争市場　104
競争戦略　80
競争の場　59, 134
競争の場の選択　108
競争分析　80
競争ルール　16
共有経験　90
均衡　46
均衡論的経済分析　51
近代経済学　52

（け）

経営者　43
計画的革新　40
経験　155, 156
経験概念　159
経験曲線　155
経験曲線効果　36, 39, 150, 153
経験効果　142, 151
経験効果の源泉　157

経験量　151
経済学的時間　62
経済学における時間概念　54
経済の質的拡大　57
携帯情報端末　114
系列化　133
経路依存性　34, 66
経路依存的　7, 32
原因‐結果関係　77
限定された合理性　188

（こ）

コア・コンセプト　123, 142, 144, 147, 149, 165
高学習製品　100, 142
後期多数派　98
交叉弾力性　88
合成習熟曲線　155
工程カイゼン　135
顧客機能　115, 116, 147, 149, 215
顧客機能への翻訳　117, 134, 139
顧客グループとニーズ　116
顧客の声　118
コスト・リーダーシップ　108, 134, 142, 192
コスト・リーダーシップ戦略　83, 141, 149
コモディティ化　178, 188, 210
コンテキスト　137

（さ）

最適フロンティア　49, 50
細分化　105
再ポジショニング　103
サプライ・チェーン　205
差別化　108, 192
差別化戦略　83
産業クラスター　37, 132, 183, 186
産業生態系　133, 186

索　引　235

3次元フレーム　　115
残存者の利益　　97
残存者利益　　103
参入障壁　　89

(し)

シェア拡大　　151
事業　　8
事業組織単位　　9
事業定義　　63, 108, 207, 211, 220
事業領域　　104, 108, 114
事業領域の重なり　　110
資源　　71
自己予言的　　103
市場構造　　82
市場行動　　82
市場成果　　82
市場と企業　　18, 123
市場の画定　　94
市場の境界　　94
市場開拓　　2
市場細分化　　104
市場浸透　　2
市場戦略論　　9
市場との相互学習　　48
持続的技術　　33
質的変化　　14
シャボン玉　　69
集計化　　105
集計レベル　　104, 107, 143, 153
集合的改良のプロセス　　134
集合的な改良過程　　138
習熟曲線　　155, 157
習熟率　　153
修正5フォース　　73
集中度　　49, 84
シュムペーター　　43, 53
シュムペーター的企業者　　48, 59, 60
シュムペーターの革新　　50

需要-技術サイクル　　112, 114, 116, 124, 197
需要と技術　　108
需要の価格弾力性　　87
需要のサイクル　　112
循環的な経済　　55
準企業化　　217
準市場化　　217
使用コンテキスト　　99, 111, 150
使用システム　　99
冗長性　　18, 209
使用の文脈　　138
消費者による投票行動　　134
情報の粘着性　　139
情報の非対称性　　84, 87, 138
初期採用者　　98
初期多数派　　98
シリコンバレー・モデル　　184
自律的事業単位　　8
進化の断続平衡説　　13
新結合　　44
深構造　　15
人工物　　175
新製品-新市場　　4

(す)

衰退段階　　96
垂直統合　　133
スピンアウト　　214
スラック　　51
擦り合わせ　　175

(せ)

静学　　56, 61
生産性のジレンマ　　31, 36, 163, 191
生産的ニッチ　　71
生産の市場化　　187
成熟製品　　105
成熟段階　　96

成長　　55
成長後期　　96
成長段階　　96
成長ベクトル　　1, 3
静的規模効果　　158
製品 - 市場　　10
製品 - 製造単位　　127
製品アーキテクチャ　　192
製品カイゼン　　135
製品開発　　2
製品形態　　115
製品差別化　　77, 83
製品ライフサイクル　　95
セグメンテーションのきめの粗さ - 細かさ　　104
漸進的進化　　14
漸進的成長　　6
専有可能性　　178, 184
戦略市場計画　　9
戦略のポートフォリオ　　1
戦略の窓　　7, 65, 75

(そ)

相互依存性　　30, 176, 209
相互学習過程　　18, 123, 134, 138, 141
創造的なセグメンテーション　　110
創造的なマーケット・セグメンテーション　　104, 108
属性レベル　　106, 108
属性レベルの競争　　108
組織文化　　90, 160
ソリューション・ビジネス　　205

(た)

ターニングポイント　　134
多角化　　2, 4
確からしさの世界　　79
脱コモディティ化　　189

脱成熟　　40, 167
短期　　54
単純な経済者　　57
断続的進化　　14
断続平衡説　　14

(ち)

チャンドラー　　50
中央研究所　　213
長期　　54

(て)

低学習製品　　100, 142
T型フォード　　144
提供物　　99
ディマンド・チェーン　　205
デザイン・コンセプト　　143
デファクト・スタンダード　　140, 145
デュアリティ　　5, 14, 63

(と)

動学　　56, 61
統合化の罠　　190
統合度　　209
同時並行開発　　187
統制　　78
動態的規模効果　　159
導入段階　　96
トータル・プロダクト　　99
独占的　　85
独占的競争　　85
特定性　　30, 129, 140, 149
ドミナント・デザイン　　16, 18, 30, 123, 134, 143, 144, 147, 149, 165, 200, 200
ドミナント・デザインの成立　　141
トレード・オフ　　118

(な)
内部の外部化　218

(に)
ニーズ　115, 147
二面性　6

(ね)
ネットワークの外部性　188
粘着性　118

(の)
能力　80

(は)
ハーフィンダール指数　84
ハウス・オブ・クオリティ　118
破壊的イノベーション　33
破壊的技術　33
バザール方式　199
はしご　24
発展　45, 57
歯止め効果　92, 189
VE(バリュー・エンジニアリング)　119
パロアルト研究所　187
範囲の経済　179

(ひ)
PIMS　151
BCG　155
非価格競争　81
非価格競争　87
ビジネス・モデル　202, 212
標準化　150
ピレネーの地図　94
非連続的なジャンプ　58
品質管理　22

(ふ)
付加価値ネットワーク　205
普及曲線　98, 100
複合的製品ライフサイクル・モデル　112
複合的ライフサイクル　111
部品共有化　179
プラットフォーム　19, 35, 168, 206
プラットフォーム・ビジネス　184
プラットフォーム・リーダー　216
ブルー・オーシャン　110
プロアクティブ　140
プログラム単位　9
プロセス・ライフサイクル　126
プロダクティブ・ユニット　126, 127, 141, 167
プロダクティブ・ユニット・サイクル　126, 129, 135, 137, 149, 165

(ほ)
本業　74

(ま)
マーケット・アグリゲーション　104
マーケット・セグメンテーション　2, 104
マーケティング行動空間　78
マス・カスタマイゼーション　39, 166, 168

(み)
右の壁　162, 180
密接な代替財　88

(む)
ムーアの法則　25

（め）

make or buy　　132
メーカー・イノベーション　　117

（も）

目的 - 手段関係　　6, 77, 78
目的合理的　　77
モジュール　　127, 142, 149, 167, 209
モジュール・アーキテクチャ　　175, 177, 179, 180
モジュールクラスター　　186
モジュラー化　　132, 172, 179, 183, 197
モジュラー化のジレンマ　　189
モジュラー化の罠　　190
モデル・チェンジ　　134
模倣者　　53

（ゆ）

ユーザー・イノベーション　　118, 139

（よ）

余剰　　18, 114

（ら）

ライベンシュタイン　　49
ラガード　　98
ラチェット　　29

（り）

リアクティブ　　140
利益　　101
LINUX　　184
理念型　　60
理念型的理解　　6
流動性　　30, 129, 140, 149, 200
量的適応　　57
量的な成長　　3
量的変化　　14

（る）

累積生産量　　39, 143, 151

（れ）

レッド・オーシャン　　110

（わ）

ワッソン　99

著者紹介

二瓶喜博（にへい・よしひろ）

- 1975年　明治大学大学院商学研究科博士課程単位取得後退学。
- 1985年　亜細亜大学経営学部教授，現在に至る。
- 1983年　西ワシントン大学交換教授，1986～87年ワシントン大学客員教授，
  1988年より，明治大学商学部兼任講師。

《主要著訳書》

『広告と市場社会』（創成社）（単著）

『うわさとくちコミ マーケティング』（創成社）（単著）

『製品戦略と製造戦略のダイナミックス』（五絃舎）（単著）

『デュアル・ストラテジー』（白桃書房）（共訳）

『体系グリーン・マーケティング』（同友館）（共訳）

『ホスピタリティと観光のマーケティング』（東海大学出版会）（共訳），他。

マーケティング競争のデュアリティ　―漸進性と革新性―

2012年7月5日　　第1版発行

著　者：二瓶喜博
発行者：長谷雅春
発行所：株式会社五絃舎
　　　　〒173-0025　東京都板橋区熊野町46-7-402
　　　　電話・ファックス：03-3957-5587
　　　　URL:http://www.ggn.co.jp

検印省略　ⓒ　2012　Yoshihiro　Nihei
組版：Office Five Strings　印刷・製本：モリモト印刷
Printed in Japan　　ISBN978-4-86434-014-4
乱丁本・落丁本はお取り替えいたします。